U0535995

古罗马人生活图典

[美]哈罗德·惠特斯通·约翰斯顿 著　黄瑶 译

The
Private Life
of the
Romans

四川人民出版社

哈罗德·惠特斯通·约翰斯顿

（1859—1912）

图1 罗马帝国时期的家庭

图2 一位古罗马女士和她的梳妆室

图3 在花园里为主人抬轿的奴隶

图4 奢华的古罗马贵族盛宴

图5 古罗马的街边商店

图6　庞贝古城维蒂（Vettii）之家的神龛

前　言

筹备这本书时，我考虑了三类学生的需求。

首先，本书是为高中生和大一新生准备的，目的是通过描述古罗马人在共和国后期和帝国早期的个人生活，帮他们理解课上读到的拉丁语文本中那些浩如烟海的注释，内容也在他们的理解范围之内，希望本书能满足他们在此方面的一切所需。

其次，本书也是为正在修习相关主题课程的高年级大学生准备的。如果他们能借助本书，对提前向全班公布的相关主题课程有所了解，即使只是泛泛了解，老师和学生都会少一些麻烦、提高一些效率。这是我自己带班的经验之谈。

最后，本书还是写给古罗马史方面的读者和学者的，他们主要关注和研究重要的政治与宪法问题，因此经常觉得有必要读一读古罗马人家庭生活的简要叙事，好让自己从事的这项高深的公共事业更接地气。因此，本书的索引对他们特别有益。

本书尽量用英语写就，这样做是考虑到读者可能不懂拉丁语。我尽量不在书中堆砌拉丁语词汇，哪怕这些词汇一出现就伴有注释，但书里出现的拉丁语词汇一般都值得记下来。全书很少直接引用拉丁语作家的名言，相关作品也很少引用，但凡提到的几乎都是经典段落。

本书的每一章都用英语和德语前置了标准二级文献，但没有提及一级文献，因为它们会超出初级水平学生的理解范围。针对水平较高的学生，老师会告知支撑自己观点的事实来源。无论如何，可以肯定的是，所有事实来源均出自文中提及的权威参考资料，这些资料对老师们也会有所裨益。

为了说明相关问题，本书配有很多插图，但限于篇幅，还是有很多插图无法添加进来。我希望学生们在教室或图书馆看看施赖伯（Schreiber）的《地图集》（*Atlas selectus*），如果做不到，至少要看看鲍迈斯特（Baumeister）的《历史遗址》（*Denkmäler des Hassischen Altertums*）。

毋庸多言，尽管我已尽力保证内容的准确性，但像这样的一本书肯定还是会存在诸多疏漏。如果这些疏漏是出于疏忽或无知，我将十分感激各位的指正；如果是出于错误的判断，我希望老师们能在参考文献中找出足够权威的证据，告诉学生他是对的，我是错的。

H. W. 约翰斯顿

于美国印第安纳大学

1903年2月

目录

序　言 / 001

第一章 | 家　庭 / 015

第二章 | 名　字 / 033

第三章 | 婚姻与女性地位 / 051

第四章 | 子女和教育 / 071

第五章 | 从属的奴隶和门客、招待关系 / 093

第六章｜住宅及家具 / 127

第七章｜服饰及个人饰品 / 171

第八章｜膳　食 / 203

第九章｜娱乐活动 / 239

第十章｜旅行和书籍 / 305

第十一章｜收入来源、谋生手段和古罗马人的一天 / 331

第十二章｜墓地和葬礼 / 347

序 言

- ◎ 古代公共史与古代个人史
- ◎ 古物学与历史学
- ◎ 古物学与语文学
- ◎ 信息来源
- ◎ 参考书
- ◎ 系统论述
- ◎ 百科全书式作品
- ◎ 其他书籍

本书讨论的主题与古罗马人的日常生活有关，它涉及家庭生活与古罗马人的姓名、婚姻状况与妇女地位、子女养育与学校教育、奴隶与门客、住宅与家具、日常服饰与膳食、竞技活动与娱乐场所、旅行与通信、书籍与出版、收入与职业、葬礼仪式与丧葬习俗等。这些都是我们对古人或外国人感兴趣的方面，而有关古罗马人的内容尤其重要，因为它有助于解释古罗马帝国对旧世界施加的强大影响，也让人更容易理解其影响力为何在某种程度上存在至今。

古代公共史与古代个人史

上文提到的主题都属于所谓的"古典时代"，属于相对于古希腊时期而言的古罗马时期的分支之一。不太严谨地说，它们还可以被归为古代个人生活史，与我们所说的古代公共生活史相对立。在后一种分类中，我们将古罗马人看作公民，考察其阶级、义务和特权；不仅如此，我们还要研究古罗马的政府结构、官吏、机构、立法程序、司法程序、行政程序、财政收入和支出等。显然，这两个分支之间是无法划分出一条明确界线的，二者在每个转折点上都有交集。例如，谁也无法确定应该把古罗马人的宗教仪式或竞技比赛放在哪个分支里。

同理，奴隶的日常工作、蓄养、奖惩赏罚都应该被列入古代个人生活史。但针对奴隶主所能拥有的奴隶数量，奴隶的解放及其作为自由人的权利等方面的国家法规，就属于古代公共生活史。而决定结婚时具体采用哪种仪式，或决定一个人是否有资格担任某些国家公职，也是同样的状况。因此我们发现，对古代个人生活史的研究不能完全有别于古代公共生活史的研究，本书将尽可能少地越过这条界线①。

古物学与历史学

要划清古物学与历史学之间的界限，也是不可能的。诚然，古物学很少涉及平民的个人生活，基本只关注朝代的兴衰——它为我们讲述了国王和将军的故事，以及他们发动的战争、赢得的胜利、征服的土地，然后随着时间的推移，制度取代了朝代、政党取代了英雄，历史成了对伟大政治思想发展的追溯，瑟尔沃尔②（Thirlwall）和格罗

---

① 中学生可以提前阅读本书作者的《西塞罗演讲与书信选集》（Selected Orations and Letters of Cicero）导读，其中《罗马宪法大纲》（Roman Constitution）的内容十分有益。高年级的学生可以参阅近期与这一主题相关的三部作品：阿伯特的《古罗马政治制度》（Abbott, Roman Political Institutions）、格兰鲁德的《古罗马宪法史》（Granrud, Roman Constitution History）和格林尼治的《罗马公共生活》（Greenidge, Roman Public Life）。
② 瑟尔沃尔（Connop Thirlwall，1797—1875）：英国主教与历史学家。*（*为编者注，下同）

特①（Grote）等人的古希腊史杰作在很大程度上就是制宪史——但国际关系的变化肯定会影响老百姓的个人生活，尽管影响不像对政府机构那么立竿见影。

两种不同的文明在接触时，无论它们是敌是友，相关的老百姓不可能不受影响，他们的职业、生活方式、生活观念和生活目标不可能不因之而改变。这些变化反过来会影响一个民族的脾气与秉性，影响其自治与治理他人的能力，终有一日，还将引发连古物学都曾关注过的活动。

因此，近代史为平民的生活以及第一段中提到的古代个人生活史相关内容留出了越来越多的空间。这一点从格林的《英国人民的历史》（Green, *History of English People*）、麦克马斯特的《美国人民的历史》（McMaster, *History of the People of the United States*）等作品中可以得见。

另一方面，同样正确的是，了解政治史对于研究古代个人生活史也是必不可少的。我们发现，古罗马人放弃了某些不易改变且颇有特色的生活方式和思维习惯。若不是政治史告诉我们，在这些变化发生之前，古罗马人就已接触到了其他国家截然不同的思想和文明，我们肯定完全无法解释这些变化。在此过程中，最重要的就是布匿战争②（Punic Wars）后古希腊文化的传入，我们将不得不反复提及这一点。

由此可见，只要是上过古罗马历史基础课程的学生，就会对古代个人生活史有所了解。而那些根本没有学过古罗马历史的学生，只要粗略地读一读学校的历史课本，也能从中获益。

---

① 格罗特（George Grote，1794—1871）：英国国会议员、历史学家、皇家历史学会会长。*
② 布匿战争：发生在罗马与迦太基之间的三次战争。名称源于罗马对迦太基的称呼 Punicus。布匿战争的结果是迦太基被灭，罗马争得地中海西部霸权。*

古物学与语文学①

自从弗里德里希·奥古斯特·沃尔夫（Friedrich August Wolf 1759—1824）把"语文学"（Philology）变成一门科学以来，古典时代（古希腊和古罗马时代）的主题就一直被视为语文学的一个分支（其术语为"科目"）。从"语文学"这个词的普遍接受情况来看，这是正确的。语文学虽说仅仅是语言的科学，但古代史在其中也扮演着重要的角色。如果一个人不了解古罗马的社会生活和政治制度，就不可能读得懂贺拉斯（Horace）的颂歌或西塞罗（Cicero）的演讲。但古典时代的语文学并非只是理解、翻译古语，它还通过研究我们已熟知的、留存下来的文学作品、题铭碑文和纪念性遗址等，承担起考察古希腊和古罗马人社会、文化、政治等方方面面情况的责任。惠特尼（Whitney）是这样说的："语文学研究的是人类的语言，以及这些语言所揭示的人类本质与人类历史。"如果这个定义很难记，可以参考伯努瓦（Benoist）令人难忘的隽语："语文学是知识世界的地质学。"在语文学这种唯一的科学概念之下，古物学的研究拥有了更高的地位，它以语言学为手段，成为语文学的一个方面，这才是它们之间的真正关系。

但巧合的是，令研究者一开始就应接不暇的，是针对古典时期古物学所使用的记载语言的研究，而把语言仅仅当作语言来研究，探究其起源、发展、衰落，本身就是一件既有趣又有益的事情。更巧的是，对古希腊和古罗马语言的研究也离不开丰富、优美和充满力量的文学作品；而对文化人来说，文学一直是最具魅力、最引人入胜的研

---

① 语文学：语言文字学，是语言学的一个分支。Philology有时可作为历史语言学（Historical Linguistics）的同义词。

究领域之一。因此，不难理解为何当古物学研究与语言学训练相联系时不会显得突兀。只有极少数人会继续这方面的探索，至少从系统性的形式来看，它是留给受过学术训练的大学学者的。在被塞得满满当当的陈旧大学课程体系中，古物学总是会被语言学和文学批评这类更好理解却没那么根本或有趣的学科排挤在外，充其量在课堂上被以作者的读书笔记的形式读出来，或者在词典中以支离破碎的字母排列形式呈现。

然而，在过去的几年里，一种变化正在发生。原因有以下几点：第一，曾经只会出现在与古典文学作家相关的课程中、占用古典时代研究大量时间的文学批评，如今在英语系中找到了更合适的位置，而这个院系在上一代人中几乎是闻所未闻的。

第二，大学提高了学生入学前的古典文学知识门槛，这样一来，大学课程就可以从对学生的基本语言训练中解放出来，不像过去那样必须完成这一环节。

第三，在过去的半个世纪里，人们对古物学的了解比以往任何时候都更深入，所以现在就能以确凿的、论断性的形式来呈现不久前还只是猜测和推论的内容。

第四，最后，现代教育理论为了拓展自身深度、加快自身发展，缩小了古典时代相关内容教育的范围，更多地强调古代世界和现代世界之间的连接点。从事古典教育的教师意识到，不同于各个时代有识之士参与的社会、政治和宗教等重要问题研究，由今溯古的职责无法在艺术和文学的常规研究中得到清楚的呈现和生动的理解。

信息来源

　　上文已经提到,古典语文学的知识有三种信息来源,即古希腊和古罗马文学、铭文和纪念性证据。我们必须从一开始就准确地理解每一种来源的含义,而我们所说的文学资源是指古希腊人和古罗马人的文字作品,即他们书写、出版并流传下来的书籍。后文将涉及这些书籍的出版和保存方式,现在我们只需知道这些作品仅有一小部分流传至今,而且这些残章断篇还不是原书,只是或多或少有些问题的副本。

　　尽管如此,文学来源在很大程度上得到了最仔细的研究和最透彻的理解,因此文学作品总体上仍旧是我们最重要的信息来源。我们所说的铭文来源,其实是指在金属、石头或木头等坚硬材料上书写、刻划、切割或印戳出来且没有经过文学思维"精加工"的词句。铭文的内容既有单个的文字,也有大段的记录,可以统称为"题词"。只要翻翻里奇尔的《古代拉丁纪念碑碑文》(Ritschl, *Priscae latinitatis Monument Epigraphica*)或埃格伯特的《拉丁碑铭》(Egbert, *Latin Inscriptions*),学生们就能很好地了解最古老、最奇特的铭文。其中一类重要铭文,是美国博物馆收藏的众多钱币和勋章上铭刻的传说,这些在类似的材质上以相似的目的铭刻的题词,学生们自然已经非常熟悉了。

　　所谓纪念性证据,是指由古希腊人和古罗马人创造并传承至我们手中的所有东西。这些东西数量众多,种类也是五花八门:硬币、奖章、珠宝、盔甲、陶器、雕像、绘画、桥梁、引水渠、防御工事、城市遗址等,无法一一列举。上面提到的大多数铭文,都是在这些东西上保存下来的。研究古罗马人的个人生活史,最重要的依据就是庞贝古城遗址。公元79年,维苏威火山爆发,古城顷刻间被火山灰掩埋,由此得以保存。我们很快就会发现,这些信息来源的重要性会随研究主题的性质和信息来源保存的完整程度而变化。举个例子，我们可以在古罗马诗人的诗歌中读到有关新娘佩饰的描述，而有关新娘配饰的画作能让这样的描述更加清晰。如果在庞贝古城的废墟中发现了类似饰物，上面还有铭文能够证明它的特征，那么任何残存的疑问都将烟消云散。在这种情况下，三种信息来源都有助于我们去了解那段历史。对于其他事物，特别是无形的事物，则只能依靠描述，也就是文学资料。但我们研究的特定事物可能没有哪个古罗马人特意描述过，即便有，这样的作品也已经遗失，那我们就只能被迫一点点地累积知识，辛苦地拼凑只言片语。它们也许只是一些提示，分散在不同作者的作品中，甚至有可能是不同时代的作品。因此不难理解，我们对古罗马时期的某些知识可能认识得相当完整，对另一些也许一无所知。值得一提的是，就文学资料而言，一个事物对古人来说越常见、越熟悉，我们就越有可能无法轻易从古代文献中找到对它的描述信息。

参考书

从很早以前开始，收集和整理来自这些信息源的信息就成为语言学家的任务，但近来的发现让我们增长了很多知识，这可能会让学生们只看最新出的书，却忽略了之前的作品。在许布纳的《古典时代文献目录》（Hübner, *Bibliographie der klassischen Altertumswissenschaft*）中，收录了十分完整的古罗马史书目清单，凯尔西教授的《古罗马史的五十个话题及参考书目》（Kelsey, *Fifty Topics in Roman Antiquities with References*）也提供了实用的书目清单。作为学生，一定不能忽视下文提到的可查阅的权威书目。这些书目分为两类，即系统论述式作品和百科全书式作品，没有时间查阅所有参考资料的学生，应该在每个类别中至少选择一本比较完善、宏观的作品，进行定期的系统学习。

系统论述

约阿希姆·马夸特，《古罗马人的个人生活》（Joachim Marquardt, *Das Privatleben der Rómer*）第2版，奥古斯特·毛出版。这是马夸特与莫姆森合著的《罗马古代史手册》（*Handbuch Der Römischen Alterthümer*）第7卷，是所有相关主题论述中最完整、最权威的一部，书中配有插图。

莫里茨·福格特，《罗马个人古代史》（Moritz Voigt, *Die Römischen Privataltertumer*）第2版。这是伊万·冯·穆勒的《古典时期古代研究手册》（Iwan von Múller, *Handbuch der klassischen Altertumswissenschaft*）第4卷中的一部分，是针对这一主题的最新著作，对权威资料的引用尤其丰富。

古尔和科纳，《古希腊人与古罗马人的生活》（Guhl and Koner, *Leben der Griechen und Romer*）第6版，英格尔曼出版。权威著作，插图丰富。这是一部早期作品的英译本，可供不懂德语的人参考。

W. A. 贝克尔，《奥古斯都时代以来的高卢或罗马景象》（W. A. Becker, *Gallus oder römische Scenen aus der Zeit August*）新版，赫尔曼·戈尔出版。这是一部小说形式的权威之作。故事本身没有什么特别的意思，但书中的笔记和附录非常重要。第一版还有英文译本，不懂德语的人可以谨慎使用。

L. 弗里德兰德,《从奥古斯都到安东尼离开的古罗马道德史陈述》(L. Friedlander, *Darstellungen aus der Sittengeschichte Roms in der Zeit von August bis zum Ausgang der Antonine*)第6版。就其所涵盖的时代而言,这是一本权威巨著,人们能够从中读到它所涉及的所有问题最早时期的历史。

雨果·布吕姆纳,《古希腊人与古罗马人贸易与艺术的技术和术语》(Hugo Blümner, *Technologie und Terminologie der Gewerbe und Kunste bei Grichen und Romern*)。本书是对古希腊和古罗马艺术与产业的最佳描述。

威廉·拉姆齐,《罗马古代史手册》(William Ramsay, *A Manual of Roman Antiquities*)第15版,由鲁道夫·弗兰安尼修订并部分重写。本书内容涵盖公共古代史与个人古代史,但似乎只修订了其中一部分,书中的大部分内容过时得令人绝望。

A. S. 威尔金斯的《罗马古代史》(A. S. Wilkins, *Roman Antiquities*)和普雷斯顿与道奇的《罗马人的个人生活》(Preston and Dodge, *The Private Life of the Romans*)。这两部作品篇幅不长,前一本书出自一位优秀学者,值得一读。

百科全书式作品

保利-威索瓦,《真正的古典时期古代史百科全书》(Pauly-Wissowa, *Real-Encyclopadie der classischen Altertumswissenschaft*)。一部不朽的作品,注定是多年来这一主题的权威之作。不幸的是,这部百科全书的创作进展十分缓慢,只出到了"Demodoros"一词。书中配有插图。

威廉·史密斯，《希腊和罗马古代史词典》（William Smith, *A Dictionary of Greek and Roman Antiquities*），韦特和马林丁修订版。这是同类英语作品中最优秀的一部，可能也是以各种语言出版的同篇幅作品中最优秀的一部。

鲍迈斯特，《古典时期古代史遗迹》（Baumeister, *Denkmäler des klassischen Altertums*）。相关主题中插图最丰富的一部作品，绝对不可或缺。

《哈泼斯古典时期文学与古代史词典》（*Harper's Dictionary of Classical Literature and Antiquities*）。内容大部分来自史密斯的作品，也有一些有价值的补充。

里奇，《罗马和希腊古代史词典》（Rich, *Dictionary of Roman and Greek Antiquities*）。一部实用的手册，插图众多，是非常好的参考资料。

施赖伯，《古典古物地图集》（Schreiber, *Atlas of Classical Antiquities*）。这是一本关于古希腊人和古罗马人生活的详尽插图合集。插图附有说明文字。

塞弗特－内特尔西普，《古典时期古代史词典》（Seyffert-nettleship, *Dictionary of Classical Antiquities*）。这本书插图众多，在古代艺术方面有一定的价值。

吕布克，《真正的古典时代古代史辞典》（Lübker, *Real-Lexicon des klassischen Altertums*）第7版，马克斯·艾勒编辑。本书是为懂德语的人准备的最佳手册，内容简洁，紧凑准确。

其他书籍

除此之外，还有三部作品提到了庞贝古城的发现，庞贝古城的重要性上文已经提过：

J. 奥弗贝克，《庞贝古城》（J. Overbeck, Pompeii）第4版，奥古斯特·毛出版。这是一部关于庞贝古城的权威通俗作品，插图丰富。

奥古斯特·毛，《庞贝古城及其生活与艺术》（August Mau, Pompeii, its Life and Art），凯尔西翻译。这部英语作品是对这座被埋葬的城市中无数宝藏的最佳描述，妙趣横生且具有学术意义。

皮埃尔·古斯曼，《庞贝的城市及其生活与艺术》（Pierre Gusman, Pompeii, the City, its Life and Art），西蒙兹和乔丹翻译。该书堪称最好的插图合集，但正文的内容不太可信。

最后，我要提醒各位学生，不要仅仅只因为这本书恰好是用你读起来不太流利的语言创作的就忽视它。你需要的那一部分可能恰好非常好读。上述作品包含的许多插图都能讲述独立于正文的故事。

第一章
家 庭

- ◎ 家　庭
- ◎ 家族分裂
- ◎ 家庭的其他含义
- ◎ 父系亲属
- ◎ 血　亲
- ◎ 姻　亲
- ◎ 家庭仪式
- ◎ 收　养
- ◎ 家长权
- ◎ 限　制
- ◎ 家长权的消亡
- ◎ 夫　权
- ◎ 所有权

家 庭

如果英文中的"family"(家庭)一词通常指代的是由丈夫、妻子和孩子组成的群体,那么同时我们也会马上承认,尽管这个词在字典中的词义五花八门,但它并不能精准对应拉丁语"familia"一词的任何含义。在古罗马,丈夫、妻子和孩子不一定能够构成一个独立的家庭,甚至不一定是同一个家庭的成员。就最接近其英语派生词的意义来说,古罗马家庭的成员都要服从于同一位家长(pater familiās)的权威。围绕这位家长,其妻子、未婚的女儿、亲生或收养的已婚或未婚的儿子,以及他们的妻子、儿子、未婚的女儿,甚至远房后代(始终是男性这一支的后裔),在古罗马人的眼中都属于一个家庭。这种家庭的户主永远是独立的,属于自权人(suīiūris),其他人都是受养人(diēnōiūri subiectī)。与这种家庭意义最接近的英文单词是"household"或"house"。

家长对妻子拥有"夫权",对后代拥有"家长权",对奴隶拥有

"所有权"。只要家长还在世,还保有他的公民权,这些权力就只能依他本人的意愿来终止。和现在一样,他可以自由地赠予或出售他的财产。他还可以解放自己的儿子,通过正式的程序让他成为新家庭的家长,哪怕他可能尚未生育或婚配,甚至还是个孩子。他也可以解放未婚的女儿,让她自立门户,或者把她嫁给另一位罗马公民。按照早期的惯例:如果她的丈夫已经是自权人,那么她就会加入以她丈夫为家长的家庭;如果他还是受养人,那么她将成为他家庭的一员。另一方面,必须仔细注意的是,儿子结婚成家并不会使他成为家长,也无法在任何程度上令他摆脱家长的权威:他和他的妻子、子女仍要服从他婚前的同一位家长的领导。此外,女儿的子女在家长的家庭中是不作数的:婚生子女永远要跟随其父亲,而非婚生子女从出生的那一刻起就属于一个独立的家庭。

家族分裂

家族分裂并不常见,通常只有在家长去世后才会发生,届时就会诞生出许多新的家庭。家长去世时,有多少人曾直接受制于他的权威,就会有多少新的家庭诞生,它们分别来自妻子、儿子、未婚的女儿、寡居的儿媳和已故儿子的子女。必须注意的是,对于已逝家长依然健在的儿子的子女来说,权威只是从祖父的手中传承到了父亲的手中。而未成年的儿子或未婚的女儿将被置于监护人的庇护之下。这名监护人会从同一氏族(gēns)的人中选出,如果有哥哥的话,通常是哥哥。详情参见图1盖乌斯家庭谱系:

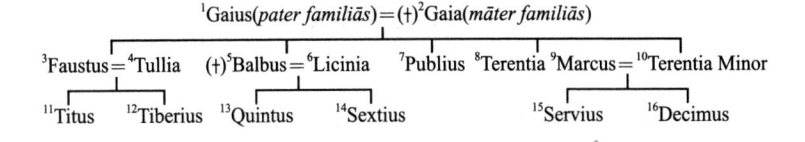

```
         ¹Gaius(pater familiās)=(†)²Gaia(māter familiās)
    ┌─────────────┬──────────────┬─────────────┬─────────────┐
³Faustus=⁴Tullia  (†)⁵Balbus=⁶Licinia  ⁷Publius  ⁸Terentia  ⁹Marcus=¹⁰Terentia Minor
¹¹Titus  ¹²Tiberius  ¹³Quintus  ¹⁴Sextius          ¹⁵Servius  ¹⁶Decimus
```

图1　盖乌斯家庭谱系（1）

```
         ¹盖乌斯（家长）=²盖娅（母亲，已逝）
³福斯图斯=⁴图利娅  ⁵巴尔布斯（已逝）=⁶利奇尼娅  ⁷普布利乌斯  ⁸特伦提娅
                  ⁹马库斯=¹⁰小特伦提娅
¹¹提图斯  ¹²提比略  ¹³昆图斯  ¹⁴塞克斯提乌斯  ¹⁵塞尔维乌斯  ¹⁶得西穆斯
```

假设盖乌斯是一个鳏夫，有5个孩子：3个儿子，2个女儿。福斯图斯和巴尔布斯都结了婚，各生了两个孩子，后来巴尔布斯死了。两个女儿中，小特伦提娅嫁给了马库斯，并成了两个孩子的母亲。盖乌斯死时，普布利乌斯和特伦提娅没有结婚。盖乌斯没有解放他的任何一个孩子。我们注意到：

1.盖乌斯健在的子孙共有10人（3，7，8，10，11，12，13，14，15，16），他的儿子巴尔布斯已经去世。

2.服从他权威的人有9个（3，4，6，7，8，11，12，13，14）。

3.他的女儿小特伦提娅（10）已经通过与马库斯（9）的婚姻离开了他的权威。在盖乌斯的后裔中，只有小特伦提娅的孩子（15，16）不服从于他。

4.在他去世后，形成了6个独立的家庭，其中一个由4人组成（3、4、11、12），其他每个家庭由1人组成（6、7、8、13、14）。

5.提图斯和提比略（11，12）只是离开了祖父盖乌斯的权威，转而服从于他们的父亲福斯图斯的权威。

家庭的其他含义

"familia"一词还有一个更广泛的意义,除了上述成员,还包括家长治下所有的奴隶、受其庇护的门客,以及所有属于家长的不动产和个人财产。家长治下的人得到和使用的所有不动产和个人财产,也在此列。这个词也可以单独用于指代奴隶,但很少单独用于指代财产。从更广泛和重要的意义上来说,这个词还可以被用于指代一个更大的氏族群体,包括归属于同一祖先,靠男性一脉相传的所有家庭。这个遥远祖先的寿命若是能延续到此后的每个世纪,他将成为家族中所有人的家长,所有人都要受制于他的权威。亲戚关系是通过拥有"姓氏"来证明的,即罗马共和国公民通常拥有的三个名字中的第二个。

理论上来说,氏族在史前时代是家庭之一。他们为了政治目的联合起来,形成了国家。同样,从理论上来说,它的家长在王政时期都是元老或元老院的成员。上文解释过的史前家庭的分裂方式——一代又一代重复的过程——被认为是许多后世家庭声称与某个大的氏族存在关联的原因。氏族拥有一个鲜为人知的系统性。它会通过对其成员具有约束力的决议,为未成年儿童提供监护人,为疯子和败家子提供负责人。当一个成员死后没有自然继承人,它会继承其没有遗嘱的财产,并用于全体成员的共同利益。这些成员被称为氏族成员,必须参加氏族的宗教仪式,享有使用共同财产的权利,如果愿意的话,可以被安葬在共有的墓地中。

最后,"familia"一词还经常用于指代拥有共同姓氏的氏族中的某一个分支。这里所说的姓氏是罗马人姓名中的第三个词。当被用于这个意义时,它比较准确的意思是"家系"。

父系亲属

上文提到，女儿的子女不属于她父亲的家庭。而对于更大的氏族组织来说，成员仅限于男性后代的子女。能够通过这种方式溯祖的所有人都拥有一位共同祖先，都是其男性后代的后代。如果这位共同的祖先还活着，所有要服从于其父权的人被称为"父系亲属"（agnātī）。对罗马人而言，父系亲属关系是最亲密的一种关系。根据定义，在父系亲属的列表中有两类人是无法被涵盖进来的。一类人是因为服从夫权而加入丈夫家庭的妻子。根据法律，她成为她的丈夫及她丈夫的父系亲属的父系亲属，包括她的养子。此外，被解放的儿子也不再是其父及其父系亲属的父系亲属。在他结婚成家或被另一个家庭收养之前，他都没有父系亲属。详情参照图2：

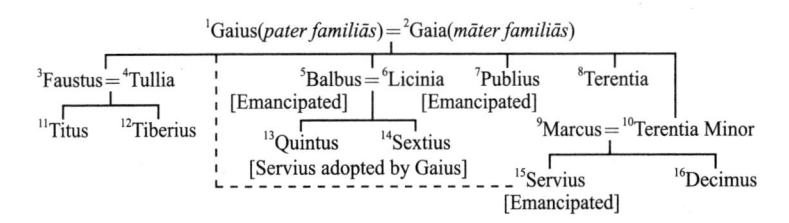

```
                ¹Gaius(pater familiās) = ²Gaia(māter familiās)
    ┌──────────────┬──────────────┬──────────────┐
³Faustus=⁴Tullia   ⁵Balbus=⁶Licinia  ⁷Publius    ⁸Terentia
                   [Emancipated]   [Emancipated]
¹¹Titus ¹²Tiberius  ¹³Quintus ¹⁴Sextius  ⁹Marcus=¹⁰Terentia Minor
                   [Servius adopted by Gaius]  ¹⁵Servius   ¹⁶Decimus
                                              [Emancipated]
```

图2　盖乌斯家庭谱系（2）

¹盖乌斯（家长）=²盖娅（家母）
³福斯图斯=⁴图利娅　⁵巴尔布斯（被"解放"）=⁶利奇尼娅　⁷普布利乌斯（被"解放"）
⁸特伦提娅　⁹马库斯=¹⁰小特伦提娅
¹¹提图斯　¹²提比略　¹³昆图斯　¹⁴塞克斯提乌斯　¹⁵塞尔维乌斯（被"解放"，被盖乌斯收养）
¹⁶得西穆斯

假设盖乌斯和盖娅有5个孩子（福斯图斯、巴尔布斯、普布利乌斯、特伦提娅和小特伦提娅），6个孙辈（福斯图斯之子提图斯和提比略，巴尔布斯之子昆图斯和塞克斯提乌斯，小特伦提娅之子塞尔维乌斯和得西穆斯),而盖乌斯又解放了他的两个儿子巴尔布斯和普布利乌斯,并收养了自己的外孙、已被父亲马库斯解放的塞尔维乌斯,那么这里就有4组父系亲属:

1.盖乌斯和其妻,以及服从他父权的成员,包括福斯图斯、福斯图斯的妻子图利娅,特伦提娅,提图斯,提比略,以及养子塞尔维乌斯(1,2,3,4,8,11,12,15)。

2.巴尔布斯和其妻,他们的两个儿子(5,6,13和14)。

3.普布利乌斯,他自立门户,没有父系亲属。

4.马库斯和其妻小特伦提娅、他们的孩子得西穆斯(9,10,16)。注意,另一个孩子塞尔维乌斯(15)已经被马库斯解放,因此不再是他的父母或兄弟的父系亲属。

血 亲

血亲就是我们所说的血缘关系。这种关系追溯时不论男女,也不论父权。从法律的角度看,唯一的问题就是血缘关系不涉及公民身份,但这一点通常不太重要。因此,在图2中,盖乌斯和福斯图斯、巴尔布斯、普布利乌斯、特伦提娅、小特伦提娅、提图斯、提比略、昆图斯、塞克斯提乌斯、塞尔维乌斯和得西穆斯都是血亲;盖娅和她的所有后代也都是血亲;图利娅、提图斯、提比略是血亲;利奇尼娅、昆图斯、塞克斯提乌斯是血亲;马库斯、塞尔维乌斯、得西穆斯是血亲。而通过婚姻结合的丈夫和妻子(盖乌斯和盖娅,福斯图斯和图利娅,巴尔布斯和利奇尼娅,马库斯和小特伦提娅)不是血亲,但属于父系亲属。事实上,公众舆论不赞成六代(后来是四代)以内的血亲婚姻。据说这个范围内的血亲之间拥有"亲吻权"[①]。血亲的范围要从涉事双方中一方的共同祖先向另一方进行梳理。史密斯在《古代史词典》(Smith, *Dictionary of Antiquities*)"血亲"词条下列出的表格比较容易理解,也可以参照图3。血亲不像父系亲属那样,能够成为国家的有机体。古罗马人将2月22日指定为纪念血缘关系的日子,可供人们交换礼物、举行家庭聚会。但必须明白的是,血亲在罗马共和国时期不具备任何法律权利,不能提出法律主张。

---

① 在古罗马的法律中,"亲吻权"是指家中的男性有权亲吻家中女性的嘴唇,以检查她是否喝了酒。——译者注

024

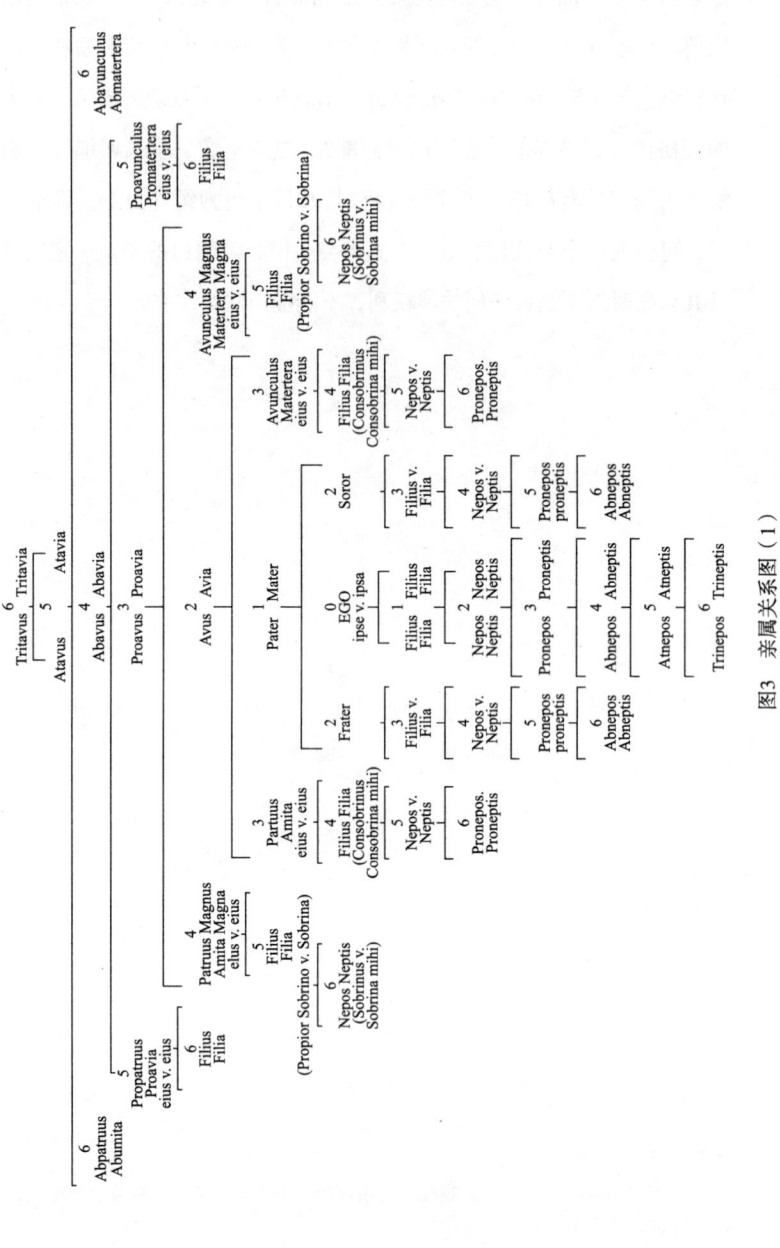

T he Private Life of the Romans
——古罗马人生活图典

```
                                    6 Tritavus  Tritavia
                                  5 Atavus  Atavia
                                4 Abavus  Abavia           6 Abavunculus Abmatertera
                              3 Proavus  Proavia      5 Proavunculus Promatertera eius v. eius   6 Filius Filia
                            2 Avus  Avia        4 Avunculus Magnus Matertera Magna eius v. eius    5 Filius Filia (Propior Sobrino v. Sobrina)   6 Nepos Neptis (Sobrinus v. Sobrina mihi)
                          1 Pater Mater    3 Avunculus Matertera eius v. eius   4 Filius Filia (Consobrinus Consobrina mihi)   5 Nepos v. Neptis   6 Pronepos. Proneptis
                            2 Soror   3 Filius v. Filia   4 Nepos v. Neptis   5 Pronepos proneptis   6 Abnepos Abneptis
                        0 EGO ipse v. ipsa   1 Filius Filia   2 Nepos Neptis   3 Pronepos Proneptis   4 Abnepos Abneptis   5 Atnepos Atneptis   6 Trinepos Trineptis
                            2 Frater   3 Filius v. Filia   4 Nepos v. Neptis   5 Pronepos proneptis   6 Abnepos Abneptis
                          3 Partuus Amita eius v. eius   4 Filius Filia (Consobrinus Consobrina mihi)   5 Nepos v. Neptis   6 Pronepos. Proneptis
                    4 Patruus Magnus Amita Magna eius v. eius   5 Filius Filia (Propior Sobrino v. Sobrina)   6 Nepos Neptis (Sobrinus v. Sobrina mihi)
            5 Propatruus Proavia eius v. eius   6 Filius Filia
    6 Abpatruus Abumita
```

图3 亲属关系图（1）

第一章 家庭

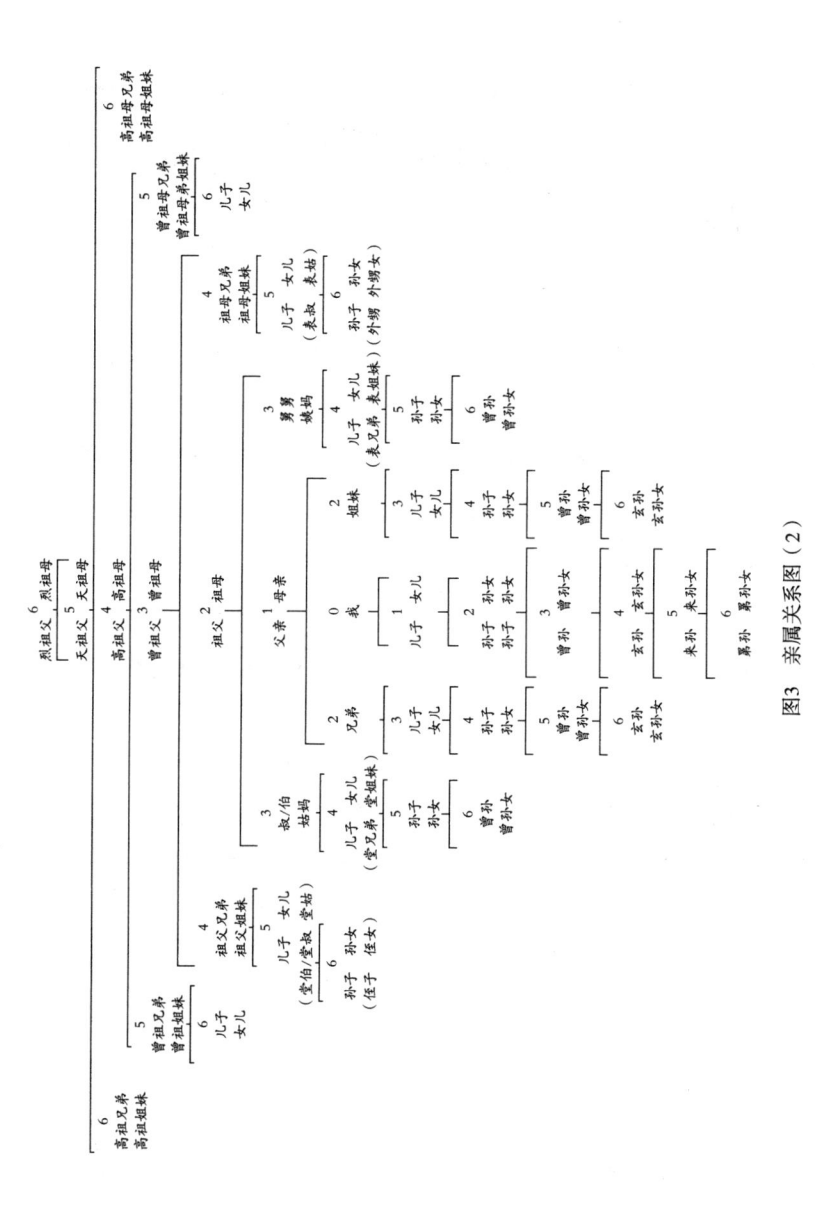

图3 亲属关系图（2）

姻　亲

仅因婚姻关系产生联系的人被称为姻亲（adfīnēs），比如妻子和其夫血亲之间的关系，丈夫和其妻血亲之间的关系。姻亲不像血亲那样存在形式上的级别。经常使用的各种姻亲名称包括：女婿、儿媳、公公/岳父、婆婆/岳母、继子、继女、继父、继母。如果把这些名称和英语中拗口的复合词进行比较，我们就有了能证明古罗马人有多强调家庭关系的额外证据：嫁给两兄弟的两个女人被称为"妯娌"（vānitrirēs），这种关系在英语中甚至没有复合词可说。血亲的名称也是如此——瞥一眼血亲关系图，就会发现其中的拉丁语有多精准，英语有多无力。我们有叔叔、阿姨和堂/表兄弟，但在舅舅和叔叔、姨妈和姑姑、堂兄弟姐妹和表兄弟姐妹之间，我们只能通过描述性短语来区分。至于第五亲等的直系男性祖先和第六亲等的直系男性祖先，我们只有一个模糊不清的词——"祖先"。同样，语言也证明了父亲的领导地位。我们将本国和本国语言称为"母国"和"母语"，但对古罗马人来说，二者分别是"patria"（原意：父亲）和"sermō patrius"（原意：父亲说）。父与子、庇护者与门客、贵族与平民、元老院议员与其他公民、朱庇特主神与奥林匹斯山的其他神明也一样。

家庭仪式

据说父系亲属是古罗马人已知的最亲密的血缘关系。他们对父系家庭的重视，很大程度上可以用他们对未来生活的看法去解释。

古罗马人相信人的灵魂存在于身体之外，但它并非存在于一个单独的精神世界，而是会在墓地徘徊。为了它的安宁和幸福，必须定期提供食物和饮料。如果供奉停止，灵魂就会不快乐，也许还会变成恶灵。典礼和仪式的维系自然要代代相传。受到供奉的灵魂反过来会指引和保护供奉者的后代。

图4　卢修斯·朱尼厄斯·布鲁图斯
（Lucius Junius Brutus）

因此，古罗马人只要还在世，就一定会履行这些表达关爱与虔诚的行为，并有义务让家人在自己死后延续这样的仪式。人们相信，没有子嗣的男人会受到诅咒。因此，婚姻是一项庄严的宗教责任，必须在神灵的准许和支持下才能确定。要迎娶妻子，古罗马男子必须举办家庭宗教仪式，宣誓忠心不二。通过这项仪式，他将妻子和她父亲的家庭完全分开，同时也要做好准备，毫无保留地在另一座祭坛上把女儿交给她要照顾的丈夫。家长就是家中的祭司，服从于他家长权的人要协助祈祷和供奉，参与家庭圣典。

不过，也有可能会是一段没有子嗣的婚姻，或者家中的儿子一个个先于家长一步去世。在这种情况下，家长将不得不面对家族灭亡的可能，或者他的后代先他去世后无人再为他祈福的境况。他有两种选择来避免这样的灾难：让另一个肯定能够延续家族仪式的家庭收养自己，或自己收养一个儿子延续家族的香火。通常人们会采取后一种做法，因为这不仅能让他的灵魂安息，也能让祖先的灵魂安息。

收 养

被收养的人本身可能就是一个家庭的父亲，或者在更常见的情况下，是一个家庭的儿子。收养其他家庭的儿子是个复杂的过程，被称为过继。通过这个有些复杂的程序，亲生父母要把自己的儿子转给另外一个人，结果是被收养者从一个家庭进入了另一个家庭。收养一位家长是更为严肃的事情，因为它会通过让一个家庭绝户，来防止另一个家庭绝户。此举被称为"自权人收养"，是国家大事，必须得到最高宗教领袖——教宗的批准。教宗必须确保被收养的自权人有足够多的兄弟，能在该自权人放弃祭祖仪式之后继续照顾家庭祖先的利益。就算是得到了教宗的同意，此事也仍然要获得库里亚大会①（comitia curiata）的批准，因为自权人的收养可能会剥夺氏族对这名无子女男性财产的继承权。如果得到了大会的批准，那么被收养的自权人就会从一家之主降为养父家的养子。如果他还有妻儿，那么他们都要随他一起进入新的家庭。他所有的财产也会随之而去。养父对他就像对自己的儿子一样拥有家长权，会把他看成是自己的骨血。领养对古罗马人意味着什么，我们最多只能有个模糊的概念。

家长权

父亲对后代的权威通常被称为家长权，也叫父权。古罗马人比其他任何民族都更强调父权，其程度在我们看来似乎既过分又残忍。按

---

① 在古罗马早期，血缘邻近的氏族为了共同防御而联合成了"库里亚"，每个库里亚都有一个负责主持祭祀的首领。*

照他们的理解，家长对子女和其他男性亲属的后代拥有绝对的权力，可以决定是否应该抚养新生的孩子；可以惩罚他认为不端的行为，严厉到可以将受罚之人放逐、奴役和处死。只有他才能拥有和兑现财产，其后代以任何方式赚取或获得的财产都要归他所有。根据法律条文规定，这些后代的待遇比他的奴隶好不了多少：如果他对其中一个后代的权利存在争议，他会像维护自己对一所房子或一匹马所拥有的权利那样，采取相同的维权行动；如果哪个后代遭到了绑架，他会以盗窃罪起诉绑架者；如果出于某种原因，他想把其中一个后代转让给第三者，所采取的转让方式和转让无生命的物品是一样的。而这被法学家们称作只有古罗马公民才能享有的权利。

限　制

尽管家长的权威在理论上很严苛，但受制于罗马共和国的习俗、罗马帝国的法律，在实践中会有很大的转圜。据说罗穆卢斯国王曾规定，所有的儿子和长女都应该被抚养。此外，除非身有严重畸形，否则儿童在3岁之前不得被处死，这至少保证了孩子的生命安全。但家长仍然可以决定是允许一个孩子进入他的家庭，享受这随之而来的社会和宗教特权，还是拒绝承认他，让他无家可归。据说努马国王曾禁止将征得父亲同意结了婚的儿子卖为奴隶。不过，在限制家长的专断和残酷惩罚方面，更重要还是依靠习俗。当一个家长考虑要对他的子女施加严厉的惩罚时，习俗（而非法律）会迫使他召集亲戚和朋友开会。公众舆论会要求这个家长遵从他们的决议。虽然我们的确听说过少数执行死刑的案例，但这些案件发生时，父亲碰巧是以在任执法官的身份行事，可能他预见到了通常法律会处以怎样的惩罚，所以采取这样的行动，就是为了避免公开审判和处决带来的羞耻。

同样，在财产所有权方面，情况其实并不像我们所看到的法律条文那样严苛。按照惯例，一家之主会给子女分配一些私产（"属于他们自己的牛"），让他们管理自己的利益。不仅如此，虽然家长在法律上对子女所有的财产拥有所有权，但其实这些财产是为整个家族

图5　普布利乌斯·科尼利厄斯·西庇阿·阿福利卡纳斯
（Publius Cornelius Scipio Africanus）

谋取的，属于整个家族。家长实际上只不过是受托人，为了大家共同的利益持有、管理这些财产。事实证明，如果家长违背这份信任，性质会比违反公共道德、个人品格有失更加恶劣。除此之外，家长权能够长期延续本身就证明了它的严苛是形式大于实质。

家长权的消亡

家长权的消亡有各种方式：

1. 如上文所述，家长去世。
2. 儿子或女儿被"解放"。
3. 父或子失去公民身份。
4. 儿子成为朱庇特祭司，女儿成为维斯塔贞女。

5. 父或子被第三方收养。

6. 女儿通过正式婚姻进入夫权的管辖范围。但这本质上不会改变她受养人的地位。

7. 儿子当上了公共地方执法官。在这种情况下,家长权会在儿子任职期间暂停,但在他任期届满后,家长仍旧可以让他为自己在任期间的公共和私人行为负责。

夫 权

婚姻的问题稍后再讨论。这里仅定义丈夫对妻子所拥有的最极端形式的权力,即古罗马人所说的夫权。通过最古老、最庄严的婚姻形式,妻子完全脱离她父亲的家族,被转交到丈夫的权力或"掌管"之下。当然,这里我们假定的是她的丈夫已经成为自权人。如果他还不是,那么虽然她名义上处在他的掌管之下,但实际上也和他一样,要服从于他的家长。她所拥有的任何财产——如果她婚前单身时曾拥有任何财产——理所当然都要转交给他。如果她没有财产,那么她的家长就要提供一份嫁妆。嫁妆的归属也和其他财产一样。在婚姻存续期间,她通过自己的努力或其他方式获得的东西也要悉数归属丈夫。因此,到目前为止,就财产权而言,夫权与父权没有任何的区别:妻子

图6 卢修斯·科尼利厄斯·苏拉(Lucius Cornelius Sulla)

和女儿的地位一样，也就是说，丈夫死后，妻子获得的财产份额与女儿能继承的份额是一样的。

在其他方面，夫权被赋予的权力就比较有限了。按照法律的要求（不仅仅是约定俗成），丈夫要把妻子的不当行为提交到家庭法庭。这个法庭里的一部分成员是她的血亲。只有在她犯下某些重大罪行时，丈夫才能将她送进监狱。如果他在没有正当理由的情况下与她离婚，就必须接受损失全部财产的惩罚。而且他绝对不可以把她卖掉。简而言之，公众舆论和习俗对她的保护作用比对她子女的保护作用更大。因此必须注意的是，夫权和父权的主要区别在于：前者是一种基于较弱一方同意的法律关系，而后者是一种先于所有法律和选择的自然关系。

所有权

家长对财产的所有权是绝对的。这一点在上文中已经有过充分的论述。这种所有权既包括奴隶，也包括没有生命的物品。二者在法律的框架内都属于财产。风俗和舆论的作用有助于改善奴隶的可怕处境，这一点将在下文中加以讨论。这里要说明的是，奴隶对主人的决定没有任何可以讨价还价的余地，主人的决定就是盖棺论定。

第二章

名　字

- ◎ 名字的三个组成部分
- ◎ 名字的第一个部分
- ◎ 族　名
- ◎ 姓　氏
- ◎ 姓氏附加名
- ◎ 名字的滥用
- ◎ 女性的名字
- ◎ 奴隶的名字
- ◎ 被释放的奴隶的名字
- ◎ 入籍的公民

名字的三个组成部分

刚开始阅读古罗马人作品的拉丁语学生都知道,古罗马人的名字有三个组成部分,比如盖乌斯·朱利乌斯·凯撒(Caius Julius Caesar),马库斯·图利乌斯·西塞罗(Marcus Tullius Cicero)、普布利乌斯·维吉利乌斯·马罗(Publius Vergilius Maro)。这是罗马共和国鼎盛时期盛行的一种命名系统。该系统本身也在不断发展,从早期比较简单的形式开始,到罗马帝国时期以彻底的混乱结束。最早的古罗马传说中出现的都是单名:罗穆卢斯(Romulus)、雷穆斯(Remus)、福斯图卢斯(Faustulus)。但与此同时,我们也

图7 马库斯·图利乌斯·西塞罗
(Marcus Tullius Cicero)

会看到一些由两个部分组成的名字，比如努玛·蓬皮利乌斯（Numa Pompilius）、安库斯·马尔西乌斯（Ancus Marcius）、图卢斯·霍斯提里乌斯（Tullus Hostilius）。单名可能是最早的时尚。但从传说转向真实的历史时，我们发现，一些最古老的名字都有两个部分，其中第二个部分总是所有格形式，代表父亲或一家之主，比如马库斯·马尔西（Marucus Marci）、塞西莉亚·梅泰利（Caecilia Metelli）。后来这些属格后面加上了字母"f"（代表儿子或女儿）或"-uxor"（代表妻子），以指代关系。再后来，但也是非常久远的事情了，自由民拥有了我们熟悉的三部分姓名：代表氏族的族名、代表血缘家族的姓氏、代表个人的名字。这三个名字的通常的排序是名字、姓氏、族名。但诗歌中经常会为了格律调整这些名字的顺序。

正式场合要求的不仅仅是这样的三部分姓名。官方文件和国家记录通常还要在一个人的族名和姓氏之间插入其父亲、祖父和曾祖父的名字，有时甚至要插入其所属部落的名称。所以，西塞罗的名字可能会被写成M. 图利乌斯·M. f. M. n. M. pr. Cor. 西塞罗，也就是马库斯·图利乌斯·西塞罗·马库斯的儿子·马库斯的孙子·马库斯的曾孙·科尼利亚部落。另一个例子参见本书第十章。

另外，由三部分组成的姓名过于冗长，不适合日常使用。子女、奴隶和亲密的朋友在称呼公民、主人和朋友时只会用到他的名字。普通的熟人为了加强语气会称呼其姓氏，并加上名字作为前缀。在发出最诚挚的请求时，人们会使用对方的族名，有时在前面还会加上其名字或所有格"我的"作为前缀。在与熟人交流时，人们只会使用三部分姓名中的两部分，而且顺序各异。如果名字是两者之一，那么它始终会排在第一位——除非是诗人考虑到韵脚，或是在某些文本不确定的散文中。如果名字已经被省略，剩下的两部分顺序也不尽相同：西塞罗和一些早期的作者，把阿哈拉·塞维利乌斯（Ahāla Servilius）的姓氏放在第一位；凯撒把他的族名放在首位；贺拉斯（Horace）、李维（Livy）和塔西佗（Tacitus）则两种形式都用过；而普林尼坚持凯撒的用法。比较方便的做法是将这三部分名字分开考虑，先提及一个人的名字，再谈这个人所在家族其他成员的名字。

名字的第一个部分

与基督教的教名相比，古罗马人可选的名字似乎少得离谱，它们对应着某些规则，总数不超过30个，在苏拉[①]（Sulla）的年代减少到了18个。完整的名单是由上文提到的当权者制定的，但以下这些也是我们常在学校和学院作者的作品中见到的：奥卢斯（Aulus）、得西穆斯（Decimus）、盖乌斯（Gāius）、格涅乌斯（Gnaeus）、凯索（Kaesō）、卢修斯（Lūcius）、马尼乌斯（Mānius）、马库斯（Mārcus）、普布利乌斯（Pūblius）、昆图斯（Quīntus）、塞尔维乌斯（Servius）、塞克图斯（Sextus）、斯普里乌斯（Spurnes）、提比略（Tiberius）和提图斯（Titus）。这些名字的形式不是绝对固定的。"格涅乌斯"这个名字就可以拼作Gnaivos（早期）、Naevos、Naeus和Gnēus（罕见）。"塞尔维乌斯"既可以拼作Servius，也可以拼作Sergius，两种形式都可以追溯到古代的Serguius。名字的缩写也各不相同："奥卢斯"通常缩写为A，但也可以写作AV和AVL；"塞克图斯"通常缩写为SEXT，但也可以写作S、SEX。其他名字也有类似的变化。

---

① 苏拉（Sulla，公元前138—公元前78）古罗马政治家、著名统帅，曾两次担任执政官，并成为独裁官。*

图8 盖乌斯·朱利乌斯·凯撒
（Gaius Julius Caesar）

这份名单在我们看来十分短小，展现了古罗马人与生俱来的保守主义。一些大家族子女的名字世代更迭重复，以至于到了现代，我们很难确认他们谁是谁。埃米利氏族（Aemilii）主要使用其中7个名字：盖乌斯、格涅乌斯、马尼乌斯、马库斯、昆图斯和提比略，还有另外一个其他氏族从未使用过的名字——玛梅库斯（Mamercus, MAM）。克劳狄氏族（Claudii）主要使用6个名字：盖乌斯、得西穆斯、卢修斯、普布利乌斯、提比略和昆图斯，还另外增加了被萨宾人带入古罗马的名字阿庇乌斯（Appius, APP）。科涅利氏族（Cornelii）主要使用7个名字：奥卢斯、格涅乌斯、卢修斯、马库斯、普布利乌斯、塞尔维乌斯和提比略。朱利安氏族（Julian）的人数较少，少数几个名字就已足够：盖乌斯、卢修斯、塞克图斯、伏皮斯库斯（Vopiscus，这个名字很早就不再用了）。但有时就连这些选择也要受到进一步的限制。克劳狄氏族的分支之一克劳狄·尼罗内斯（Claudiī Nerōnēs）使用的名字是得西穆斯和提比略。科涅利氏族的希庇阿斯分支（Cornēliī Scipiōnēs）在7个名字中只会使用格涅乌斯、卢修斯和普布利乌斯。即便某个名字在某个特定的家族中已经占有一席之地，也可能被故意抛弃：克劳狄氏族就放弃了卢修斯，曼利氏族放弃了马库斯——因为叫这些名字的男人给家族带来了耻辱。安东尼氏族（Antonii）在著名的三巨头之一马库斯·安东尼乌斯①垮台后就再也没有用过马库斯这个名字。

父亲会在儿子出生后的第9天,从家庭常用名列表中选取一个为儿子命名。父亲也可以把自己的名字送给长子,这在当时是一种习俗,在我们这个时代似乎也再自然不过。在西塞罗的全名中,马库斯这个名字重复了4次,很可能是因为他是家族长子的后代。当这些名字第一次被用于命名时,人们一定考虑了它们的词源意义和婴儿的出生环境。李维就曾告诉我们,西尔维乌斯·埃涅阿斯(Silvius Aeneas)之所以得名,是因为他出生在森林里(森林的拉丁语为"silva")。

卢修斯的本意是"出生在白天",马尼乌斯意为"出生在早上",昆图斯、塞克斯图、得西穆斯、波斯图穆斯(Postumus)等表示家族的传承。图卢斯与动词"tollere"有关,意为"承认"。塞尔维乌斯与"servāre"有关,意为"守护"。盖乌斯与"gaudēre"有关,意为"欣喜"。其他的名字与神相关,比如马库斯和玛墨库斯源自"战神"(Mars)一词,提比略源自河神台伯的名字Tiberis。但随着时间的推移,这些含义已经完全被遗忘,就像我们不记得基督教教名的含义一样,就连一些名字的数字含义也不再具备参考意义:西塞罗唯一的兄弟就叫作昆图斯②。

图9 盖乌斯·屋大维·奥古斯都
(Gaius Octavius Augustus)

---

① 马库斯·安东尼乌斯是著名的罗马政治家、军事家,与马库斯·埃米利乌斯·李必达(Marcus Aemilius Lepidus)、屋大维(Octavius)并称"三巨头"。*
② 昆图斯(Quintus)在古希腊语中也可以表述序数词"第五",接下来是sextus(第六)。——译者注

名字的缩写和我们书写首字母时一样,并非信手拈来,而是有既定的习俗,也许还能表明古罗马人的公民身份。名字只有在单独使用或名字的主人属于社会底层时,才会被完整地拼写出来。沿用到英语中的古罗马名字也应该是全拼,读的时候亦然。同理,在朗读或翻译一位拉丁作家的作品时,如果发现他的名字是缩写的,我们也应该把他的全名表现出来。

族 名

族名是极其重要的名字,可以被更精准地称为"氏族的名称"。孩童像继承姓氏一样继承它,没有挑选的余地。族名在起初以-ius结尾,这点在贵族家庭的族名中被神圣地保留着,词尾-eius,-aius,-aeus和-eus都是它的变体。其他词尾则表明了氏族的非拉丁血统:-ācus(如Avidiācus)指高卢血统,-na(如凯基纳Caecīna)指伊特鲁里亚血统,-ēnus或-iēnus(如萨尔维迪努斯Salvidiēnus)指翁布里亚或皮森血统。还有一些族名得名于家族起家的城镇名称,或以常规的-ānus和-ēnsis为词尾(如Albānus、Norbānus、Aquiliēnsis),或后缀-ius(如Perusius、Parmēnsius)来让氏族显得历史更悠久,更有贵族气派。

图10 尼禄·克劳狄乌斯
(Nero Claudius)

与之截然不同的是臭名昭著的盖乌斯·韦雷斯①（Gāius Verrēs）的族名。它看起来就像是个放错了位置的姓氏。

按照惯例，族名属于所有与氏族有关的人，既包括平民，也包括贵族；既包括男性，也包括女性；还包括帮佣和自由人，不分贵贱。也许是出于与卑微族人有所区别的本能愿望，贵族家庭会开始使用一些数量有限的名字，避开社会地位低下的族人会使用的名字。无论如何，值得注意的是，平民家族在凭借政治平步青云，有资格在大厅里摆上自己的半身像之后，在为子女选择名字时会表现出和贵族一样的排他性。

姓　氏

除了个人的名字和标志着氏族的族名之外，古罗马人还有第三个名字，即姓氏，以表示他所属的氏族家庭和分支。几大氏族几乎都拥有分支，有些还分支众多。例如，科涅利氏族中除贵族家庭西庇阿、马努吉内思西斯（Maluginenses）和鲁菲尼（Rufini）等之外，还包括平民家庭多拉贝拉（Dolabellae）、伦图利（Lentuli）、西蒂吉（Cethegi）和西内（Cinnae）。要成为被氏族承认的支系或血统并有权传承一个共同的姓氏，需要整个氏族的正式同意，同时还要失去作为氏族成员的某些特权。

按照规定，姓氏要跟随在部落名称之后。从这一事实来看，人们普遍认为最早的姓氏是在部落分化之后才出现的。人们还普

---

① 盖乌斯·韦雷斯（Gāius Verrēs，约公元前115—公元前43），罗马地方法官，因对西西里岛的管理不善而臭名昭著。而他也暴露了共和晚期罗马行省官员腐败的严重程度。*

遍认为，姓氏最初是一个昵称，是由某些个人特质或特征而被赋予的，有时是一种赞美，有时则是一种嘲笑。因此我们发现，很多姓氏都是在指代身体特征，比如阿尔布斯（Albus，白色的）、巴尔巴图斯（Barbātus，有胡子的）、辛辛纳图斯（Cincinnātus，鬈发的）、克劳多斯（Claudus，跛脚的）、朗古斯（Longus，高个的），这些原本都是形容词。还有名词，比如纳索（Nāsō，鼻子）和卡庇多（Capitō，头）。另外一些指代脾气秉性，比如贝尼格努斯（Benignus，善良的）、布兰都斯（Blandus，和蔼的）、加图（Catō，聪明的）、塞里纳斯（Serēnus，平静的）、塞韦鲁斯（Sevērus，严厉的）。还有一些意指起源地，例如加卢斯（Gallus，高卢人）、里古斯（Ligus，利古里亚人）、萨宾纳斯（Sabīnus，萨宾人）、西库鲁斯（Siculus，西西里人）、图斯库斯（Tuscus，伊特鲁里亚人）。必须记住的是，这些姓氏在父子相传的过程中会慢慢失去其适称性，并会随着时间的推移，如名字一般完全失去其含义。

罗马共和国时期，贵族们几乎都无一例外地拥有第三个名字或姓氏。我们所知的人物中，只有凯厄斯·马尔西乌斯没有这项殊荣。姓氏在平民中则并不常见，可能只有个别平民有姓氏。马里（Marii）、穆米（Mummii）和塞托里尔（Sertorii）等大家族也没有姓氏，但科涅利氏族的平民支系图良（Tullian）等家族却有姓氏。姓氏因此作为一种古老血统的象征备受重视，新贵族急于获得姓氏，将其传承给自己的子女，而很多人会自己选择姓氏。其中一些人在公众眼中认为应该获得姓氏，如格涅乌斯·庞贝把马格努斯作为自己的姓氏；而剩下的人则遭到了同时代人的嘲笑，就像我们会揶揄19世纪的一些暴发户去定做盾形纹章一样。不过，在罗马共和国时期，可能只有贵族敢于使用姓氏，但到了罗马帝国时期，拥有姓氏只不过是自由的象征。

姓氏附加名

除了上述三个部分,古罗马人的名字偶尔还会出现第四个或第五个部分,即便是在罗马共和国时期。这些部分也会被称为"姓氏",成为这个词的广义延展,直到公元4世纪才被语法学家定为"附加名"。我们可以从4个实用的角度来考虑附加名的问题。

首先,氏族出现分支的过程可能会进一步持续。也就是说,和氏族的人数多到足以分出一个支脉一样,随着时间的流逝,这个支脉也能发展出分支。而对这个分支来说,没有什么名字能比模糊的家族姓氏更好的了。这种情况其实经常发生,比如说,科涅利氏族拥有一支名叫西庇阿的支脉,该支脉又发展出了纳西凯家族(Nāsīcae)。因此,我们会看到普布利乌斯·科涅利·西庇阿·纳西凯这样由四部分组成的名字,其中最后一部分名字的得来方式,可能与支脉发展出分支前的第三部分名字一样。

其次,当一个男子被另一个家庭时收养时,他通常会添加养父的名字,再加上自己的族名和后缀-ānus。因此,卢修斯·埃米利乌斯·保卢斯·马其顿尼库斯(关于这个姓氏的内容请参见上文)的儿子卢修斯·埃米利乌斯·保卢斯被普布利乌斯·科涅利·西庇阿收养后,就会改用新的名字普布利乌斯·科涅利·西庇阿·埃米利亚努斯。同理,盖乌斯·奥克塔维厄斯·凯皮亚斯被盖乌斯·尤里乌斯·凯撒收养之后,就成了盖乌斯·尤里乌斯·凯撒·奥克塔维亚努斯。历史上名叫奥克塔维厄斯和奥克塔维亚努斯的人都是如此。

第三,附加名有时也被称为"胜利头衔",它往往会被授予伟大的政治家或得胜的将军,加在其姓氏之后以示表彰。普布利乌斯·科涅利·西庇阿·阿弗利坎努斯就是这样一个广为人知的例子。他名字中的最后一个词是在他击败汉尼拔之后被授予的。同理，他的孙子，也就是上文提到过的普布利乌斯·科涅利·西庇阿·埃米利乌斯，在覆灭了迦太基之后也被授予了同样的荣誉称号，被称为普布利乌斯·科涅利·西庇阿·阿弗利坎努斯·埃米利安努斯。卢修斯·埃米利乌斯·保卢斯击败珀尔修斯之后被授予"马其顿尼库斯"的名字，奥克塔维亚努斯被元老院授予"奥古斯都"的称号，都是如此。我们无法确切得知获赠者的后代是否会继承这些名字，但知道有权继承父亲荣誉称号的人，可能仅限于长子。

最后，以姓氏的形式从祖先那里继承绰号的事实，并不妨碍一个人获得其他具有个人特征的绰号，特别是如我们所见，继承的名字对其后来的使用者往往没有任何用处。早年间，普布利乌斯·科涅利被授予了西庇阿的绰号。随着时间的流逝，他的所有后代都不加考虑地继承了这个绰号，也不在乎是否适用，所以最后使之成了一个姓氏。后来，这些后代中又有人因为个人原因获得了另一个绰号"纳西卡"，一段时间之后，它就成了整个家族的名字。又过了一段时间，该家族某个成员以同样的方式成了一个重要人物，重要到需要一个单独的名字"科尔库鲁姆"，于是他的全名就变成了普布利乌斯·科涅利乌斯·西庇阿·纳西卡·科尔库鲁姆。显然，人们没有理由阻止这样的扩展无限继续。普布利乌斯·科尼利乌斯·西庇阿·纳西卡·斯宾泽尔、昆塔斯·凯基利乌斯·梅特鲁斯·塞莱尔和普布利乌斯·科涅利乌斯·西庇阿·纳西卡·塞拉皮奥都属于这样的名字。同样显而易见的是，纯粹的绰号和某个家族区别于其所属的血统分支中其他成员的姓氏之间，并非总是存在清晰的区别。前文提到的斯宾泽尔这个名字完全有可能像纳西卡一样，有资格在血统第一次出现分支时就占有一席之地。

名字的滥用

上文详述的命名制度如此复杂,几乎肯定会被误解或误用。我们发现,在罗马共和国后期和罗马帝国统治时期,所有的法律和秩序都被忽视了。有时一个孩子的命名会被拖延许久,在他夭折时都还没有被命名,以至于不少墓葬的铭文都会用"孩子"(pūpus)来代替其名字。某段铭文显示,有个未命名的孩子死时已经年满16岁。造成这种混乱局面的原因是对名字第一部分的误用。有时,一个人的全名中会有两个这样的名字,比如普布利乌斯·艾利乌斯·阿利恩努斯·阿基劳斯·马库斯(Pūblius Aelius Aliēnus Archelāus Mārcus)。有时,以-ius结尾、看似族名的单词会被用作名字的第一部分——西塞罗就告诉过我们,曾有一个名叫努梅里乌斯·昆里乌斯·鲁弗斯(Numerius Quīntius Rūfus)的人,因为第一部分的名字模棱两可,得以在一场骚乱中逃脱死亡。

而我们熟悉的"盖乌斯"在古代肯定属于族名。族名的使用也会出现不规范的情况。全名中包含两个族名的情况并不少见,其中一个族名可能来自母亲的家庭,偶尔还会有全名使用三四个族名的情况。公元169年,曾有一位执政官有14个族名。与上面提到的情况相反,一个曾被用作第一部分名字的词语可能会变成族名:西塞罗的敌人卢修斯·塞尔吉乌斯·卡提利纳的族名"塞尔吉乌斯"就曾经是名字的第一部分。

姓氏也会遭到滥用,不再指代家族,而是像名字第一部分最初的用途那样,用于区分同一家族的成员,比如马库斯·阿奈乌斯·塞内卡的三个儿子被称为马库斯·阿奈乌斯·诺瓦图斯、卢修斯·阿奈乌斯·塞内拉和卢修斯·阿奈乌斯·梅拉。同样,被用作姓氏的词语可能会成为另一个人全名的第四个部分，比如卢修斯·科涅利乌斯·苏拉和卢修斯·科涅利乌斯·伦图鲁斯·苏拉这两个名字，名字中的第三和第四个部分其实是一样的，都是苏鲁拉的简写。最后要注意的是，相同的名字在不同时期的排列顺序可能不同：在一张执政官名单中，我们会发现，同一个人既可以被称为卢修斯·卢克莱修·特里西皮提努斯·弗拉乌斯，也可以被称为卢修斯·卢克莱修·弗拉乌斯·特里西皮提努斯。

通过收养从一个家庭转移到另一个家庭的人，名字差异更大。有些人会把血统的名字而非族名当作附加名，即使用姓氏而非族名作为附加名。马库斯·克劳迪乌斯·马塞勒斯的儿子被一个叫普布利乌斯·科涅利乌斯·伦图鲁斯的人收养，他应该叫普布利乌斯·科涅利乌斯·伦图鲁斯·克劳迪亚努斯。相反，他被称为普布利乌斯·科涅利乌斯·伦图鲁斯·马塞里努斯，还把这个名字传给了他的后代。

著名的马库斯·朱尼厄斯·布鲁图斯的名字很好地说明了滥用名字的问题。在凯撒丧命于他的手下前几年，我们所说的这位布鲁图斯被他母亲的哥哥昆图斯·塞维里乌斯·凯皮奥收养，他应该被称为昆图斯·塞维里乌斯·凯皮奥·朱尼亚努斯。但由于某种不为人知的原因，他保留了自己的姓氏，就连他的密友西塞罗似乎也不知道该怎么称呼他。他有时会把自己的名字写成昆图斯·凯皮奥·布鲁图斯，有时又会写成马库斯·布鲁图斯，偶尔干脆写成布鲁图斯。公元1世纪的伟大学者阿斯科尼乌斯称他为马库斯·凯皮奥。

最后，我们会发现，到了罗马帝国统治末期，可能某人会在长达40个词的名字的重压下挣扎。

女性的名字

女性的命名问题缺乏令人满意的说法,我们无法在流传下来的女性名字中发现任何名字选择和排序的体系性。

一般说来,在罗马共和国鼎盛时期,女性是不具备三个部分的全名的,也很少拥有名字。即便拥有名字,也不会使用缩写。我们会发现例如宝拉、维比娅(这个名字的男性形式早已消失)、盖娅、露西娅和普布里娅之类的名字,可能是女儿从父亲那里继承下来的。比较常见的名字包括形容词词义的玛克苏玛(Maxuma,大的)和迈纳(Minor,小的),数字词义的塞昆达(Secunda,第二的)和特西娅(Tertia,第三的)。不过,与相应的男名不同,这些名字指代的似乎总是这个人在一群姐妹中的排行。

人们通常会用未婚女子父亲族名的女性形式来称呼她们,比如图利娅、科涅利娅,再加上她父亲姓氏的所有格,比如凯西利娅·梅泰利,之后跟上字母"f"(女儿)来标记关系。有时她还可以在父亲的族名后使用母亲的族名。已婚妇女如果已经通过古老的贵族仪式归属于丈夫的夫权,本来是要采用他的族名的,就像养子要继承他所进入的家族名称一样,但我们无法证明这个规则得到了全面遵守,我们甚至不能证明它是否被经常遵守。

在后来的婚姻形式下,女性可以保留娘家的姓氏。到了罗马帝国时代,我们发现女性普遍开始使用三个部分的全名,在名字的选择和排序方面也和同时代男性之前的情况一样,会出现滥用的问题。

奴隶的名字

奴隶在自己的名字方面没有什么权利,就像他们对财产没有什么权利一样。他们只能接受主人给取的名字,而且就连这样的名字也不能传给他们的孩子。

在早期更简单的生活中,奴隶被称为"普尔"(puer),就像这个国家曾经用"男孩"这个词来指代任何年龄的奴隶一样。直到罗马共和国后期,奴隶的名字才变成用主人的名字附上-por来表示,比如马克普尔(Mārcipor=Mārcī puer)即"马库斯的奴隶"。但当奴隶人数众多时,这种简单的形式就不足以进行区分了,奴隶们这才获得了属于自己的名字。这些名字通常来自国外,往往代表奴隶的国籍,有时也许会出于嘲讽的目的使用一些东方君主冠冕堂皇的称呼,比如阿福(Afer,非洲人)、伊留瑟洛斯(Eleutheros,解放者)、法尔奈克(Pharnaces,本都王国①国王)。截至此时,"仆人"(servus)一词已经取代了"普尔"。

据此,我们发现,到了罗马共和国末期,奴隶的全名包括他个人的名字,后面跟着他主人的族名和名字(这个顺序非常重要),再加上"仆人"一词,比如"仆人法纳西兹·艾格纳提·普布里"。当奴

图11 图拉真(Trajan)

---

① 本都王国,公元前3世纪至公元1世纪存在于安那托利亚地区的希腊化国家。*

隶从一个主人手中被转交给另一个主人时，就要采用新主人的族名，并把它加在旧主人的姓氏上，再加上-ānus的词尾。举个例子，米希纳斯的奴隶安娜成为利维娅的财产，就会被称为"女仆安娜·利维耶·米希纳提亚纳"。

被释放的奴隶的名字

被释放的奴隶通常会保留他身为奴隶时的名字，并采纳主人的族名和主人为他分配的名字。因此，马库斯·利维乌斯·萨利纳托的奴隶安德罗尼柯成为自由人之后，就会变成卢修斯·利维乌斯·安德罗尼库斯——他会把自己的名字排在最后，充当某种姓氏。

当然，主人也经常把自己的名字送给奴隶，尤其是他最喜欢的奴隶。曾经归属女性主人的奴隶在被释放后可以得到女主人父亲的名字，比如马库斯·利维乌斯·奥古斯塔·L. 伊斯玛鲁斯。字母"L"代表"得到解放的自由人"，会被插入所有正式的文件中。

当然，主人也可以不顾常规，为被释放的奴隶随意命名。因此，尽管西塞罗在释放自己的奴隶提罗和狄俄尼索斯时，严格按照惯例将前者命名为马库斯·图利乌斯·提罗，但他却把自己的名字和朋友提图斯·庞波尼乌斯·阿提库斯的族名送给了后者。

于是后者的新名字就成了马库斯·庞波尼乌斯·狄俄尼索斯。这些被释放的奴隶的后代渴望隐藏自己卑贱出身的所有痕迹，会抛弃祖先本人的名字（比如法纳西兹、狄俄尼索斯）。

入籍的公民

外国人获得公民权时都会取上一个新的名字,其命名原则与上文被释放的奴隶情况相同。他的本名会被留作姓氏,前面加上符合他想象的名字和某个人的族名——这个人通常是令他获得公民权的罗马公民。

在这方面,最广为人知的例子是古希腊诗人阿基亚斯。西塞罗曾在一篇著名的演说中称他为奥卢斯·里希尼乌斯·阿基亚斯,为他辩护。他长期隶属于卢库利家族,成为公民后,便使用了这位优秀庇护人卢修斯·里希尼乌斯·卢库鲁斯的族名。至于他为什么选择了奥卢斯这个名字,我们就不得而知了。

另一个例子是凯撒提到过的高卢人盖乌斯·瓦列里乌斯·卡布鲁斯,他得名于授予他公民身份的时任高卢总督盖乌斯·瓦列里乌斯·弗拉库斯。正是因为以总督和将军的名字命名的习俗,高卢语中才会频繁出现尤里乌斯的名字。西班牙语中的庞贝乌斯、西西里语中的科涅利乌斯也一样。

第三章

婚姻与女性地位

- ◎ 早期的婚姻形式
- ◎ 通婚权
- ◎ 合法婚姻
- ◎ 订 婚
- ◎ 嫁 妆
- ◎ 基本形式
- ◎ 婚礼日
- ◎ 婚礼服饰
- ◎ 仪 式
- ◎ 婚 筵
- ◎ 送亲队伍
- ◎ 女性的地位

早期的婚姻形式

古罗马从未实行过一夫多妻制。据我们所知，在古罗马建城后的五个世纪里，从未发生过离婚的情况。在塞尔维乌斯改革之前，贵族是唯一的公民，只能和贵族以及其他部落中有相同社会地位的成员通婚。他们公认的唯一一种婚姻形式是庄严的宗教婚，它被称为共食婚（cōnfarreātiō）。在众神和氏族成员的见证下，最高祭司举行庄严仪式，让这位贵族将他的妻子从她父亲的家庭接纳进自己的家庭，让她成为女主人，抚养可以维系家族宗教仪式的子女，令他历史悠久的家族永世长存，从而壮大罗马的实力。通过这种当时唯一合法的婚姻形式，妻子被转移至夫权的支配之下，而实际上妻子与子女还有其他受抚养家庭成员的地位是一样的。这样的婚姻被称为"夫权婚姻"。

在此期间，自由民和平民也在组建家庭。毫无疑问，婚姻在他们眼中也是神圣的，其家庭关系也和贵族的婚姻一样备受重视，并且同样是纯洁的。但这样的婚姻未经神明的认可，并非神圣的，也不会为民法所承认，因为平民不是公民。他们的婚姻形式被称为"时效婚"（ūsus），即一男一女作为夫妻在一起生活一年，当然，还有一些我们完全不知道的传统习俗和仪式。和贵族一样，平民丈夫可以获得妻子的人身和财产权，但这种婚姻形式并不能令妻子马上进入"夫权"的支配之下。妻子在这一年里仍然是她父亲家庭的一员，并可以保留其监护人赠予的财产。因为如果在此期间，妻子连续三晚未与丈夫同居，丈夫就不能对其主张夫权（sine conventione in manum）；若没有连续三晚不同居，那么时效婚就合法成立了，丈夫就可以如贵族婚姻那样对其主张夫权（cum conventiōne in manum）。

至少早在塞尔维乌斯时代，罗马就出现了另一种形式的婚姻。它也是一种平民婚姻，但不像时效婚那么古老，被称为"买卖婚"（coēmptiō）。这里所说的买卖是一种象征性的交易。女方的家长（如果女方是自权人，那么这里指的就是她的监护人）将她以物的形式转交给男性婚姻配偶。这种形式肯定是买卖妻子这种古老习俗的遗存，但我们不知道它是什么时候传至古罗马人之中的。买卖婚姻必然伴随着夫权，在当时社会上似乎被视为优于时效婚。二者并存了几个世纪，但买卖婚姻作为一种有夫权的婚姻，比时效婚存在了更久的时间。

图12　普布利乌斯·埃利乌斯·哈德良（Publius Aelius Hadrianus）

通婚权

虽然塞尔维乌斯的改革让平民成为公民,从而使其婚姻形式合法化,却并没有赋予他们与贵族通婚的权利。其实许多平民家庭的历史几乎和贵族家庭一样古老,而且不少都既有钱又有权,但直到公元前445年,这两个阶级之间通婚才得到民法的认可。贵族的反对意见主要集中于宗教方面:国家的神是贵族的神,只有贵族才能婚前占卜凶吉,因此贵族的婚姻是得到神的恩准的。贵族演说家还抗议说,与平民结婚还不如滥交,这样的婚姻不是合法婚姻;平民妻子不过是加入婚姻家庭,最多只是一个妻子,而不能成为家庭女主人;她的后代只是"母亲的孩子",而不是氏族贵族。

这在很大程度上夸大了阶级的力量,但平民在早期的确不像贵族那样高度重视氏族,而且平民分配到的某些责任和特权,与移交给贵族氏族成员的责任和特权是同源的。随着通婚权的出现,这些不同点消失了。人们为合法婚姻设置了新的条件。当其中一方是平民时,买卖婚经过某种妥协成了常见的婚姻形式。"婚姻"(mātrimōnium)一词中所含的耻辱消失了。另一方面,贵族妇女认识到了"无夫权婚姻"的优势,使得夫权婚姻变得越来越少见;婚礼前的卜吉凶行为被认为仅仅是一种形式,婚姻逐渐失去它的神圣性。随着这些变化,到了奥古斯都时期,婚姻关系的松弛和离婚自由似乎威胁到了联邦的命脉。

大约到了西塞罗时代,夫权婚姻已经不再常见,因而共食婚和买卖婚也不再普遍。但在有限的范围内共食婚被保留到了基督教时代,这是因为某些祭司职位[大祭司和圣王① (rēgēs sacrōrum)]只能由

---

① 与帝权相对,是古罗马宗教中类似元老的一种祭司,其地位高于最高祭司,为古罗马宗教中最高,且只能由贵族担任。*

父母通过共食婚的神圣仪式结合的人来担任，而且他们自己也必须通过同样的形式成婚。但女性极不愿臣服于夫权，以至于到了提比略时代，为了找人填上寥寥无几的祭司职位，人们认为有必要将夫权从共食婚中移除。

合法婚姻

在缔结合法婚姻之前，男女双方必须满足某些条件，即使是公民也不例外。这些条件如下：

1. 男女双方都需要同意，如果一方或双方处于家父权力之下，则需要父权家长同意。根据奥古斯都时期的规定，除非家长能够给出有法律效力的拒绝理由，否则不能不同意。

2. 男女双方都到了青春期。儿童之间是不能存在婚姻的。虽然法律并没有规定确切的结婚年龄，但男性和女性的最小结婚年龄可能分别为14岁和12岁。

3. 男女双方都必须未婚。古罗马从未实行过一夫多妻制。

4. 男女双方不能是近亲。这方面的限制是由舆论而非法律规定的，并且在不同的时代有着很大的变化，会渐渐变得不那么严格。一般说来，长辈与后代之间、四代之内的血亲之间、比较近的姻亲之间是严格禁止结婚的。排除这些情况后，双方就可以合法结婚，但仍然存在会影响子女公民身份的区别，虽然没人会质疑孩子的合法身份或其父母的道德品性。

如果丈夫和妻子都是罗马公民，他们的婚姻就是"合法婚姻"（iūstae nūptiae）——可以翻译为"正规的婚姻"。他们的孩子是合法婚生子女,生来就拥有一切公民权利。

如果一方是罗马公民,另一方是拥有通婚权却不具备完整公民权的外国人,二者的婚姻仍然可以被称为合法婚姻,而孩子们会拥有父亲的公民地位。这意味着,如果父亲是公民,母亲是外国人,那么其子女就是公民;但如果父亲是外国人,母亲是公民,那么其子女就和父亲一样是外国人。

如果双方都没有通婚权,那么婚姻仍旧合法,但会被称为"不正规婚姻"。他们的孩子虽然是婚生子女,但公民地位要随父母中地位较低的那一方。在我们的时代①,一个人与地位明显较低的人结婚之后,似乎也会出现社会地位丧失的情况。

订 婚

作为婚姻的准备工作,订婚被认为是一种良好的习俗,但它在法律上并非必要,也不用承担法律强制规定的义务。在订婚时,少女会被人以"体面的语言"和庄重的形式许给男子做新娘。这个承诺不是由少女本人做出的,而是由她的家长,如果她是自权人,则由她的监护人来做出。同样地,只有在男方是自权人且自为家长的情况下,女方家才会直接对他做出承诺,否则,女方家就要向为他求娶少女的家长做出承诺。"体面的语言"可能会是这样的:

"Spondēsne Gāiam, tuam fīliam (or if she was a ward: Gāiam,

---

① 这里指的是本书作者生活的时代,即19世纪下半叶至20世纪初。*

Lūciī fīliam), mihi (or fīliō meō) uxōrem darī?"

"Dī bene vortant! Spondeō."

"Dī bene vortant!"①

无论如何，"spondeō"这个词被专门用在了承诺中，少女也因此成了新娘（spōnsa）。做出承诺的人始终有权取消自己的承诺。订婚通常是通过媒人（nūntius）完成的，因此解除婚约的正式表达是"撕毁婚约"（repudium renūntiāre），或者简单地说是"毁约"（renūntiāre）。虽然契约完全是单方面的，但应当注意的是，一个男子如果同时订立了两个婚约，就会背负不好的名声。如果他自己取消婚约，就不能收回为将来结婚准备的任何礼物——这种礼物肯定是要送的，多为个人用品、梳洗用品等，而且通常还会送上一枚戒指。戒指要戴在左手的无名指上，因为人们认为这根手指有一根神经直通心脏。新娘往往也会送一份礼物给她的未婚夫。

嫁　妆

和现在一些欧洲国家一样，能为丈夫带来嫁妆，对罗马新娘而言是一种荣誉。处于父权之下的女孩自然是要由一家之主来提供嫁妆。自权人则要从自己的财产中拿出嫁妆，如果她没有财产，则由亲属提供；如果亲属们不愿意，她至少可以通过法律程序强迫他们提供。在早期的

---

① 意为："你愿意承诺把你的女儿盖娅（如果女方是受监护人，则为：'盖娅，卢修斯之女'）嫁与我（或'我的儿子'）为妻吗？""众神保佑你！我承诺。""众神保佑你！"

夫权婚姻中，新娘带来的所有财产都将成为丈夫或其家长的财产。后来，随着夫权变得不再常见，特别是在离婚现象频发之后，情况变了：新娘的一部分财产将留给她自用，另一部分以嫁妆的名义转让给新郎。当然，自用财产和嫁妆的比例会随着社会环境的变化而变化。

基本形式

结婚仪式其实没有必要的法律形式，也没有民政当局批准的许可证。无论简单还是复杂，仪式都不需要由国家授权的人来主持。如果夫妻双方都是自权人，那么双方的同意是必须的；如果他们都处于父权之下，那就必须得到双方家长的同意。上文已经说过，家长只能以正当的理由拒绝。

图13　安东尼·皮乌斯（Antoninus Pius）

另一方面，家长却可以要求服从于自己的人表示同意。在父慈子孝的情况下，局面可能不会像我们想象中那么严峻。

虽然合法婚姻的唯一条件是双方的同意，但也必须通过婚姻双方做出某种结合的行为来证明。也就是说，婚姻不能通过信函或第三方的介入而缔结。所谓的公开行为，就是在证人的见证下手拉着手，或者由证人护送新娘到丈夫家。即使双方都有一定社会地位，或者后来有了签订婚姻契约的环节，这样的仪式也不曾被忽略。如我们所见，虽说双方不一定要以夫妻身份同居才能缔结合法婚姻，但同居本身可以构成合法的婚姻关系。

婚礼日

需要注意的是，和今天的婚礼一样，两千年前，迷信在婚礼安排中也起着十分重要的作用。人们会煞费苦心地选择一个吉日。古罗马历每个月的第一天，3、5、7、10月的第7天或其余月份的第5天，3、5、7、10月的第15天或其余月份的第13天，以及这些日子的后一天，都是不吉利的。整个5月和6月的上半月也不行，因为这段时间要举行一些宗教仪式，比如5月有阿尔戈伊仪式（the Argean offerings）和勒穆里亚节（Lemūria）①、6月有与维斯塔女神有关的宗教节日。除此之外，2月13日至21日的祖先日（diēs parentalēs），以及8月24日、10月5日和11月8日等冥界入口开放的日子，都应该谨慎避开。因此，全年有三分之一的时间是绝对禁止举办婚礼的。大型节日也同样不行。人们之所以会避开这些大型节日，并不是因为它们不吉利，而是因为在这些日子里，亲朋好友们肯定还有其他约会。二婚的女性倒是会选择这些节日，以便让自己的婚礼不那么引人注目。

婚礼服饰

婚礼前一天，新娘要举行仪式，将自己的护身符和紫色绲边长袍供奉给娘家的守护神拉瑞斯（Larēs）——已婚妇女不会再穿戴这样的服饰——如果她未满12岁，还要供奉自己儿时的玩具。为了讨个好兆

---

① 阿尔戈伊仪式在每年的5月14日或15日举行，人们会从27个公共神龛中取出稻草人偶，穿城游行。勒穆里亚节则是每年的5月9、11、13日，在这三天里，罗马人祭祀家中先辈之灵，安抚亡灵不会伤害后人。*

头，她要在睡前穿上长度垂到脚面的一件式丘尼卡袍（tunica rēcta或tunic rēgilla）。在里奇作品提及"rēcta"一词时，配了一张存疑的插图。丘尼卡（tunica）之所以得名，似乎是因为它是在立式织机上以传统方式织就。在婚礼上，新娘穿的也是这种长袍。

婚礼当天的早晨，新娘的母亲要为她更衣。古罗马诗人在描述母亲此时的关爱时，会流露出不同寻常的温情。图14是人们在庞贝古城发现并复制的一幅壁画，它正好展现了这一场景。服饰的主体是上文提到的丘尼卡，用一根羊毛带子系在腰间。带子会被系成一个赫拉克

图14 为新娘更衣

勒斯结（nodus Herculāneus），可能因为赫拉克勒斯是婚姻生活的守护者。只有丈夫才有权解开这个结。如图15所示，新娘的长袍外面还要罩上一块火红色的面纱。新娘的面纱至关重要，以至于"为自己戴上面纱"（nūbere）成了指代女性"结婚"的常用词。

发型的梳理也特别值得注意。但遗憾的是，没有一张图片清晰地保留了发型的样式。我们只知道，人们会用一根矛尖把新娘的头发分成6簇——可能是对古代抢亲行为的追忆——将发簇编成辫子，用丝带绑好。新娘还会戴上用鲜花和神圣的植物编织的花环。新郎则一定会穿上托加，头上也戴着类似的花环。他会于适当的时间在当天前来观礼的亲戚、朋友和门客的陪同下前往新娘家。

图15　戴面纱的新娘

仪　式

人们会用鲜花、树枝、羊毛带和挂毯装饰新娘家的房子，也就是婚礼的举办地。客人们要在日出之前赶到。同时，占卜仪式已经开始。古代的共食婚仪式会邀请公众占兆官进行占卜，到后来，不管是什么样的仪式，都只是由脏卜师用祭礼上宰杀的羊的内脏来占卜吉凶。在描述结婚仪式时，我们必须记住，只有表示同意的行为是必须的，其他的形式和仪式都无关紧要、灵活可变。有些事情的确取决于特定的形式，但更多地取决于双方家庭的财力和社会地位。大多数婚礼很有可能比权威人士描述的简单得多。

宣布吉兆后，新娘和新郎会来到房子最重要的位置——中庭。婚礼就此拉开帷幕，其过程包括两个部分。

1. 正规仪式。根据婚姻形式的不同（共食婚、买卖婚或时效婚），仪式内容各有不同。但最重要的部分是在证婚人的面前表示同意。

2. 庆典活动。包括在新娘家举行宴会，象征性地从新娘母亲的怀中强行抱走新娘，护送新娘前往新家（这是最重要的一环），以及在新家举行招待会。

共食婚仪式从牵手礼开始。新娘和新郎在媒人（只结过一次婚的已婚妇女）的邀请下走到一起，在元老院十大氏族的成员代表见证下手牵手（图16）。然后，新娘要说一句话表示同意："你盖乌斯去往哪里，我盖娅就去往哪里。"（Quandō tū Gāius, ego Gāia.）这句话

图16 婚礼场景

最早出现时盖乌斯还只是个族名而非个人名字,无论新娘和新郎的名字叫什么,这句话的形式都不变。它暗示新娘已经真正被纳入了新郎的氏族,或许其中还有好运之意。尽管随着时间的流逝,其含义已逐渐淡化,就连无夫权婚姻也会使用这句历史悠久的俗语。接下来,新娘和新郎要肩并肩地坐在祭坛的左边、面向祭坛,他们身下的凳子上盖着为祭祀而宰杀的羊的皮。

随后,大主祭和朱庇特神的祭司要向朱庇特献上一份不流血的祭品——麦饼(farreum ībum)。共食婚的名字由此而来。除了献给朱庇特的祭品,祭司还要为婚姻女神朱诺和职司土地与收成的神明特鲁斯、皮库姆努斯、皮鲁姆努斯朗诵祷文。献祭所需要的器具由一个被称为卡米卢斯(camillus,图17)的男孩用有盖的篮子呈上,这个男孩必须父母双全。接着便是祝贺的环节,来宾们会高呼"幸福"(felīciter)。

图17 一个卡米卢斯

买卖婚的婚礼会以一场虚拟的交易开场,出席的见证者不得少于5人。货款由一枚硬币代替,它被放在一位司秤的天平上。天平、司秤、硬币和证婚人都是这种形式的婚礼仪式必不可少的。接下来是上文共食婚仪式中提到过的牵手礼和宣告同意环节。首先,新郎要问新娘:"你是否愿意成为女主人?"(An sibi māter familiās esse vellet？）她表示同意后也要向他提出同样的问题："你是否愿意成家长？"（An sibi pater familiās esse vellet？）对此，他也要回答："愿意。"然后人们就会开始祈祷，有时还会献上祭品，并像其他更繁复的仪式一样庆祝一番。

第三种形式的婚姻——时效婚的仪式，比另外两种婚礼的形式更灵活，但没有相关描述流传下来。可以肯定的是，会有牵手、宣告同意、接受祝福的环节，但我们不知道还有什么特殊的习俗或惯例。随着时间的推移，尽管共食仪式中的麦饼不可能被另外两种仪式采用，买卖婚姻中的天平和司秤也是如此，但这三种仪式不可避免地会变得日益雷同。

婚筵

婚礼结束后就迎来了将一直持续入夜的婚筵。

毫无疑问，婚筵通常是在新娘的父亲家里举办的，我们所知的几次在新郎家里举办的婚礼只是特例，是因为一些特殊情况——至今仍是如此。

婚筵结束时似乎会为宾客们分发婚礼蛋糕，这种蛋糕用葡萄汁浸泡过的谷物粗粉制作，被放在月桂叶上端上桌。一些婚筵太过奢侈，以至于在奥古斯都统治时期，有人曾提议通过法律将其花费限制在1000塞斯特斯（约合今天的50元[①]）以内。事实证明，这样的节约法令都是形同虚设。

---

① 本书的货币单位如未特别说明，皆是美元。*

送亲队伍

婚筵结束后,新娘将正式被送往丈夫家中。这个仪式被称为送亲。由于它对婚姻的合法性至关重要,所以绝对不会被省略。送亲是一场盛大的公共集会,任何人都可以加入送亲的队伍,参与这场与众不同的欢庆活动。据说即使是地位尊崇的人也毫不介意在街上等候新娘。夜幕降临时,众人在房前列队,举火把的人和吹笛子的人走在前面。当一切准备就绪,人们会唱起婚礼颂歌。新郎要假装用力地从新娘母亲的怀中抱走新娘,这个习俗是对古罗马人曾经劫掠萨宾人的回忆①,但或许也可以追溯到古罗马建国前——在当时的许多民族中抢亲都很盛行。此后,新娘要站到三个父母均健在的男孩中间。其中两个男孩会牵着她的手,走在她的身边;另外一个男孩手持山楂树树枝做成的婚礼火炬,走在她的前面。新娘身后的人抱着象征家庭生活的纺纱杆和纺锤。被称为卡米卢斯的男孩也要提着带盖的篮子走在送亲的队伍中。

送亲的过程中,人们会高唱着调侃新人的粗俗歌曲,喊着古罗马人自己也不明就里的求婚口号。这种口号至少有五种形式,都是人名"塔拉西乌斯"或"塔拉西欧"的变体——他可能是萨宾人的一个神明,职能未知。李维认为,这个名字源自罗穆卢斯时代的一位元老院议员。新娘会随身携带三枚硬币,在路上扔下一枚作为礼物献祭给十字路口的守护神,另外两枚,一枚作为嫁妆的象征交给新郎,一枚献祭给新郎家的守护神。与此同时,新郎会向人群抛撒坚果。卡图卢斯

---

① 相传罗马城的建立者罗穆卢斯在建城之初招揽了大量流浪汉、贩夫走卒来定居,因很少有女人愿嫁给这些人,罗穆卢斯便以举行海神节庆典为借口,邀请萨宾人前来做客,并在节庆高潮时掠夺年轻的萨宾女人为妻。*

解释称，这是新郎成为男子汉的象征，意味着他抛却了幼稚的东西，而坚果是丰硕成果的象征。这一习俗流传至今，演变成了抛撒大米。

　　送亲的队伍到达新郎家之后，新娘要用毛线缠绕门柱——这可能象征着她作为女主人的职责——并在门上涂上象征富足的油脂。紧接着，她会被小心翼翼地抱过门槛，以避免初次进门就滑倒这样的坏兆头。但有些人认为，这仍是抢亲的旧俗遗留下来的行为。过门后，她还要重复表示同意的话："你盖乌斯去往哪里，我盖娅就去往哪里。"之后大门就要对人群关闭了，只有受邀的客人才能随他们一起进门。

　　丈夫会在中庭迎接妻子，为她献上火和水，象征他们即将共同生活和她在家中的角色。壁炉里铺好了生火用的木柴，新娘用送亲队伍举在前头的结婚火把点燃这堆木柴。随后，火把会被当作象征好运的物件扔到客人中间，供他们争抢。新娘读完祈祷文之后，会被伴娘领到婚榻旁（图18）。婚礼当晚，这张婚榻将一直摆放在中庭里，之后也会是中庭唯一的一件装饰性家具。第二天，新娘还要在新家中为亲朋好友奉上第二场婚筵，并在这场婚筵上以女主人的身份向神灵献上第一份供奉。之后，这对新婚夫妇所在的社交圈内人士还会为他们举办一系列的筵席，以庆祝新婚。

图18　婚榻

女性的地位

通过婚姻,古罗马女性获得了古代世界其他国家女性无法企及的地位。没有其他哪个地方的女性能像这里的女人般受人尊敬,也没有其他哪个地方的女性能够产生如此强大而有益的影响。

古罗马主妇在自己的家中是绝对的女主人。她要管理家庭收支,监督家务奴隶的工作,自己却不用做任何的粗活。她还是孩子们的保姆,要对他们进行早期的培训和教育。在她的教导下,女儿们也会成长为和她一样的主妇,并且始终会是她最亲密的伙伴,直到她亲手为她们穿上嫁衣,让她们的丈夫从她的怀中把她们夺走。

不管是在生意上还是在家务上,她都是丈夫的合作伙伴。丈夫还会经常向她请教国家大事。她不像古希腊的妇女们那样,会被束缚在一间所谓的闺房里,因为整座房子都是她的。她可以出来接待丈夫的客人,与他们同桌而坐。虽然她要服从于丈夫的夫权,但法律和习俗会减少这样的约束,所以她自己同意锻造的"镣铐"并不会令她愤怒。

走出家门,已婚妇女的及踝长袍斯朵拉(stola mātrōnālis)能为她赢得最大的尊重。街上的男人都会为她让路。在公众比赛、剧院和重大的国家宗教仪式上,她也能拥有一席之地。她还可以在法庭上作证,到了罗马共和国后期甚至可以作为辩护人出庭。她的生日会被家人视为神圣的节日、欢乐的日子,所有人还会在3月1日庆祝伟大的母亲节,为妻子和母亲送上礼物。最后,如果她出身贵族家庭,人们还会在她去世之后,为她发表公开的悼词。

必须承认的是,古罗马女性的受教育状况不佳,有成就的女性很少,受教育的内容与其说是高雅,不如说偏向实用、家务。但在最高阶层、最有教养的社会圈子里，古罗马女性能讲一口最纯正、最优雅的拉丁语。就成就而言，她们丈夫的表现也没有比她们出色多少。要知道，体面的古希腊女性根本不被允许接受教育。

我们还必须承认，罗马共和国时期的最后几年发生了巨大的变化。随着家庭生活的废弛、离婚的自由、财富的流入和铺张浪费的风气兴起，古罗马主妇的纯洁和尊严日益褪色，就像她们的父亲和丈夫的男子气概和力量日渐衰弱一样。

但我们必须记住，古代作家并没有深入探讨我们喜爱的某些主题。对古罗马的诗人和散文家来说，童年和家庭生活的简单快乐，对家庭、姐妹、妻子和母亲的赞美，可能算不上神圣，因此他们不会把这些内容作为创作的主题。

贺拉斯的母亲是一名极具天赋的女性，但她的儿子从未替她写过只言片语，所以流传到我们手中的家庭生活片段要么来自古希腊，要么恰恰来自那些讽刺虚荣、挥霍和淫秽行为的作家。因此，我们可以有把握地说，卡图卢斯和尤维纳利斯等人在诗句中描绘的场景，并不是那个时代古罗马女性的真实写照。

在罗马帝国最黑暗的时期，早期女性那种坚韧、纯洁的美德肯定吸引了很多人效仿，那时肯定会有像格拉古所处时代一样的母亲，也会有像马库斯·布鲁图斯的妻子那样高贵的妻子。

第四章
子女和教育

- ◎ 法律地位
- ◎ 接　纳
- ◎ 净化日
- ◎ 护身符
- ◎ 保　姆
- ◎ 玩　具
- ◎ 宠物和游戏
- ◎ 家庭教育
- ◎ 学　校
- ◎ 小学所教科目
- ◎ 文法学校
- ◎ 修辞专科学校
- ◎ 游　学
- ◎ 学徒制
- ◎ 针对学校的评价
- ◎ 老　师
- ◎ 学期和假期
- ◎ 伴读奴隶
- ◎ 纪　律
- ◎ 童年的结束
- ◎ 自由节

法律地位

对子女在家庭中的地位，本书已经进行过解释。事实证明，从法律的角度来说，他们比一家之主手下的奴隶好不了多少。他们生存的权利取决于家长，既要将收入悉数归他，还要遵从其要求结婚，或在他的父权之下，或被转到另一个同样严厉的人手中。但也有人说，习俗和责任会使实际情况并不像我们所想象的那么严格。

接　纳

孩子出生后，家长的权力马上就得到体现。按照惯例，新生儿会被放在其脚边的地上。如果他把孩子抱入怀中，就是承认这个孩子是自己的，并承认他/她享有作为罗马家庭成员所有的权利和特权；如果他拒绝这样做，孩子就会成为一个弃儿，没有家人、亡灵的保护，甚至完全没有朋友，最终会被人遗忘。处置一个孩子通常不需要用谋杀的方式。罗穆卢斯和雷穆斯曾险些遭人谋杀，后来罗穆卢斯称王，禁止了这种做法。孩子会被简单地"放置在大庭广众之下"，也就是被奴隶从房子里抱走，留在公路上，任其自生自灭。考虑到新生儿即便得到最悉心的照料，生存的概率也不高，这种做法的结果似乎已经注定了。

不过，生的希望还是存在的。母亲虽然无法替婴儿做主，但往往都会送上一些小饰品、小玩意儿。如果婴儿活下来，这些东西或许可以用来认亲。但就算被愿意救他的人及时发现，这个孩子的命运也有可能比死亡更糟。为奴为婢，也许在他被遗弃后的惨境中还不算最糟的。这样的弃儿经常落入乞讨者手中，被培养成乞丐。

至少在罗马帝国时代，一些乞丐会残忍地伤害这些孩子，致其毁容或畸形，从而让其在行乞时更容易激起他人的同情。如今这种事情在其他国家中仍在发生。

净化日

被家族承认的婴儿出生后的头8天为"初生阶段"，这时会举行各种宗教仪式。在此期间，婴儿被统称为"孩子"，但一些出生后身体十分孱弱的孩子可能很快就会被命名。男孩出生后的第9天、女孩出生后的第8天，他/她会被庄严地赋予一个名字。由于人们会进行献祭和净化仪式，因此这一天也被叫作"净化日"或"命名日"。

这些仪式似乎都是私下举行的，既不像犹太人那样把孩子带去会堂，也不会将他的名字登记在任何的官方名单上。男孩只有在被授予成人长袍之后，才能在市民名单上登记自己的姓名。

净化日是亲朋欢庆和祝贺的时刻，此时他们和家中的奴隶会一起向孩子赠送做成花朵、小斧头和剑状的金属小玩具或装饰品，尤其还会送新月形的东西。它们被统称为"玩具"，可以串在一起戴在脖子上（图19）。由于它们最初是用来逗乐孩子的玩具，因此也得名"摇铃"。

此外，它们还能抵御巫术或邪眼①（特别是新月形的护身符）。更重要的是，在儿童走丢或被偷的情况下，这些东西可以用来识别身份，因此特伦斯称它们为"信物"。留给弃儿的小饰品也是如此。当然，它们的价格取决于其制作材料。

图19 玩 具

---

① 也称恶魔之眼，是民间迷信的一种邪恶力量，相传由人的妒忌等恶念而生，可带来噩运与伤病。*

护身符

　　所有玩具中，金护身符更为重要。如果父亲没有在接纳孩子的那一天为其佩戴金护身符，便会在净化日当天这样做。它由两块凹面的黄金组成，状似表壳并用黄金制成的宽弹簧固定，里面包含一个抵御邪眼的护身符（图20）。它可以用链子或绳子挂在脖子上，戴在胸前。

　　护身符源于伊特鲁里亚①，在很长一段时间里，贵族子女只会佩戴黄金护身符，而平民则满足于佩戴皮制、用皮绳串起的仿制品。随着时间的推移，这种区别逐渐淡化，就像姓名的使用和结婚仪式的区别逐渐消失一样。到了西塞罗的时代，任何生而自由的公民的子女都可以佩戴黄金饰品，饰品材料的选择主要取决于父亲的财富和慷慨程度，而不再是其社会地位。

　　女孩直到婚礼前夜都要佩戴护身符（图21）。如我们前文所说，护身符会和其他的童年物件一起收在一旁。男孩身上的护身符则要一直佩戴

图20　护身符

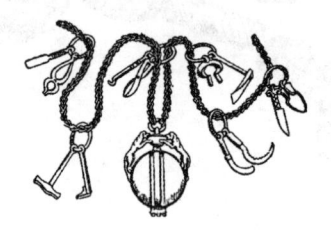

图21　女孩的护身符

---

① 在古希腊影响古罗马之前，伊特鲁里亚对古罗马的影响就已经衰落。但古罗马人从伊特鲁里亚人处学到了占卜的艺术、某些建筑形式、皇室徽章、竞技场游戏和露天圆形剧场。

到他被授予托加。此后,这枚护身符会被供奉到家中的守护神前,被精心保存。如果这个男孩成为战功赫赫的将军,赢得了梦寐以求的胜利荣誉,那么他在凯旋的队伍中也要佩戴自己的护身符,以防遭人嫉妒。

保　姆

罗马共和国时期甚至罗马帝国时期的保姆角色,都是由母亲来担任的。在这方面,古罗马人比旧世界其他任何文明国家都更重视自然的教导。

当然,和现在一样,当时的母亲不可能时时刻刻照料孩子,于是她的工作会被一名奴隶取代。大概是因为有感情,这名奴隶会被唤作"妈妈"(mātēr)。

在照顾孩子的日常生活过程中,母亲也会得到帮助,但只有来自奴隶的帮助。在母亲的监督下,奴隶们给孩子洗衣、讲故事、唱摇篮曲,把他抱在怀里或放在摇篮里,摇着让他入睡。

当时人们讲的那些童话故事都没有流传下来,但昆体良[①](Quintilian)告诉我们,那些故事和伊索寓言很像。至于摇篮的图片,可以在史密斯作品的"cūnae"和"cūnābula"词条下查看。里奇作品的"cūnāria"词条下包含了一张保姆给婴儿洗澡的图片。我们如今所使用的婴儿车在当时是轿子。

流传到现今的一件赤土陶器,展示的就是两名男子用这样一顶

---

① 昆体良(Quintilian,约35—约95),古罗马杰出的教育家。*

轿子抬着一个孩子（图22）。

布匿战争之后，挑选一名希腊奴隶来照顾孩子是富裕家庭的习惯做法，这样孩子就能像学会母语一样，自然地学会希腊语。拉丁语文学中的许多段落都印证着保姆和孩子之间的感情，而且这种感情会一直持续到成年。经常会有年轻的妻子把从小照顾自己的保姆作为顾问和知己带入新的家庭。主人还经常解放这些奴隶，以回报她们的忠诚。

图22 轿子里的儿童

玩 具

我们对古罗马儿童的玩具、宠物、游戏知之甚少，因为我们都知道，家庭生活不是古罗马作家喜欢的主题，当时也没有人会专门为儿童写书。尽管如此，我们还是可以从零星的参考文献和大量的纪念资料中了解一二。有证据表明，当时的玩具数量众多，五花八门。

上文已经提到了摇铃，这类小玩具和物件似乎十分常见。玩偶也是如此，其中一些甚至流传到了我们手中，尽管我们经常分不清哪些是小雕像，哪些是真正的玩具。

有些玩偶是用黏土做的，有些则是用蜡，甚至做出了胳膊和腿的关节（图23）。玩具小车和手推车也很常见，贺拉斯还提到过把老鼠拴在这类玩具上。不少图画和文字描述都提到过孩子玩耍陀螺。他们会用鞭子抽打陀螺，使其旋转，玩耍的方式和今天的欧洲孩子一样。铁圈也是一种颇受欢迎的玩具。它由一根棍子驱动，上面绑着金属片，提醒人们在它靠近时远离。一些男孩还会踩高跷、玩球（图24）。成年男子也喜欢这些运动，相关内容将在娱乐部分加以详述。

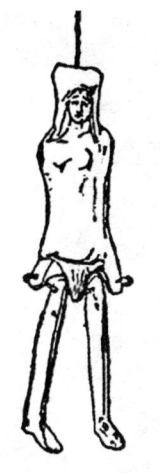

图23 带关节的玩偶

图24 玩球的孩子

宠物和游戏

那个年代，养宠物比现在更加常见。和今天一样，孩子们最喜欢的是狗。而猫在古希腊和古罗马的历史上要很晚才作为宠物为人所知。鸟类也是常见的宠物，除了我们熟悉的家鸽和野鸽，鸭子、乌鸦和鹌鹑也是儿童的宠物。鹅也一样，尽管这在我们看来十分奇怪，但有座广为人知的雕塑，展现的就是一个孩子和一只与他身形差不多的大鹅搏斗（图25）。猴子也是一种宠物，但不太常见。上文中还提到过老鼠。

儿童游戏多种多样，但我们只能猜测大多数游戏的类型，因为几乎没有任何的相关描述流传到我们手中。有些游戏和我们的猜单双、捉迷藏、躲猫猫、抛接子和跷跷板一致。鹅卵石和坚果会被当作弹珠来玩。桌面游戏也是有的。男孩子们还可以参与骑马、游泳和摔跤等运动，但这些运动可能太过认真，不应该被称为游戏，而应该归为履行公民义务的培训。

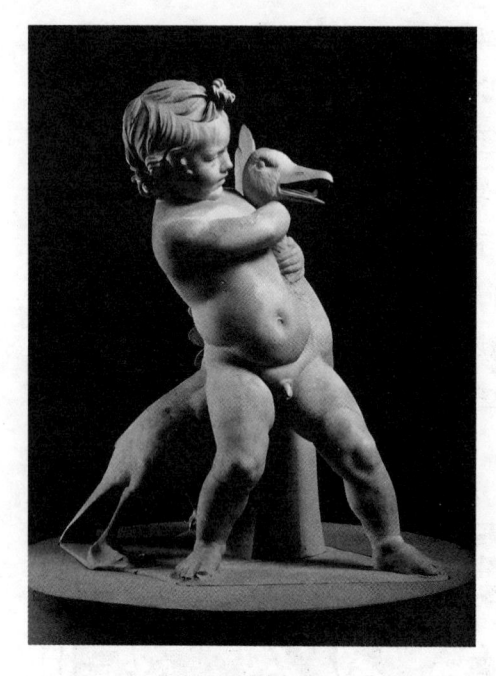

图25　男孩与鹅

家庭教育

对子女的教育是由父母亲自进行的。和子女的智力发展相比，他们更看重子女的道德培养。对神的敬畏、对法律的尊重、对权威的绝对即时服从、诚实和独立，都是孩子们要学习的重要功课。很多道德培养是在孩子与父母的持续互动中进行的。

和其他民族相比，这是古罗马人家庭教育的典型特点。孩子们会和长辈同桌吃饭，也会帮忙端菜。不管男孩还是女孩，7岁前都由母亲担任老师，孩子会向她学习母语的正确说法。拉丁语修辞学家告诉我们，最精通拉丁语的人是古罗马各大贵族的妇女。母亲还会教授子女阅读和写作的基本知识，以及最简单的算术。

男孩从7岁开始要受教于全职教师，女孩则会一直陪伴母亲直到嫁人。古罗马女孩年纪轻轻就要嫁为人妻，所以她的受教育生涯不可避免地被缩短了，但与此同时，她也会学到书本无法教给她的东西。她要向母亲学习纺织和缝纫——就连奥古斯都穿的都是妻子手织的衣服。她还要从母亲那里学习家庭理财方面的学问，以便胜任古罗马家庭女主人的位置，这是古罗马女性梦想中最尊贵的身份。

上学时间之外，男孩同样也要陪伴在父亲左右。如果父亲是农民（早先的古罗马人都会务农），那么男孩也要在田里帮忙，学习犁地、播种和收割。如果父亲身居高位、住在首都，那么在他接待客人时，儿子要站在他的身边，熟悉客人的面孔、名字和职位，切实地了解政治和国家大事。如果父亲是一名元老，儿子还可以陪他前往元老院听取辩论，聆听当时伟大的演说家演讲（这种情况仅在早期真实出现过）。如果父亲是辩护律师或要参与公开审判，儿子随时可以陪他出庭。

由于每一位罗马男性都会被当成士兵来培养，父亲还要训练儿子使用武器，参加各种军事演习和骑马、游泳、摔跤、拳击等男性运动。这些练习注重力量与敏捷度，而不像古希腊人所强调的那样，要动作优雅、形式对称。每逢重要节庆，人们会打开中庭的陈列柜，展示祖先的蜡像。贵族家庭的男孩和女孩都要前来学习自己家族的历史以及罗马的历史。

学　校

父亲对子女的实际教导会因其所受的教育而有所不同，即便是在最好的情况下，也会因为他的私人事务或公共职责受到各种干扰。我们发现人们很早就意识到了这种困境，所以如果家长的奴隶中正好有人能够给予孩子所需的教导，家长就会把子女交由他来教育，这逐渐成了一种风气。要记住的是，在战争中被俘虏的奴隶往往比他们的罗马主人受教育程度高得多，但并不是所有的家庭都能拥有称职的教师。对有幸拥有这种奴隶的主人来说，在每天固定的时间里接待朋友和邻居的孩子来家中和自己的孩子一起学习，似乎是再自然不过的事情。

奴隶的主人可以利用这种特权收取费用，据说加图就是这样做的。他也可以允许奴隶将学生送来代替学费的小礼物留下，作为奴隶自己的财产。下一步就是选择一个比私宅更方便、位于市中心且容易到达的地方设立学校，接收所有付得起微薄学费的学生，但这种行为出现的时间太早，无法确定其准确时间。这些学校既招收男生，也招收女生，但出于上文所述的原因，女孩几乎没有时间学习母亲所授内容以外的知识与技能。继续接受教育的女孩通常来自更喜欢在家教育子女的家庭，而且她们的家庭也有能力做到。但这方面的例外少之又少，所以在这一点上，我们可以只考虑男孩的教育。

小学所教科目

小学教授的科目只有阅读、书写和算术。阅读方面着重强调发音。发音很容易，但由于音节数量多，因此很难掌握。老师先要一个音节一个音节地念，然后再念单独的单词，最后是念整个句子，学生们也跟着他大声地念。书写教学中使用的是涂蜡书板（图26），就像上一代人使用石板一样。老师会先用铅笔描出要抄写的字母，然后握住学生的手进行引导，直到孩子学会独立书写。待学生掌握一些技巧之后，老师还会教导他使用芦苇笔在莎草纸上书写。练习所用的纸张都是用过的，有一面已经因一些更重要的用途写过字了。如果学校有书，那么这些书也是老师口述，学生自己抄写而成的。

算术课强调心算，但学生们会学习用手指进行一种现在还无法完全理解的复杂计算，难度更大的计算则要借助算盘（图27）。除此之外，人们还很注重训练记忆力，学生会被要求背诵各种智慧精练的名句，尤其是《十二铜表法》中的。这种表法最终成为学校里常用的一种"神物"，即使其书写语言已经过时，学生们还是继续学习和背诵。西塞罗幼年时就曾学习过《十二铜表法》，但在他有生之年，它还是被学校弃用了。

图26 涂蜡书板和铅笔

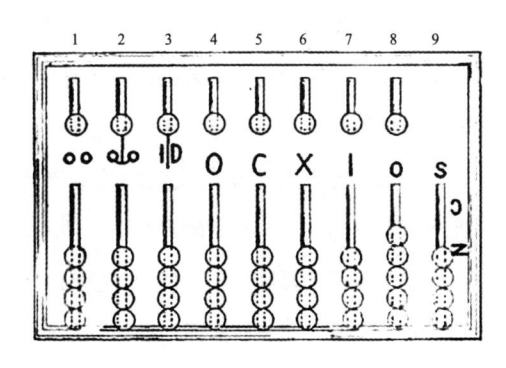

图27 算盘

文法学校

布匿战争之后，古罗马人与其他民族产生了接触，其结果之一就是古罗马的教育超越了那些极其功利主义的基础科目。人们开始普遍学习古希腊语，并在一定程度上接受了古希腊的教育思想。以研究古希腊诗人为主的学校逐渐建立起来，我们也可以称之为文法学校，因为这些学校的老师被称为"文法家"。《荷马史诗》很早就是通用教科书，学生们不仅要从中学习语言，还要从中学习地理、神话、古代史和伦理学等知识。和今天一样，教学的范围和效果完全取决于教师，但都是些碎片化的、互不相关的内容。学生们不会系统地学习上述任何一门学科，就连历史课也一样，尽管它对古罗马人这种征战世界的民族有许多益处和实用价值。

拉丁语很快也成为一门科目，在不同的学校里教授。由于此时散文作家的作品还没有被教科书收录，缺乏可供研究的拉丁诗歌，古希腊奴隶利维乌斯·安德罗尼库斯（出生于公元前3世纪）就将荷马的《奥德赛》（*Odyssey*）翻译成了古代拉丁诗体。虽然这部翻译作品留存的片段用词粗鄙，却是拉丁语文学的开端。在此之后，泰伦斯、维吉尔和贺拉斯等语言完善的诗人才开始崭露头角，利维乌斯·安德罗尼库斯粗糙的萨图尔努斯诗行也逐渐从学校中消失。

古希腊语和拉丁语的文法学校似乎都非常重视演讲技巧。考虑到演说在罗马共和国时期的重要性，便不足为奇了。老师会让学生跟读，先读单词，再读从句，最后是整句。有的学校还会教授修辞学的基本知识，但直到晚些时候特殊修辞专科学校建立时，学生们才能得到技术性的修辞指导。作为对学生在少年时期普通教育的补充，文法学校还会教授音乐和几何。

修辞专科学校

　　修辞专科学校的教学内容以古希腊诗句的内容为基础,由希腊教师授课。它们不属于正规教育体系的一部分,更像我们的大学,还经常有超过少年年龄的人出入,且除极少数例外,只有上流社会的人才能入读。人们会在这类学校里研究散文作者的作品,但主要是进行写作实践。他们最开始学习的是最简单的叙述,然后一步步继续,直到达到能够公开演讲的水平。

　　在此过程中的一个中间形式叫作劝导演讲(suāsōria),学生们要在一些有争议的历史观点上选择立场,通过辩论来支持自己的观点。还有一项颇受欢迎的练习,就是借传奇人物或历史名人之口创作演讲词。我们从塞勒斯特、李维和塔西佗的历史作品里插入的演讲中,就能看出这些练习的效果。

游　学

　　如果有人出身于最高贵、最富有家庭,或者年纪轻轻就因才华横溢而前途光明,他们除了在学校里受教育之外,肯定还需要一段旅行和海外旅居生活。

　　无论是古罗马年轻人喜欢的伟大历史事件发生地,丰富的文学艺术作品收藏地,还是纯粹供欣赏的自然美景和奢华的东方首都的城市景观,以及希腊、罗德岛和小亚细亚等旅行胜地,都会出现他们的足迹。对那些以认真学习为目的的人来说,雅典的吸引力是最大的,这里几乎可以被称作罗马的大学,对意大利而言,地位堪比德国在美国的地位。必须记住的是，在雅典学习的古罗马人对希腊语的熟悉程度不亚于自己的母语拉丁语，和今天在欧洲大陆留学的普通美国人相比，他们更能从中受益。

学徒制

对于某些事情的了解是成功的公共生活必不可少的，但在法学、行政、外交以及战争方面，古罗马的教育制度无法提供任何的培训。因此，按照惯例，年轻的公民会在一段时间内跟随某个在上述所有行业或某一行业中颇具名望的长者，获得观察的机会和实际的经验，为自己早晚得履行的职责做准备。

西塞罗就在当时最杰出的法学家昆塔斯·穆希斯·斯凯沃拉的教导下学习过民法。后来，年轻的马库斯·科耶利乌斯·鲁弗斯自愿成为西塞罗的学徒，接受他的指导。这种安排不仅对年轻人十分有利，对导师来说也非常光荣。

同样地，行政长官和战场上的将军也有一群年轻人志愿随从，后者是出于个人或政治原因、由国家出资邀请前来陪同前者的。通过这种方式（军队学徒），这些新兵能够熟悉管理和战争方面的实际问题，同时避免遭受从部队中晋升而来的可怜士兵会面临的众多困难和危险。

不过，在凯撒决心与阿里奥维斯塔决战时，这支缺乏经验的年轻军队要么躲进了帐篷，要么逃回了罗马。但他们之中，无疑还是有人成了英勇的士兵和明智的指挥官。

针对学校的评价

讨论完少数特权者接受教育和培训的可能性,我们现在可以回过头来探讨普通古罗马男孩的小学和文法学校生活。虽然这些学校不是我们所说的公办学校,即它们不受国家的资助或监督,也不强制入学,但和古代世界中的其他任何国家相比,一个显著事实是,至少教育的要素——即三个"R"方面的知识[①]——在古罗马人中得到了普及。学校非常民主,对所有阶级开放,只收取象征性的学费,在纪律和待遇方面,出身最低微的孩子和出身最高贵的孩子被一视同仁。

学校通常位于公共建筑的附属棚屋中,有遮阳挡雨的屋顶,但两边是开放的,只配备没有靠背的粗糙长凳。因此,孩子们会受到周围繁忙都市生活的各种干扰,附近的居民也会为吵闹的朗读声和更加吵闹的惩罚声而烦恼。图28是赫库兰尼姆某壁画上的教室场景。图29是一幅古老的讽刺画,可能是出自某个学童之手。

图28 古罗马教室　　　　图29 描绘学校的漫画

---

① 三个"R"方面的知识指学校教授的三项基本技能:读(reading)、写(writing)、算(arithmetic)。

老 师

最初的老师都是奴隶,可能多为被解放的奴隶。因此在古罗马,老师不是一个受尊重的职业,但这也取决于老师自身的性格。学生们会怕老师,却不怎么尊敬他们。老师的工资十分微薄,小学教师年薪3元,文法家是其5或6倍。除了学费,学生们还不时地给老师带些小礼物。这些礼物曾是老师的唯一报酬,而送礼大概就是从那时起留下的习惯。不过,根据老师的资质不同,学费也有所不同。有些老师名声在外,学校也很"时髦",根本不收取学费,而是由资助人来慷慨解囊。

学期和假期

和古罗马其他所有工作一样,学校在日出前就开始上课了,以避开正午的炎热。学生们点起蜡烛,一直学到天亮,教室的屋顶很快就被蜡烛的烟熏黑了。课程会一直持续到午餐和午休时间,下午再继续。我们无法确定每个学年的时长是否固定。

我们知道的是,新学年通常在3月24日开始,期间穿插众多节日,特别是12月的农神节和3月19日至23日的智慧女神节(Quinquatria)。那些伟大的宗教节日,尤其是以比赛的形式庆祝的节日,自然都是学校要庆祝的。市集日(Nūndinae)显然也是假日。

直到近年,人们还以为古罗马人6月下旬到11月1日是不上课的,但这种观点是对贺拉斯与马提亚尔作品某些段落的误读。相关内容现在已经有了不同的解释。不过,可以肯定的是,有钱人家的孩子在炎热的季节里是不会待在罗马的,这会使一些学校出勤人数减少,一些学校甚至因此彻底关闭。

伴读奴隶

对家庭情况尚可的男孩来说,总会有一个可靠的伴读奴隶(paedagōgus)送他上学、陪他上课,放学时护送他安全回家。如果男孩的父母十分富有,他可能还会有一个或更多的奴隶(pedisequī)来帮他背书包、拿课本。伴读奴隶通常是上了年纪的男性,因为品德良好而被选中,要保护男孩远离一切伤害——无论是道德上的还是身体上的。虽然"paedagōgus"的英文衍生词有教师的含义,但伴读奴隶并不是教师。不过,在希腊语的学习普及之后,人们通常会选择一个希腊人来担任伴读奴隶,以免男孩忘记从保姆那里学来的东西。伴读奴隶的日常职责范围可以从替代"paedagōgus"的拉丁语词汇中看出,如"comes"(随从)、"custōs"(保镖)、"monitor"(敦促者)和"rēctor"(导师)。他监护的男孩要称他为"先生"(dominus),而他似乎有权用轻微的惩罚手段迫使男孩服从(图30)。待男孩成年,他的职责也就结束了。但他们之间往往会继续保持情谊,就像女孩和她的保姆一样。

图30 伴读奴隶

纪　律

从上文出现的学校画面，以及尤维纳利斯、马提亚尔的作品中对令人不快的棍棒和戒尺的描述来判断，古罗马人在纪律方面似乎真的非常严格。贺拉斯形容他的老师奥比里乌斯是个"爱打人"的家伙，这让他的老师留下了持久的恶名。我们从奈波斯口中了解到，当时和现在一样，教师可能会引导受过良好教育的男孩相互展开合理的竞争，并且提供奖励。佩尔西乌斯的不朽作品就曾提到过学童的恶作剧，让人觉得他们活该挨上一顿戒尺。这段话值得全文引用：

> 我记得，在我还是个小男孩时，
> 如果我不想学习加图临终前的精彩演讲，
> 就会往自己的眼睛上抹点油，
> 这肯定会得到我那固执的先生热烈的赞许。

童年的结束

女孩是没有什么特别的成人礼仪式的，但是对男孩而言，成年的标志是脱下镶深红色绲边的托加，穿上纯白的托加。在古罗马，从儿童到青年的标志不是年满某个特定的年纪（比如我们的21岁）。成年礼何时举行，有时取决于孩子自身的身体和智力发展情况，有时取决于家长的意志或突发奇想，而更多的也许是取决于他所生活的时代。

不过我们可以大致得出结论，成年托加的授予会在男孩14至17岁之间进行，早期的授袍年龄更晚，因为那时的公民和罗马帝国时代的公民相比责任更大，这要求他更加成熟。就古典时期而言，我们可以确定法定的年龄上限为16岁，如果再加上成人授袍之后的学徒期，那么17岁之后，古代公民就有责任服兵役了。但实际上算得没有那么精确，比较普遍的习俗是从17岁生日开始选择最接近男孩生日的酒神筵席庆典，不过这绝不是一成不变的。3月17日庆祝的酒神节也被称为自由节，没有比这更合适的时机宣告一个男孩即将进入更加自由的人生了。

自由节

　　这个伟大节日的庆典从清晨就开始了，男孩会在家庭的守护神拉瑞斯前供奉自己的护身符和紫色绳边长袍，它们一并被视为男孩的象征。献上祭品之后，人们会把护身符挂在壁炉的上方，不再取下来佩戴，除非是在某些情况下，戴过它的人有被人类和神灵嫉妒的危险。紧接着，男孩要自己穿上束腰丘尼卡袍。如果他是元老院议员或骑士的儿子，袍子上还会有一两道深红色的条纹。丘尼卡袍外面要小心翼翼地套上一件外袍。与少年时期明亮的纯色托加相反，这种长袍被称为自由人托加，意指成年的自由。

　　接下来就是列队前往公共集会场所。父亲会召集自己的奴隶、被解放的奴隶和门客，并一一通知亲友，利用自己所有的个人和政治影响力，尽可能壮大护送儿子的队伍。如果仪式在酒神节当天举行，那么公共场所肯定挤满了同样欢天喜地的亲友队伍。人们会进一步举行正式的道贺仪式，庆祝又有一个公民的名字被列入了官方名单，然后前往卡比托利欧山上的利伯神庙献祭。这一天结束时，人们会在成年者父亲的家里举行宴会。

第五章
从属的奴隶和门客、招待关系

- 奴隶制的发展
- 奴隶的数量
- 供应来源
- 奴隶买卖
- 奴隶的价格
- 公共奴隶和私人奴隶
- 私人奴隶
- 就业行业
- 农村奴隶
- 农场奴隶
- 庄园管家
- 城市奴隶
- 奴隶的法律地位

- 奴隶的待遇
- 食物与衣着
- 私有财产
- 惩罚
- 奴隶的释放
- 门客
- 老门客
- 共同的义务
- 新门客
- 责任与回报
- 招待关系
- 招待的义务

奴隶制的发展

从历史和传说中,我们了解到,奴隶制在古罗马一直是广为存在的。但在罗马共和国成立初期,只有农场会雇用奴隶。由于大多数古罗马人都是农民,经常会被征召上战场,为国家而战,所以奴隶的数量逐渐增加,慢慢地远超受雇工作的自由劳动力数量。不知从何时开始,雇用奴隶为个人服务和从事生产活动的风气开始普及,这是古罗马对外征战最道德败坏的后果之一。

到了罗马共和国的最后一个世纪,几乎所有体力劳动、所有的贸易,以及今天的专业人士从事的工作,都是由奴隶完成的。不仅自由劳动力不能与奴隶竞争,而且奴隶从事的每一种职业甚至所有劳动在自由人看来都是有辱人格的,都是不光彩的。小农场逐渐被富人的大片庄园吞并,古罗马根深蒂固的自耕农制度也消失了。到了奥古斯都时期,意大利自由民不是士兵就是奴隶主,或是城市里无所事事的无产阶级。

奴隶制造成的经济后果是毁灭性的，其道德后果也同样具有破坏性。罗马帝国建立之初的第一个世纪，古罗马人性格变化的主要原因就是奴隶制，而不是其他任何东西。奴隶们拥进自由民的房子，满足他们对奢侈的需求，迎合他们的欲望，为他们安排娱乐活动、管理生意，甚至教育他们的孩子。难怪古罗马简朴、俭省和节制的美德会逐渐衰落消逝。而随着古罗马人的男子气概向东方的柔和气质转变，古罗马对文明世界的统治也开始瓦解。

奴隶的数量

关于意大利奴隶的数量，我们几乎掌握不了任何资料，甚至连自由人口与奴隶人口的比例也不得而知。不过，我们有足够的间接证据来证实上文中的陈述。早期的奴隶很少，这点从他们的名字就可以看出。因为如果一个奴隶主拥有一个以上的奴隶，那么马西珀（Mārcipor）、奥利珀（Ōlīpor）[①]之类的名字定不足以对他们进行区分。布匿战争后，战胜的将军们将大量的俘虏卖为奴隶，导致奴隶人口迅速增长。据说通过这种方式，小西庇阿处置了6万名迦太基人，马略（Marius）处置了14万名辛布里人，埃米利乌斯·保卢斯（Aemilius Paullus）处置了15万名希腊人，庞培（Pompeius）和凯撒处置了100多万名亚洲人和高卢人。

尽管奴隶起义屡屡失败，但这也证明了他们人数众多。西西里岛曾经爆发过两场起义，第一场从公元前134年持续到公元前132

[①] 马西珀是指"马库斯的奴隶"，奥利珀是指"奥卢斯的奴隶"。——译者注

年,第二场从公元前102年到持续到公元前98年。第一场起义结束的时候,执政官鲁庇里乌斯活捉了2万人,将他们钉在十字架上,以此警告其他人安静地接受自己被奴役的命运。尽管如此,第二场起义还是爆发了。斯巴达克斯与古罗马军队抗衡了两年,并在与克拉苏[①](Crassus)的决定性战役(公元前71年)中造成6万人死亡。西塞罗反对喀提林的抗议也清楚地表明,城市人最害怕的就是有人密谋召集奴隶大军。

至于罗马帝国时期的奴隶人数问题,我们可以从比较直接的证词中得到一些信息。贺拉斯告诉我们,就连一个中等条件的绅士也能负担10个奴隶。他本人在城里有两个奴隶,在萨宾的小农场里有8个奴隶,而他本身是个穷人,父亲也曾是奴隶。塔西佗告诉我们,某位城市行政长官的豪宅里有400名奴隶。据普林尼(Pliny)说,一个叫盖乌斯·凯基利乌斯·克劳迪乌斯·伊索多鲁斯的人死后留下了4000名奴隶。阿特纳奥斯(170—230)告诉我们,个人拥有的奴隶数量甚至可以多达一两万人。事实上,家奴通常会被分为"十人一组",这也足见奴隶人数之众多。

供应来源

罗马共和国时期,被带到罗马出售的奴隶大多是战争中的俘虏。这种供应来源的规模有多大,上文已经说明过了。俘虏被抓后会被尽快卖掉,好让将军免去喂养和看守众多敌国俘虏的麻烦与风险。买卖

---

① 克拉苏(Crassus,约公元前115—公元前53),古罗马将军、政治家,也是著名的奴隶商人。*

由主管财物的官吏来安排，买主是随军的奴隶批发商和其他商贩。作为标志，当局批准的拍卖会举办地会竖起一根长矛，俘虏们如献祭的祭品一般头戴花环。因此，"在长矛下"（sub hastā）和"在花环下"（sub coronā vēnīre）这两个词语的意思基本一致①。

批发商会把自己买来的奴隶集中在一处附近的仓库里，一旦达到足够的数量，就给他们套上锁链，派看守押送至罗马，卖给当地的商人等。通过这种方式出售的奴隶通常都是身强力壮的男性——原因非常简单，他们曾经是士兵。相应地，这些人也可能难以驾驭、控制，他们中的许多人宁愿自杀也不愿被奴役。当然，偶尔也会发生这样的情况：整个城镇和地区的居民不分年龄与性别，通通都被贩卖为奴。

帝国时期，大量的奴隶以普通商品的形式来到罗马，令罗马成为世界上最大的奴隶市场之一。这些奴隶来自帝国的各个行省②：来自埃及的黑人，来自努米底亚擅长快跑的人，来自亚历山大港的文法学家，来自昔兰尼的优秀家仆，来自希腊的漂亮男孩女孩、训练有素的抄写员、会计、文书助理甚至是教师，来自伊庇鲁斯和伊利里亚的牧羊人，来自卡帕多恰最吃苦耐劳的劳动力。

其中一些人是在罗马为保卫疆界发动的小规模战争中被俘的，不过其数量微不足道；一些人在原籍国便是奴隶，被送到罗马时只是旧主换新主；还有一些人是奴隶猎人的受害者。这些两千年前的猎手会坑害手无寸铁的弱小民族，就像我们这个时代的猎手在非洲的所作所为一样。这些以人为捕猎目标的活动虽然没有得到罗马统治者的公开支持，却也没有被阻止。

---

① 二者都用于指代"公开拍卖"。——译者注
② 罗马共和国与帝国时期在罗马之外设立的行政区划，由中央派遣罗马人总督进行统治。

另一个不那么重要的供应来源是奴隶人口的自然增长。男性和女性奴隶会彼此结成永久的联合，这被称为"奴隶婚姻"（contubernia）。奴隶的自然增长在罗马帝国时代后期才变得普遍且重要起来，因为在早期，特别是在征战的岁月里，人们认为买奴隶比养奴隶更划算。不过，对个人奴隶主来说，以蓄养的方式增加奴隶的数量和扩大羊群、牛群的规模一样重要。这样的奴隶长大成人后更有价值，因为他们已经适应了环境，不容易生病，而且从小就接受训练，能够完成他们注定要做的工作。他们对自己的家庭和主人的家庭也会倾注更多的爱，因为主人的孩子往往是他们的玩伴。因此，在家中出生的奴隶自然也能从主人那里得到别人得不到的信任与体谅。这样的奴隶言语无礼鲁莽也就不足为奇了。只要他们还是第一任主人的财产，就会被称为"家奴"（Vernae）。这个词的词源尚不确定，但它可能与灶神维斯塔（Vesta）的词源相同，意思类似于"出生在家里"。

奴隶买卖

奴隶贩子通常会通过公开拍卖出售他们的"货物"（图31）。出售过程要在民选行政官的监督下进行，由他来指定地点并制定规章制度。进口的奴隶会被征税，其双脚要用白垩涂白后才能出售。来自东方的奴隶会被打上耳洞，这是他们的普遍标志。出价时，奴隶贩子会要求每个奴隶站上一块石头或一座平台，状似我们如今熟悉的"积木"。奴隶的脖子上会被挂上写有他特点的卷轴，作为给购买者的凭单。如果奴隶被发现有什么卷轴上没有标明的缺陷，卖家就必须在6个月之内把他收回，否则就得赔偿购买者的损失。卷轴上的主要内容

图31　奴隶售卖场景

是奴隶的年龄和国籍,以及有没有诸如慢性病(特别是癫痫)之类的常见缺陷,和偷窃、逃跑和自杀的倾向。尽管有了保证,买主还是会尽可能仔细地检查奴隶。出于这个原因,待售的奴隶通常要脱光衣服,四处走动,被购买者随意摆弄,甚至还要接受医生的检查。如果卖家不能提供凭单,那么在买卖时,奴隶的头上就会被戴上一顶帽子,在此情况下,买家要承担一切风险。奴隶贩子也可以私下贩卖那些具有非凡价值,特别是容貌出众的奴隶。这些奴隶不会暴露在人群的目光下,而是只提供给那些可能的买主。公民与公民之间在没有正规交易商的参与下私下进行奴隶的买卖和交换,和其他财产的买卖一样普遍,不存在什么耻辱可言。另一方面,奴隶贩子的买卖反倒会被认为是不光彩的,但它非常有利可图,往往能让贩子们大发其财。这些贩子中最卑鄙的是皮条客,因为他们只会为了不道德的目的饲养和贩卖奴隶。

奴隶的价格

奴隶的价格和其他商品的价格一样,变化无常。这在很大程度上取决于时代、供求关系、特定奴隶的特点和成就以及买主的要求。从战场上买来的俘虏几乎只会以象征性的价格成交,因为这种买卖在某种程度上是被迫的,而且在回家的漫长旅途中,奴隶贩子肯定会因为疾病、疲劳尤其是自杀而损失掉他的大部分"商品"。有一座著名的雕像就描绘了一个绝望的高卢人杀死妻子后自杀的情景(图32)。据说卢库鲁斯①(Lucullus)曾经在他的营地里以每个奴隶8分钱的价格贩卖奴隶。在贺拉斯的时代,罗马男性奴隶的价格不等,一个普通劳动力的价格为100元,而为了买到一个熟练的文法学家,马库斯·斯卡鲁斯(Marcus Scaurus)花了28000元。受过良好训练和教育的英俊男孩售价高达4000元,长相俊俏的优秀女孩售价也很高。普劳图斯(Plautus)和特伦斯②

图32 高卢人和他的妻子

---

① 卢库鲁斯(Lucullus,公元前110—约公元前57),罗马共和国末期著名将领、执政官。*
② 两者皆是古罗马时期著名的剧作家。*

(Terence)的音乐女孩售价从500到700元不等，而最低等级的女孩只卖25元。看似非常奇怪的是，贩子还会根据奴隶的体型和肤色进行仔细搭配，就像现在的马匹一样。将一对般配的男孩一起出售，价格要比单独售卖高得多。

公共奴隶和私人奴隶

根据所属性质是国有还是私有，奴隶会被称为"公共奴隶"或"私人奴隶"。前者的生存条件应该比较好，他们不太可能被卖掉，不需要那么辛苦地劳作，不必受反复无常的主人摆布。他们会受命管理公共建筑，或者充当地方长官和牧师的仆人。主管财务的官吏和民选行政官手下就有很多这样的奴隶，他们会被训练成一支消防队，在守夜人的指挥下值夜班。另外一些人则成为刀斧手①、狱卒、刽子手等。公共奴隶的数量虽然相当可观，但与私人奴隶的数量相比还是小巫见大巫。

私人奴隶

私人奴隶要么受命为主人及其家人服务，要么被关起来赚钱。前者属于城市奴隶（familia urbāna），这部分将在下文中详述，后者可以根据他们是被租出去还是为主人的生意经营服务来分类。在这些类

---

① 刀斧手，又译作侍从执法吏，是一种特殊的罗马官吏，主要职责是护卫有统治权的长官，如执政官、独裁官、市政官等。*

别中，最重要也最古老的要数农村奴隶阶级（familia rūstica）。对奴隶主来说，让自己的奴隶在自己的第二产业中劳作，比将他们租给别人更光荣。同时，在罗马或任何其他城市，只要有需要，人们可以因任何目的租用奴隶。

就业行业

我们必须记住的是，到了罗马共和国的最后一个世纪，已经几乎没有生为自由民的劳动者了，而现在许多由机器完成的工作，在当时都是人们手工完成的。在这些手工工作中，受雇的奴隶大军大多从事无需技能的劳动：搬运物资和货物，装卸船只货物，使用铁锹、鹤嘴锄和撬棍。奴隶们体力很好，但其他方面却不值一提。在这些人之上是工匠、机械师和各种技术工人，比如铁匠、木匠、砖匠、泥瓦匠、海员，等等。商人和店主需要售货员，磨坊主、面包师、羊毛和皮革商人、旅馆老板和餐馆老板——所有满足大城市无数需求的人——都需要助手。就连需要专业技能的工作，很大程度上也掌握在奴隶手中。书籍的数量经由奴隶之手不断增加。那些雕刻木头和石头、设计家具、铺设马赛克、绘画、装饰公共和私人建筑墙壁与天花板的艺术家都是奴隶。在公开表演中娱乐大众的音乐家、杂技演员、演员和角斗士也是奴隶。如我们所见，许多学校的教师和医生通常也是奴隶。

奴隶不仅在主人或雇用他们的雇主指导下履行职能，他们中许多人本身还成了行业领袖。当一个奴隶既拥有技术知识，又表现出很强的执行能力时，他的主人自然会为他提供必要的资本，让他独立从事他所熟悉的生意或职业。通过这种方式，奴隶往往可以成为庄园、银行和企业的管理者，虽然这些角色可能会使他们远离主人的视线，甚至去往外国。有时，这样的奴隶每年都会从生意的收益中支付给主人一笔固定的费用；有时，他会被允许保留一定份额的利润；有时，他只要连本带息地偿还预付款就好。然而不管怎样，这样的奴隶都希望能够通过创业赚取足够的资金，赎回自由，最终使企业成为自己的产业。这将促使他们勤奋工作，激发他们的聪明才智。

农村奴隶

农村奴隶在广阔的庄园上工作——早在罗马共和国时代结束之前，这些庄园就取代了先前的小农场——这个名字本身就能说明这种变化，因为它意味着庄园不再是主人唯一的家，主人成了住在城里的地主，偶尔为了娱乐或生意才会到自家的地里去看看。

因此，庄园可分为两类：用于休闲消遣的乡村庄园和用于盈利赚钱的农场和牧场。前者经过精心挑选，购买者考虑的是它们靠近城市或其他度假胜地的位置、设施完善程度和自然风光之美。这些地方会按照最奢华的标准来维护。这里有别墅、游乐场、公园、猎场、鱼塘和人工湖——能满足人们奢侈户外享受的一切。这些地方需要大量的奴隶来维持秩序，其中许多人是最高等的奴隶，如园丁、花果栽培专家，甚至是饲养鸟类、猎物和鱼类（它们都是古罗马人极其喜爱的动物）的专家。这些奴隶手下还有各种各样的助手和工人，他们都要受主人派来管理庄园的主管或管家管辖。

农场奴隶

不过,"农场奴隶"一词更典型的用法是用来称呼农场上的苦力,因为受雇于乡下庄园的那些奴隶更多是直接为主人个人服务,而不是为了创造利益被雇用。因为种植谷物早就不再有利可图,取代它们农场地位的是各种经济作物。葡萄酒和油已经成为农场土地最重要的产出,只要是气候和其他条件适宜的地方,就会有葡萄园和橄榄园。

人们还会大量饲养牛和猪,前者更多用于驮重物和生产奶制品,而不是生产牛肉。人们还会为了羊毛而养羊,因为不管是穷人还是富人,都要穿羊毛衣服。奶酪的产量很大,因为当时还没有黄油,所以对奶酪的需求量更大了。

养蜂也是一项重要的产业,因为蜂蜜和现代的糖一样有着重要用途。除了这些我们习惯与农业联系在一起的事情,还有一些与今天截然不同的行当。其中最重要,也许也最辛苦的就是采石,还有木材的砍伐和原木加工,最后是配置建筑用的沙子——由于古罗马建筑广泛使用混凝土,这项工作在当时比现在重要得多。

其中一些工作和今天一样,需要智力和技能,但也有许多工作最必要的条件是力量与耐力,因为如今许多机器的工作在当时都是由奴隶来完成的。采石场的工人尤其如此。他们通常是最粗鲁、最难以被管理的奴隶阶层,白天戴着铁链干活,晚上被关在地牢里,就像后世被关起来干活的囚犯一样。

庄园管家

庄园的管理工作会被委托给管家。他是众所周知的严厉监工，因为他获得自由的希望取决于年底有多少利润存入主人的金库。他的任务十分艰巨，除了规划和监督奴隶的工作之外，还要管理另外一小批满足其他人需要的奴隶。农场所需的一切都是自己生产和制造的，人们会种植足够的谷物作为食物，这些谷物在农场的磨坊里被碾碎，然后由农场的磨坊工和奴隶面包师用烤箱烘焙。拉磨的通常是马或骡子，但有时也会作为一种惩罚让奴隶来做。羊毛会被梳理、纺纱、织成布，然后在管家配偶的监督下交由女性奴隶制成衣服。奴隶们还会修建房屋，制造和修理农场工作所需的工具和器具。这些工作需要很多木匠、铁匠和泥瓦匠，但他们不一定是最高阶层的工人。检验一名管家优秀与否的标准就是他手下的人是否始终保持忙碌。可以理解的是，根据不同时令和劳动地点，奴隶们有时要犁地，有时要收割，有时要充当园丁和商人，甚至还有可能充当采石工和伐木工。

城市奴隶

古罗马富人在城市豪宅里拥有的奴隶数量不是以他的需要为度，而是以他对生产的要求和财力来衡量的。早期会有管家或者大管家帮主人料理家务、购物、记账，确保房子和家具秩序井然，手下管着几个实际干事的仆人。但到了罗马共和国时代，一切都发生了改变。主管和司库等其他奴隶代替管家，承担起了购买物资和记账的责任，管家只负责看管房子和家具。同理，他手下奴仆的责任也被分配给了更多的人。房子的每一部分都有专门的仆从，这些仆从往往人数众多，10人编为一组且配有单独的管理员：一组负责厨房，一组负责餐厅，一组负责卧室等。

就连宅邸的大门也分配了专门的奴隶（门童或门房）。他们经常会像看门狗一样被拴在门上，以便好好留守岗位。不同组别奴隶的责任会层层分工，每个奴隶都有且只有一种事情要做。厨房、餐厅和卧室的各种工职不胜枚举，仅从帮助男女主人梳洗的侍从人数就能看出服务的复杂性。男主人拥有自己的服装师、发型师和美脚师（负责护理脚部），女主人拥有自己的美发师（负责烫发或染发）和服装师。除此之外，每个人还有不少于三四个奴隶帮忙洗澡。孩子们也有自己的随从，一开始是保姆，男孩长大后还会拥有家庭教师和仆从。

男主人或女主人离开家时肯定会带上几个随从。如果他们要步行，奴隶们便会走在前面开路。有的男性侍从还要抱着包裹或女主人的遮阳伞、扇子跟在后面，随时准备在主人需要时提供服务。男主人出门时还总是会带上自己的"提词员"，以防忘记与他打招呼的人的名字。主人如果不是步行出门，就会乘坐轿辇（图33），这是一种类似轿子的东西。轿夫都是身强力壮的男性，其中最好的来自叙利亚或卡帕多西恰。他们的身材经过精心搭配，还配有华丽的制服。由于

图33 轿 辇

每个家庭成员都拥有自己的轿辇和轿夫,所以这类奴隶也是一笔重要的家庭支出。当然即使主人是乘坐轿子出门,随从也一样必不可少。

主人去朋友家赴宴时,奴隶至少要把他送到对方家门口。然后一些人留下来为他看管鞋子,另一些人则按时过去接他回家。主人出城更是一件大事,需要尽显威风、开锣喝道。除了拉车的骡马之外,还要有骑马的侍从和背着行李物资的驮兽,无数奴隶必须徒步跟随,还常有一群角斗士充当护卫和保镖。毫不夸张地说,一个富人出行的队列可能会包含数十上百个奴隶。

城市奴隶中必然还包括那些为主人及其宾客提供娱乐的人,尤其是餐间和饭后的表演者,还有音乐家和朗读者。对于品位不那么高雅的人来说,还会有舞者、小丑、侏儒,甚至是畸形的怪人。在罗马帝国时代,儿童奴隶也是出于同样的目的而被蓄养。

最后要提及的可能是阶层最高的奴隶——主人信任的助手。他既是为主人写信的抄写员,也是保管账目的秘书,更是为主人积累收入、审核管家和经理的报告、进行投资和处理各种商业事务的经纪人。房子越奢华,主人就越是需要这些训练有素、经验丰富的奴隶来为他排忧解难,用忠诚和技能来满足他的志趣和爱好。

我们所描述的这种富人肯定是一个富有多金的男子。比较理智的人只会雇用那些能够带来利润的奴隶。西塞罗的朋友阿提库斯(Atticus)是个既有钱又有社会地位的人,他不在乎生产需求,只留下家里出生的家奴并精心培训他们,这让其中地位最卑微的奴隶也能为他读书写字。有意思的是,尽管西塞罗认为让一个奴隶承担多于一种工作是不好的,但可惜他并不是一个拥有很多奴隶的富人。

奴隶的法律地位

主人对奴隶的权力被称为所有权，是一种绝对权力。他可以给奴隶安排最繁重、最有辱人格的任务，也可以自行决断对他的惩罚，甚至将他处以死刑。

当奴隶因为年老或疾病无法劳动时，主人还可以将他卖掉或杀死（或者把他赶到街上去等死）。在法律的视角中，奴隶如同牛马一般，属于商品。他们不能持有财产，不能签订合同，只能站在架子上出庭作证，而且不能结婚。

受制于父权的自由人在法律上比奴隶好不了多少，但儿子和奴隶之间有两个重要的区别：

首先，儿子在家长去世后就不必受制于父权，但是主人的死亡并不能使奴隶获得自由。

其次，儿子的生存条件可以因为责任和舆论得到改善，但没有人会同情奴隶，舆论也几乎不会代表奴隶的利益。舆论的确让奴隶得以保留自己微薄的积蓄，也认可男女奴隶同居，但在其他方面几乎没有给奴隶带来什么好处。

罗马帝国时期通过的各种法律似乎承认了奴隶是人，而不是物。法律禁止以竞技场斗兽为目的出售奴隶，还规定奴隶不能仅仅因为年迈或重病就被主人处死，"流落街头"的奴隶应该获得自由。

最终，奴隶主被禁止在没有经过正当法律程序的情况下杀死奴隶。事实上，和禁止虐待动物的法律差不多，这些法律普遍被忽视了。可以说，只有基督教的影响最终改善了奴隶的处境。

奴隶的待遇

古罗马人的性格普遍严厉而自私,因此我们无法期望他们对待奴隶能够做到仁慈怜悯。与此同时,古罗马人对待生意精于盘算,不会忘记奴隶是一件有价值的财产,不会冒着失去或损坏自己财产的风险做出肆无忌惮的残忍行径。当然,这很大程度上取决于主人个人的脾气秉性。尤维纳利斯①(Juvenalis)告诉我们,女主人可能比男主人更加居心不良、不可理喻。奥古斯都时代,维迪乌斯·波利奥②(Vedius Pollio)曾经因为一个奴隶打碎了高脚杯,就下令把他丢进池塘里喂鱼。相反,西塞罗写给他的奴隶提洛的信中却透露着由衷的喜爱与温情,与之形成了鲜明的对比。如今,一个易怒的人可能会杀死或残害狗或马,尽管它们具备金钱价值,而他又需要它们的服务。大多数人都知道,会有一些老马被丢到大街上等死,但是这些都是特例。如果我们考虑一下古罗马人生活的时代,暂时忽略惩罚的问题,那么可以说,古罗马人对待奴隶与其说是一贯残忍,不如说是像工头一样冷酷无情。

对于城市奴隶的日常生活,我们知之甚少,只知道他们的工作非常轻松,是农场苦力羡慕的对象。至于后者的待遇,我们可以从老加图③(the elder Cato)的作品中有所了解。他可以被视为那个时代(公元前234—公元前149年)一个严厉农场主的样本。他认为,奴隶

---

① 尤维纳利斯,生活于公元1—2世纪的古罗马讽刺诗人。*
② 维迪乌斯·波利奥(Vedius Pollio,？—公元前15),罗马骑士,皇帝奥古斯都的朋友。*
③ 老加图(Marcus Porcius Cato,公元前234—公元前149),又称监察官加图,以与其曾孙小加图区别。他是罗马共和国时期的政治家、演说家,罗马历史上重要的散文家。*

们在工作时间之外也应该永远都有活干，最好只睡几个小时就够了。即使是在公共假日，他也会努力寻找足够的工作让他们去干。他还建议农民尽快出售年迈的役牛、病羊、破损的工具、年老体虚的奴隶和其他无用的东西。

食物与衣着

奴隶们吃的是粗粮。加图告诉我们，除了每月配给（约一蒲式耳）的粮食之外，奴隶只能吃掉落的橄榄，或者一点咸鱼和醋。我们必须记住的是，和比较穷苦的古罗马人平日里的食物相比，这些东西并不算少，也不算差。几乎每个学生都知道，那了些为凯撒赢得战争的强壮士兵吃的配给口粮只有谷物。奴隶每年都可以得到一件丘尼克，每两年可以得到一件斗篷和一双木鞋。破旧的衣服会被送还给主管，做成拼布床单。据我们所知，主管经常欺骗奴隶，为自己的利益克扣奴隶的补贴；毫无疑问，同样身为奴隶，他却比奴隶主更无情、更残忍。

除去繁重的劳动和严厉又傲慢的主人与监工，对奴隶来说，仅仅是被限制自由这一点本身就是一种折磨。逃跑的机会十分渺茫。希腊奴隶也许有希望穿越他所服役的小公国边界，在毗邻国家的保护下寻求自由和庇护，但是意大利①并没有分割开的敌对团体，所以即便罗马奴隶能够奇迹般地逃到卢比孔河或海边，也没有邻国敢保护他，甚至是把他藏起来，不让他的罗马主人发现。如果他试图逃跑，就只能

---

① 本书中所提及的意大利，除特别注明外，均指古罗马时期与现代意大利面积重叠的行政区。*

过上亡命徒的生活，有组织的猎奴者会跟踪他，只要把他送回去，就会得到奖赏。而等待逃奴的则是难以言说的酷刑，这也是对其他奴隶的警告。难怪大量的奴隶宁愿通过自杀来摆脱劳作。必须记住的是，他们中许多人在自己的母国都是出身高贵、地位很高的人，有些人甚至是士兵，曾经手握武器走上战场。

私有财产

我们知道，服从父权的自由人是不能合法持有财产的。严格来说，他获得的所有财产都属于他的家长。我们也知道，他可以被允许持有、管理和使用家长分配给他的财产。

奴隶的情况也一样，其财产同样被称为"私有财产"。他对私有财产的占有不被法律承认，却为公众舆论和不可侵犯的习俗所批准。如果主人尊重这些舆论和习俗，那么勤劳节俭的奴隶还是有办法在日积月累中攒下一笔积蓄。当然，这在很大程度上取决于主人的慷慨程度和奴隶在家里的地位。

如果他属于乡下庄园，就没有这么好的机遇了。但是，通过节俭，他可以从每月的伙食费中省下一些钱，也许还可以利用睡觉和休息的时间为自己做点事情，比如为自己耕种几平方码（1平方码约等于0.84平方米，下文同）的花园。如果他是城里的奴隶，那么除了这些机会之外，他还有可能收到主人的朋友或客人给的小费，也许还有要求他做某种不法行为的小小贿赂，或是事成之后的奖励。

上文提过，奴隶教师会收到学生送来的礼物，精明的主人还会教奴隶做生意，让他凭借自己的灵巧和技能来增收，并被允许保留一部分收入——这些都是常事。在比较罕见的情况下，奴隶主甚至会提供资金让奴隶创业，并允许他保留一部分利润。

对主人来说，这种习俗从长远来看无疑是有益的。它能够激发奴隶的干劲，使其更加心满意足、心情愉快。相比最严厉的体罚，这种控制手段反而更加行之有效，还不会对奴隶造成身体上的伤害。对一个野心勃勃的奴隶来说，私有财产至少给了他自由的机会，让他有希望能够攒钱从主人手中赎回自己。

当然，许多人更愿意用这些收入来换取短暂的舒适和奢侈享受，而不是遥不可及的自由。有些被主人定了高价的奴隶会用钱给自己买来更便宜的奴隶，然后把他们租给上文的劳动力雇主，希望能够通过这种方式更快地增加积蓄。

奴隶的奴隶被称为"替代"（Vicārius），在法律上属于其主人所有，但公众舆论认为他是自己同样身为奴隶的主人的私有财产。奴隶只对自己的积蓄拥有终身所有权，死后不能将积蓄传给继承人，因为奴隶不能拥有"继承人"，也不能通过遗嘱处置这些积蓄。如果他死时还是奴隶，那么他的财产将归主人所有。而公共奴隶最大的特权之一就是能够通过遗嘱处置自己的一半财产。

即便是在最好的情况下，要想积攒一笔足以买回自由的钱财，对奴隶来说也是极其缓慢而痛苦的，因为他越是精力充沛、勤劳肯干，所要付出的代价就越高。这不禁让人对以高昂的代价获得自由的人心生敬意。这些可怜的家伙也非常值得同情，因为他们不得不在主人家结婚、孩子命名或者女主人过生日等重要时刻从微薄的积蓄中拿出一部分购买礼物，送给有喜事的主人及家庭成员。

惩　罚

以下几节内容的目的,并非对奴隶主偶尔向奴隶施加的残忍酷刑进行分类。就像私刑和鞭刑是乔治亚州和印第安纳州刑法的特点一样,下述惩罚手段并不是矫正奴隶行为的普遍做法。但拉丁语文学作品中经常会提及某些惩罚手段,为了让读者能够理解这些段落,有必要对它们加以描述。

针对玩忽职守或行为不端,最常见的惩罚是用棍子或鞭子抽打。如果第四章引用的图28描绘的情景无误,即罗马学校在征得父母同意后给学生的惩罚就是如此,那么我们就能推测,一个日后还有用处的奴隶会受到何种严厉的惩罚。我们发现,人们通常会用一根棍子或木棒来代替一捆棍棒。在材质方面,相较英国人用桦木和美国人用山胡桃木,罗马人多用榆木。抽打或鞭刑通常用皮带或由皮革制成的九尾鞭,如果罪行更加严重,还要在上面绑上一些骨头甚至金属扣充当鞭节,以撕裂皮肉(图34)。鞭打的创伤程度不亚于俄国的皮鞭。我们完全可以相信,一些奴隶会死于它的重创之下。为了让受害者失去反抗的能力,人们有时会把他的胳膊架在一根横梁上,甚至在他的脚上绑上重物,令他在接受酷刑时无法扭动身体。

喜剧中经常提到这些惩罚。奴隶们会拿棍棒和鞭子开玩笑,用他们已经遭

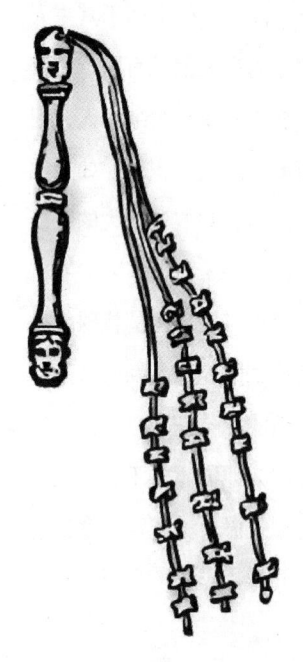

图34　鞭　子

受或将要遭受的毒打相互嘲弄。有时，这些棍棒会被比喻成是寄生虫，附着在人的身上；有时，它们被比作笔，犯错者的后背就是抄写本；有时，它们被比作弹弓，发射出弹丸和死亡。有时，受害者是棍棒的无底深渊；有时，他是一块铁砧；有时，他是在打击下融化的冰块；有时，他是狂风下被水淹没的花园。有时，棍棒是为受害者后背准备的一种娱乐，而不是惩罚；有时，棍棒又将受害者的后背当成一块漂亮的绣花地毯。

还有一种惩罚针对的也是微小的过失，类似于新英格兰时代的行刑架。犯错者会面临同伴的嘲笑，四肢被禁锢，完全不能动弹，连脸上有苍蝇都赶不走。这种惩罚形式的变种包括给犯错者装上枷锁和让他"像四足动物一样爬行"。后者类似于军队中一种名为"bucking and gagging"①的惩罚手段。前者比较普遍，以至于拉丁语中表述枷锁的词都变成了虐待的代名词——受罚者的肩上扛着一根V字形的圆木，两臂向前伸开，双手抓着V字形的两端。他必须随身带着这根木头，以便让其他的家庭成员看到并得到警示。有时在这种惩罚之外还会加上一顿鞭刑，让他走起路来痛苦不堪。

对奴隶来说，有一种刑罚暂时没有那么痛苦，也不那么有辱人格，却令他们更加害怕，那就是罚他去从事他不习惯做的、更加繁重的工作。对于行为不端的城市奴隶来说，棍棒伺候都是白费力气，终极惩罚是将他流放至农场，同时还要加上去磨坊推磨或去采石场里采挖碎石等极端苦力活。最后一种惩罚是针对农场里阶层较高的奴隶的。那些平日里在采石场工作、心情绝望而危险的奴隶阶级，在犯罪时接受的惩罚是要在白天戴上沉重的镣铐，晚上也很少有时间休息。

---

① 直译为"捆绑和堵嘴"，旧时美军的常用惩罚手段。*

这些人可以和后世的苦役犯相提并论。那些完全"不可救药"的奴隶，可能会被卖去做角斗士。

针对真正犯了罪而非只是过失或犯错的人来说，惩罚会更加严厉。奴隶的数量众多，且各式各样的工作使他们能够自由地接触奴隶主，以至于奴隶主的财产和生命都有可能受到他们的支配。事实上，一个公正温和的主人不会想到自己有天会被奴隶用匕首抵着喉咙。在意大利境内，没有什么比奴隶起义更可怕的事情了。正是因为这种挥之不去的恐惧，那些企图杀害主人或破坏主人财产的奴隶会遭受非人的酷刑。公元前的古罗马人和我们之中的某些公民一样，还不明白增加罪犯的痛苦并不能减少犯罪。

逃跑的奴隶会被看成是罪犯，因为他把自己"偷走"了，还为其他奴隶同伴树立了坏榜样。最糟糕的是，逃跑的奴隶经常沦为土匪，甚至还有可能找来一个斯巴达克斯[①]（Spartacus）来领导他们。因此，捉拿逃跑的奴隶往往是有报酬的，有些人还以追捕逃犯并把他们送还到主人手中为职业。逃奴会被戴上镣铐带回，并且肯定会被处以极刑，送往采石场度过悲惨的余生。除此之外，他的额头上还会被烙上字母F，意思是"逃亡者"，有时脖子上还要套上一个金属项圈。图35所示的就是被保存在罗马的一只项圈，上面的铭文写道：

FUGI.TENE ME.CUM REVOCAVERIS ME D. M.
ZONINO, ACCIPIS SOLIDUM.[②]

[①]　斯巴达克斯（Spartacus，？—约公元前69），反抗罗马共和国统治的奴隶起义领袖。*
[②]　意为：我曾经逃跑。抓住我。如果你能把我还给我的主人佐尼努斯，你将得到回报。

图35 奴隶的颈圈

那些企图夺取主人生命的奴隶，会被处以最痛苦的死刑——钉死在十字架上。参与暴动的人也会遭受同样的惩罚。曾有两万名士兵在西西里岛被钉上十字架。庞培在通往罗马的路上树立了6000个十字架，每个十字架上都钉着一具在斯巴达克斯与罗马的最后一场战斗中幸存者的尸体。而且不仅犯罪的奴隶本人会遭到惩罚，他的家人也会受到伤害——如果他有妻子和孩子的话。如果找不出罪犯本人，那么被谋杀者所有的奴隶都将被钉上十字架，以示惩罚。塔西佗告诉我们，在尼禄统治时期（54—68），就曾有400个奴隶被处死，原因是杀害其主人佩达尼乌斯·塞坤杜斯①（Pedanius Secundus）的凶手没被找到。

对奴隶来说，十字架是最恐怖的事物。"十字"（Crux）一词会被他们用作诅咒，特别是以"ad (malam) crucem"（去死）这样的形式。奴隶主或其代表会下令让犯错者的奴隶同伴来施加各种轻微的惩罚，这些人被称为"行刑者"或"执鞭者"，但这并不意味着他定期甚至经常被指派从事这种令人不快的工作。不过，被奴隶同伴执行惩罚被认为是有辱人格的，"刽子手"这个词就经常与这样的人联系在一

---

① 佩达尼乌斯·塞坤杜斯（Pedanius Secundus，？—61），古罗马元老，克劳狄乌斯在位期间的执政官之一。*

起，并最终变成了常用的辱骂和嘲讽用语，在奴隶们吵架时被用来称呼对方。显然，就像今天的许多粗俗称呼一样，他们并不知道它的字面意思。真正的死刑则由公共奴隶在城墙外的一个固定行刑地点执行。

奴隶的释放

奴隶可以用自己的积蓄从主人那里买回自由；也可以被主人释放，作为对他忠心服务或某项特殊奉献的奖赏。无论是哪种情况，主人只需要在证人在场的情况下宣布奴隶自由就可以了，但正式的释放往往要在执政官的面前进行。新获得自由的奴隶会骄傲地把自由之帽戴在头上，这种帽子经常出现在罗马的硬币上（图36）。

对他的主人而言，他是"被释放者"；而对其他人而言，他是"自由人"。他的主人不再是主人，而是成了他的庇护人，他们之间的关系现在是相互帮助的关系。庇护人要在经济上帮助自由人，往往是为后者提供开始新生活所需的资金。

如果被释放的人先去世，他的庇护人还要支付一笔体面的丧葬费，把尸体埋在庇护人自己的骨灰将来下葬的地方附近。庇护人还要成为被释放者子女的监护人。如果被释放者没有继承人，庇护人就要继承其财产。被释放者必须在一切场合对庇护人表示顺从和尊敬，陪他出席公共活

图36 带有自由之帽图样的硬币

动，在他遭遇不幸时为他提供帮助。总之，被释放者要和过去那些不畏艰险的日子一样对待庇护人，一样支持他。

门客

"cliēns"一词（来自"clueō"，因而有"听众""服从者"的意思）在古罗马历史中可以指两种截然不同的从属阶级，二者之间相隔相当长的一段时间，大致可分为老门客和新门客。在国王统治时期，特别是在罗马共和国初期的贵族、平民的斗争中，老门客发挥了重要作用，但到了西塞罗时代，这种人实际上已经消失。等罗马帝国发展到成熟时期，新门客的概念才首次出现，并且不具有任何的政治意义。这两类人之间完全没有任何联系，学生们必须注意，新门客并不是由老门客发展而来的。

老门客

"门客"的概念可以追溯到罗马建国后意大利最古老的社会制度。在台伯河沿岸丘陵上定居的氏族带来了许多无所事事的家臣，后者被当作家族的一分子。后者似乎可以在前者的土地上耕种，照料其羊群，并为其提供一些私人服务，以换取其保护，让自己免受盗牛贼、强盗和公开敌人的袭击。

这些人会被自己所依附的氏族视为下等成员，可拥有增产的羊群的份额，还可以被赋予氏族的名字，但他们没有与更高阶层的人结婚的权利,在管理方面也没有发言权。他们是最初的平民,而公民则是罗马的贵族。

罗马的扩张政策,很快为这座城市带来了不同于公民和门客的第三种阶级。被征服的群体,尤其是附近那些会构成威胁的群体,被要求摧毁据点,大举迁移到城市。那些已经拥有氏族组织的人可以成为公民或管理主体的一部分,他们也会带来自己的门客。那些没有组织的人要么依附于氏族,成为他们的门客;要么选择个人独立,定居在城市内外各处,竭尽所能地谋生。有些人或许拥有可以比肩贵族的财产,其他人则是工匠和劳工、伐木工和挑水人,但这些人都没有政治权利,在这个新的国家里处于最卑微的地位。随着罗马领土的扩张,这类人数量迅速增加,很快就超过了贵族和他们的家臣。

当然,作为被征服者,他们得不到贵族的任何同情或社会关系,对他们来说,就连"平民"这个称呼都是被赐予的。昔日里的平民(门客)开始在国家中占据中间地位,但他们在政治上仍旧被包含在平民的队伍中。也许是因为古老贵族家族的消亡,他们中许多人逐渐失去了依附关系,并逐渐在利益上受新生力量认同。

共同的义务

贵族庇护人和平民门客之间的关系到现在还无法被完全理解,与之相关的问题似乎始终无法解答。

我们知道,这种关系是世袭的,而且豪门很喜欢吹嘘自家门客的数量,并渴望他们每代都有所增加。我们还知道,这种关系被认为是格外神圣的,对庇护人来说,门客几乎就像自己的儿子一样。维吉尔告诉我们，欺骗门客的庇护人到了冥界会遭受一种特殊的惩罚。我们也能从一些例子中读到门客对庇护人的极度忠诚，这种忠诚在现代只能类比苏格兰高地人对部落首领的忠心。

但是，当我们试图了解二者相互的责任和义务时，却很少能够找到明确的答案。庇护人要为门客及其家庭提供经济支持，为他提供有益的建议和忠告，帮助他与第三方进行交易，必要时还要在法庭上代表他。另一方面，门客必须千方百计地为他的庇护人谋利，为他耕种田地、放牧牛羊，在战争中为他服务，在特殊的紧急情况下出钱支持他。

显而易见，这种关系的相互性完全依赖于庇护人在国家中的主导地位。只要贵族是唯一的正式公民，只要平民没有公民权利，门客就得彻底牺牲个人的独立，以获得庇护人的支持与保护。例如，在财产纠纷中，庇护人的支持能让他即使面对贵族也能得到公正的对待。如果他的对手是一个没有这种支持者的平民，他可能还可以得到比公正待遇更多的保障。

同样显而易见的是，在阶级平等之后，这种关系是不可能长久的。在一两代人的时间里，庇护人和门客可能会一起反抗昔日的敌手，但门客迟早会发现，他所提供的服务没有得到相应的回报，于是其子女或子女的子女就会摆脱这种束缚。

另一方面，奴隶制的引入有助于庇护人独立于门客，虽然我们很难判断奴隶人数的快速增长是门客数量减少的原因还是结果，但重要的是，庇护人和被解放者的新关系，标志着旧的庇护人与门客之间的关系的消失。

新门客

　　新门客的问题不需要耽搁我们太多时间，他们是和"暴发户"并存的。暴发户认为，大量的依附者对于他们的地位而言是必不可少的。这些依附者既可以是一连串冠冕堂皇的名字，也可以是拥挤在豪宅中的无用奴隶。他们只不过是一群不起眼且卑躬屈膝的人，会为了桌上掉落的面包屑向富人和大人物谄媚。他们中也许的确存在异常才华横溢的人，比如马提亚尔（Martial）和斯塔提乌斯（Statius）这样的哲学家或诗人，但他们更多的不过是一群卑躬屈膝、阿谀奉承、趋炎附势的马屁精和寄生虫。重要的是我们要明白，新的庇护者和门客之间并没有私人的联系，也没有世袭的关系，双方都不必做出任何牺牲。无论好坏，门客都不会一辈子依附于同一个庇护人，而是经常同时讨好几个庇护人，也可以为了好处频繁更换主人。庇护人要是对某个门客心生厌烦，同样可以用这种方式打发他离开。

责任与回报

　　门客的服务，无论多么微不足道、有辱人格，都不是什么难事。他们的主要职责是致敬。每天一早，庇护人第一次出现时，门客们都要身着托加（参加所有社交活动的正式服装），列队聚集在这位大人物的大厅里迎接他。这也许就是他们全天唯一可做的。但他们有时也会匆匆穿过街道，到另一户人家去向另一位庇护人致敬，或是还有别的人需要致敬，因为有钱人都睡得很晚。另一方面，如果庇护人要外出，可能会安排门客帮忙料理家中事宜，或是整天跟在自己的轿辇旁边。这样一来，这些门客就没有机会去服侍第二个庇护人了，很有可能会被后者遗忘。他们得到的回报也不过是一点儿服务费而已。一句俏皮话或是溢美之词就能换来几枚硬币；令庇护人感到不光彩的破衣烂衫偶尔还能换来一件被丢弃的托加；如果庇护人格外慷慨，可能还会邀请门客上桌吃饭，每天一顿饭总是有的，而且是门客应得的。但有时庇护人不想接待门客，就会将他们空着肚子打发走。服侍了一整天，又饿又累的门客反而只能领到可怜的一小篮冷餐作为别人打发他们的礼物，并没有他们所希望的热情回报。这些如今被我们称为"救济品"的篮子随着时间的流逝被换成了等值的货币，最终被定价为30分钱。

不过，能够经常出现在有钱人或时髦人士的面前，只要善于溜须拍马，总还是有望得到一些赠礼的。就算是领救济品，也能让一个人过上比劳作更惬意的日子，特别是如果他能和好几位庇护人和睦相处，并从每个人手中都领取一份救济的话。

招待关系

最后我们来聊聊招待关系，虽然严格地说，招待关系不应该算在从属关系中。的确，被招待者经常要依赖他人的保护和帮助，但他们也同样准备好了为那些有权要求他们帮助的人提供帮助和保护。需要注意的是，招待关系不同于保护关系，招待双方实际上是建立在绝对平等的基础之上的。虽然在某些特定的时间，一个人可能会依赖另一个人获得食物或住所，但换到另一个时间，这种关系可能会逆转，即保护者和被保护者的地位可能会互换。

从严格的意义上来讲，招待关系可以追溯到还不存在国际关系的时代。在那个年代，陌生人和敌人不仅仅是同义词，更完全是同一个词。在社会的早期阶段，不同的群落众多，每一个陌生人都会接收到怀疑的目光，身在异乡的旅行者即便生命不会受到实际的威胁，也很难获得所需的物资。

因此，那些在外经商或从事其他必须出国职业的人就创造了一种约定俗成的做法，事先与那个国家的某位公民建立联系。该公民会随时做好接待这位朋友的准备，满足他的需要，担保他是个友善的人，并在必要时充当他的保护者。

这种关系被称为"招待"，而且是严格互惠的。如果甲同意在乙到访自己的国家时款待并保护乙，那么甲在访问乙的国家时，乙也一定要款待并保护甲。这种协议的当事双方被称为"收容者"。因此，"收容"一词具有双重含义，既指招待者，又指被招待者。

招待的义务

招待的契约所规定的义务是最神圣的，任何不遵守契约规定的行为都属于亵渎神明，会招致收容之神的愤怒。双方都可以取消契约，但必须先正式、公开地宣告自己的意思。

另一方面，这种联系是世袭的，父子相传的，因此，互为招待人的两个人可能从未见过彼此，就连其直系祖先也可能素昧平生。

最开始订立契约的双方会交换能验明身份的信物，让彼此或他们的后代得以相互识别，这些信物必须得到妥善的保存。当一个陌生人要求得到招待时，必须拿出信物供对方查验，如果信物为真，他就有权享有那些最有名的客人、朋友所能享有的一切特权。只要他住在主人所在的城市,就能得到招待和保护,包括必要时的法律援助、生病时的护理和医疗以及继续旅程所需的资金。如果他客死异乡,还能得到有尊严的葬礼。

需要注意的是,这些正是我们伟大的慈善社会成员在兄弟有难时应尽的责任。

第六章
住宅及家具

- ◎ 住宅
- ◎ 住宅的发展
- ◎ 前庭
- ◎ 入户门
- ◎ 中庭
- ◎ 中庭的变化
- ◎ 耳房
- ◎ 书房
- ◎ 列柱廊
- ◎ 私人房间
- ◎ 潘萨府邸
- ◎ 墙壁
- ◎ 混凝土墙
- ◎ 墙身饰面
- ◎ 地面与天花板
- ◎ 屋顶
- ◎ 房门
- ◎ 窗户
- ◎ 供暖
- ◎ 供水
- ◎ 装饰
- ◎ 家具
- ◎ 长榻
- ◎ 椅凳
- ◎ 桌子
- ◎ 灯具
- ◎ 箱子与储物柜
- ◎ 其他家具
- ◎ 街道

住 宅

　　本章内容所涉及的住宅是指一户人家的住宅，而不是供几户人家居住的宿舍或公寓楼。而且本章提及的都是富裕公民的住宅，它们一方面不同于富翁的豪宅，另一方面也有别于穷人的茅庐。同时，我们必须明白的是，古罗马的房屋不像现代美国房屋那样，拥有众多不同的类型。古罗马人天性保守，特别不愿意引进外来思想，不管是在什么时代，各个阶层的住宅都保留着某些基本不变的主要特征。住宅的比例可能会随建筑商所能支配的地块规模和形状而变化，修建的套间数量则取决于房主的财力和品位，但其核心始终是相同的，因此总体规划并不复杂，描述起来也不太会令人困惑。

　　我们在此方面的信息来源异常丰富。凯撒和奥古斯都时期的建筑师、工程师维特鲁维乌斯[①]（Vitruvius）留下了一部关于建筑的作

[①] 维特鲁维乌斯，又译作维特鲁威。古罗马著名建筑家，著有《建筑十书》。*

品，详述了自己的建筑原则。许多古罗马作家的作品中也都有针对房屋的零星描述，或者起码包含了大量总的来说非常有用的暗示。最后，罗马等地还发现了许多房屋的平面图。我们甚至会发现，庞贝古城某些房屋的墙壁至今仍能屹立不倒。不过，尽管消息来源是充分且权威的，但是关于房屋的布局和建造，仍有许多事情存在不确定性和争议性。

住宅的发展

早期的古罗马住宅形式来自伊特鲁里亚人，可以追溯到早期简单的农场生活。当时所有的家庭成员——包括父亲、母亲、孩子和受抚养人——都住在一个大房间里。人们会在这个房间里烹制食物，摆设桌子，完成所有的室内工作，祭祀家庭守护神，晚上腾出一块地方铺设硬床或草垫。

早期的房屋没有烟囱，烟是从屋顶中间的一个洞里冒出去的，雨水会从烟雾逸出的洞口渗入。人们还在洞下方的地板上挖了一个凹槽用来接雨供家庭使用，因此这个洞被称为"方形蓄水池"。屋内没有窗户，所有的自然光都来自方形蓄水池上的洞，天气晴朗的时候也可以通过敞开的门透进来。房屋只有一扇门，正对房门的空间似乎会被尽可能地留给父亲和母亲。这里也是灶台的位置，母亲会在这里准备饭菜，旁边放着她纺纱和织布用的工具。保险柜也摆放在这里，供主人存放自己的贵重物品。他们还会把长榻摆在这里。

从意大利好几个地方发掘出来的伊特鲁里亚人骨灰瓮（图37），外形都是这种房子的外观。如图38所示，房子的平面图就是一个简单的矩形，里面没有分区。从历史和建筑的角度来看，这可能就是古罗马房屋的主要样式。我们所知的所有古罗马房屋都是这种布局。它的名称"中庭"（ātrium）起初指代的是整座房屋，之后被保留了下来，可见于某些用于宗教目的的罗马古建筑名称中，比如贞女之家①（ātrium Vestae）、自由圣殿（ātrium Lībertātis）等，但后来被用于描述典型的一居室。这个词的意思曾经是指"黑色的房间"，但许多学者认为，它在早期的伊特鲁里亚语中就是"房子"的意思。

图37 骨灰瓮

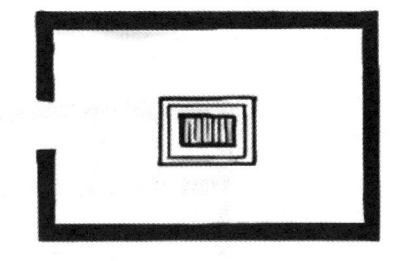

图38 房屋平面图

早期房屋发生的第一个变化，是正对房门的中庭另一侧搭建了棚子或"披屋"（图39）。它最初可能只是因一些临时用途用木板搭建而成，开设了一扇外门，与中庭之间没有任何的联系，但没过多久，中间的隔墙就被打通了。隔墙的拆除带来了便利，从而造就了第二种形式的古罗马房屋。这样的改进形式如今依旧存在，被用作书房。从最简陋的棚屋到最昂贵的豪宅，我们所知的房屋中都能见到这种用途的房间。

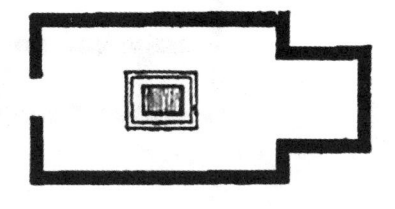

图39 房屋平面图

---

① 维斯塔贞女居住的地方。*

房屋的第二个变化是中庭的扩建。为了更容易支撑房顶,人们沿着旧中庭的线条边界、在进深三分之二的位置竖起了几面墙。这些墙最初可能只是几根柱子,就像今天地窖里的柱子,并不是连续的墙面。不管怎样,紧邻书房那一端的中庭外墙之间是没有遮挡的,两边额外的空间被称为"耳房"(ālae)。从大门望去,房子的布局就像英国国教或罗马天主教会的教堂,支撑墙之间的开放空间相当于中殿,耳房相当于耳堂,凸出的书房类似祭坛。外墙和支撑屋顶的墙壁之间的空间被切割成不同大小的房间,具有不同的用途(图40)。

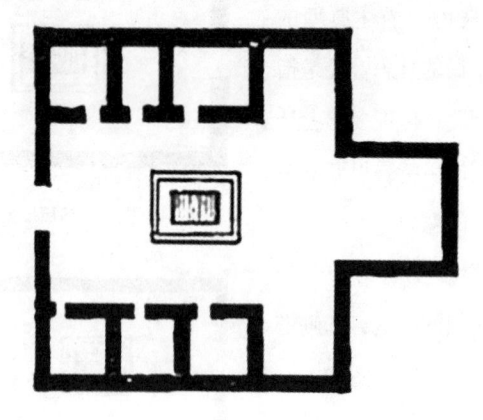

图40　房屋平面图

据我们所知,这些房间的采光全部来自中庭,因为古罗马作家并没有提到房间会开窗户,建筑的废墟中也没有发现窗户。整个国家的房屋都没有透光和通风用的窗户,这几乎是不可能的,但对隐私和安全的考虑可能影响了这些城镇的建设者。这类古老建筑的继承者们也保留了入户门正对的中庭、耳房、书房、方形蓄水池和房顶方井。这些都是古罗马住宅的特点,在下文描述后期房屋受外国影响而改进时必须被考虑进去。

后来，古罗马人似乎采用了古希腊人的设计理念，在中庭后面开辟了一片露天庭院，庭院周围被房间包围，里面种植着鲜花、大树和灌木。开放空间的四周立着廊柱，中间往往还有一座喷泉（图41）。

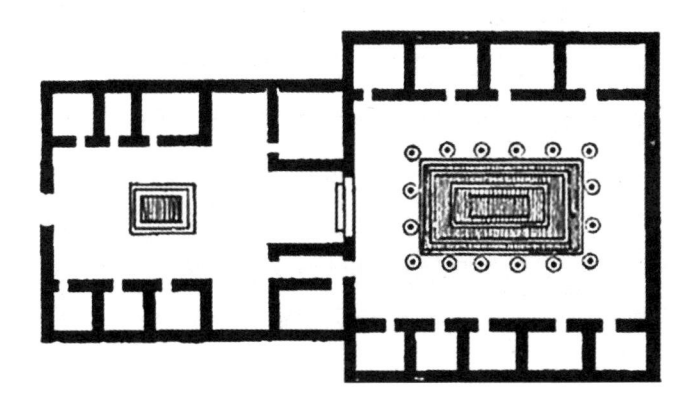

图41 房屋平面图

这样的庭院被称为列柱廊或列柱中庭。

根据维特鲁维乌斯的说法，这种天井的宽度应该超过其深度三分之一，但在我们所知的房屋中，并没有哪座严格遵守了这种或其他任何比例。从中庭进入列柱廊要穿过书房，但二者之间可能被折叠门隔断，因此也可以绕道书房侧面的一条狭窄通道[①]。两侧的窄道自然是供仆人和不愿穿过主人房间的人使用的，窄道和书房都可以通过门帘与中庭隔开。庭院周围各个房间的布置似乎随建造者的想法各异，没有固定的设计。

根据主人的财力，这些房间中会有卧室、餐厅、图书室、会客厅、厨房、洗碗间、壁橱、私人浴室以及众多奴隶所必需的简陋住

---

① 这条通道在早期的书籍作品中被称为"出入窄道"。奥古斯特·毛曾经提到，这种窄道位于中庭的入口一侧。他将书房旁的通道称为"走廊"。

所。但是，房间无论是多是少，都要面向庭院，和中庭两侧的房间一样，从庭院获得阳光和通风。庭院背后通常还有一座花园。

接下来的变化只发生在城镇住宅中，因为它是由乡村不具备的城市生活条件造成的。从古至今，商业总是有可能从城镇中心扩展到住宅区域，住宅的主人往往会希望自家的房子能够适应新的环境。由于住宅的布局，要在古罗马的房屋中做到这一点并非难事。我们已经注意到了这样一个事实：住宅的房间都是向内开放的，外墙上没有窗户，唯一的大门是朝前的。如果房子面对商业街，房主显然可以在不影响房子隐私或采光的情况下，在中庭前面建用于商业用途的房间。当然，他会保留通往自家门口的通道，并根据环境决定通道应该拓宽还是收窄。如果房子所在的位置是一处角落，那么这些加盖的屋子既可以位于住宅的侧面，也可以在它的前面（图42）。

鉴于这些屋子和住宅的内部不一定相连，它们还有可能被出租用于起居——这一点和我们城市里的住宅情况相同。这些屋子最初有可能是房主为了自己经商而加盖的，后来，为了增加收入，就连那些身居要

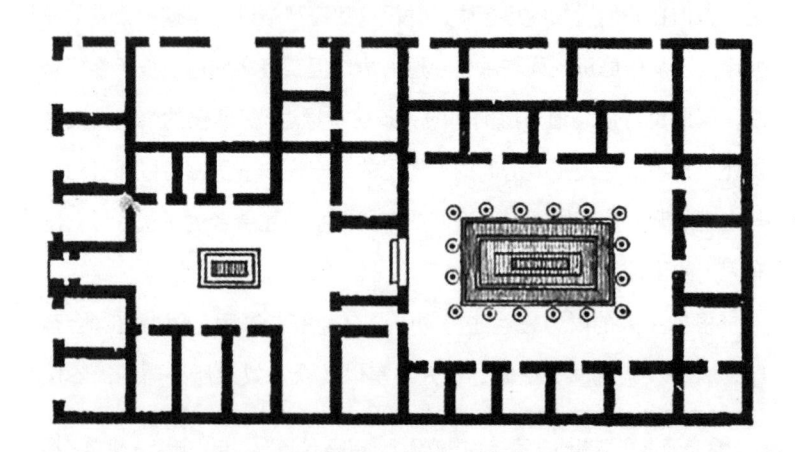

图42　房屋的布局

职、家财万贯的房主也会毫不犹豫地把这些与自家住宅不相连的屋子租给别人。庞贝古城发掘的大宅布局都是如此。下文就描述了一座占据了整个广场、三面都有出租屋的住宅，这种独立住宅被称为"分租合住房屋"。

前　庭

　　回顾完房屋的整体发展，简要描述了其经久不变的部分和特色部分之后，我们现在可以进行更加仔细的研究，同时关注后来引入的一些元素。为了方便，我们先从房子的前部开始讲起。和如今沿街的房子相比，当时的城市住宅修建得比较普通。在比较简陋的住宅中，通向中庭的门是开在前墙上的，与街道仅隔着一个门槛的宽度。至于上文提到的比较豪华的住宅，则会有一排商铺将中庭与街道分开，从而便于布置比较壮观的入口。入口的空间中至少有一部分会被留作开放式庭院，一条造价不菲的步行道从街道一直延伸至房门，道旁装饰着灌木和鲜花——如果主人是位家境殷实、功勋卓著的将军，这里还会摆上雕像和战利品。这个院子就叫作前庭（vestibulum）。前庭一词的来源存在争议，其意思可能是"一个私密的、可以站立的地方"，但词典中还有其他的解释。值得注意的是，它与现代住宅中以它命名的"门厅"完全不是一回事。前庭是门客们聚集的地方，这些人可能天亮前就要在这里等待被允许进入中庭，还可以在这里领取施舍的小篮子。婚礼的游行队伍也会在这里集结。在男孩收起童年物品的那一天，人们也要聚集在这里，护送他前往公共集会场所。就算是比较简陋的住宅，房门和步行道之间的小空间也同样会被冠以"前庭"之名。

入户门

　　房子的入口叫作入户门（ostium），它既可以指门道，也可以指房门。指代房门更准确的词是"forēs"和"iānua"。比较简陋的住宅，把入户门直接开在街上，最初无疑直接面向天井。换句话说，古时候的天井与街道仅有一墙之隔。后来经过改进，前庭和天井之间建立了一座大厅或通道，入户门通向这座大厅，令它得名"门厅"。门槛很宽，后面紧挨着房门，门上经常用马赛克贴着"欢迎"的字样，上方是诸如"厄运止步"之类的吉祥语或防火的符咒。

　　在一些豪宅中，门卫或门房值班的岗位就位于门后，有时他们还能拥有一个小房间。入户门旁边通常会拴上一只狗，没有狗的家庭会在地板上用马赛克镶嵌一幅狗的图画（图43），下面写着一句警告："当心恶犬！"走廊靠近中庭的一侧会用一张帘子作为隔断。走廊并不长，但中庭里的人透过走廊不会看到街上的行人。

图43　马赛克狗

中　庭

中庭是古罗马房屋的核心，被恰如其分地形容为"内院"。这个名称后来可能只能严格地指代没有屋顶的那一部分，但在古罗马这两个词是可以随意通用的。旧的观点认为，内院是指中庭和列柱廊之间的中部庭院，目前仍有少数学者持此观点，但没有足够的证据来支持。中庭最显著的特征是方形蓄水池和房顶方井，从方井收集的雨水会流进水箱；当光线太强时，可以在方形蓄水池上方拉上帘子，就像今天的摄影师遮蔽天光一样。

我们发现，古罗马作家在使用这两个词时十分漫不经心，会将它们随意互换。方形蓄水池对中庭来说如此重要，以至于中庭正得名于方形蓄水池的建造方式。维特鲁维乌斯告诉我们，中庭有四种样式：

第一种被称为无柱式中庭，其屋顶由两对房梁以直角形式交叉形成，中间围出的空间没有封顶，下方形成了方形蓄水池（图44、45）。其名称以及简单的构造表明，这是最早的一种中庭形式，显然不能用于占地面积大的住房。

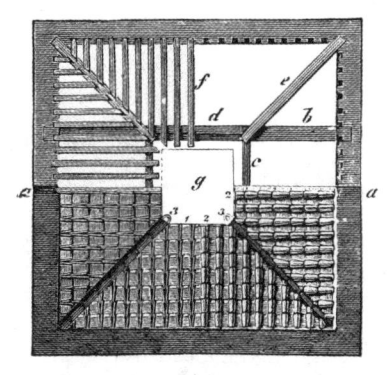

图44　无柱式中庭及方形蓄水池俯视图

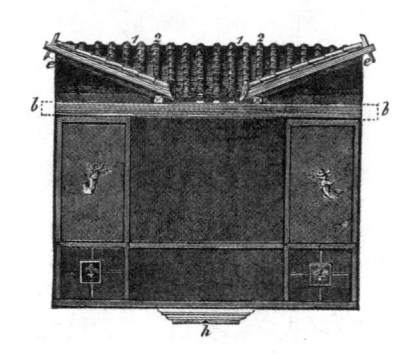

图45　无柱式中庭的剖面图

第二种叫作四柱式中庭，房梁的交汇处由柱子支撑。

第三种名叫科林斯式中庭，与第二种中庭的区别仅在于支柱的数量多于4个。这两种类似的样式可能是随着中庭面积的扩大而出现的。

第四种被称为分水式中庭，这种中庭的房顶和上文提到的骨灰瓮一样，朝外墙倾斜，雨水会顺着屋外的檐沟排出，而方形蓄水池只汇集直接从天而降的雨水。据说还有一种拱顶式屋顶是全封闭的，既没有方形蓄水池，也没有中庭。我们不知道这种屋顶如何采光，也许是借助耳房的窗户。

中庭的变化

上文描述的是罗马共和国早期的中庭。在当时，简单纯朴的家庭生活为一居室房屋带来了一种高贵感，它是罗马共和国晚期和罗马帝国时期的住宅完全无法继承的。

到了西塞罗时代，中庭已不再是家庭生活的中心，而是变成了仅用于展示的议事厅。我们不知道其演变过程是如何一步步次第发生的。也许是为了有更好的隐私，中庭两侧的房间起初曾被用作卧室。采用了列柱庭院之后（这个庭院原本可能是果蔬园），人们很快就对独立厨房产生了需求，然后是与之比邻的餐厅。后来，为了获得更好的私密性，院子周围又添加了一些房间作为卧房。最后，这些房间被挪作他用，而卧房则被搬到了楼上。我们不知道这第二层楼是什么时候增加的，但它加盖的前提应该是城市土地面积日益狭小且昂贵。庞贝古城最朴实的房子里也有楼梯的遗迹（图46）。

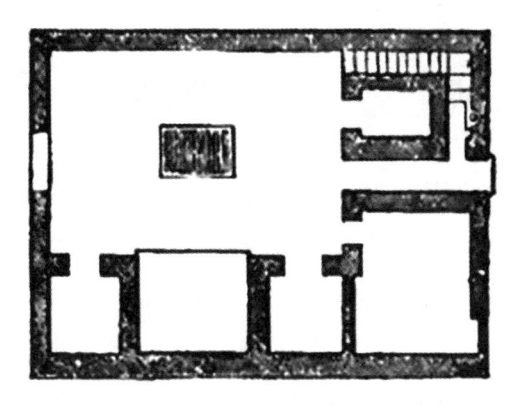

图46 庞贝古城的小型房屋

屋主会在自己的财力所及范围内将中庭装修得富丽堂皇（图47）。为了增加采光，屋顶的开口被扩大了，支柱由大理石或昂贵的木材制成，柱子之间和靠墙的位置都会摆上雕像和其他艺术品。中庭变成了一座大理石水池，中央往往设置雕刻精美或装饰着人像浮雕的喷泉。地板由马赛克铺就，墙上或漆上鲜艳的色彩，或镶嵌着五彩斑斓的大理

图47 复原的潘萨府邸中庭

石，天花板铺满象牙和黄金。在这样一座大厅里，主人可以迎接他的客人，庇护人可以招待自家的门客，丈夫可以迎娶他的妻子。当他骄傲的一生走到尽头时，遗体也会被摆放在这里，供人瞻仰。

即使是最壮观的中庭，也会留有一些昔日的痕迹。虽然定期的祭祀仪式是在列柱庭院的特殊礼堂里举行的，但曾经属于灶台的地方附近仍旧摆放着灶神拉瑞斯和家神佩纳特斯的祭坛。即便是最豪华的住宅，也会有纺纱工具放在女主人曾被女仆簇拥而坐的地方——就像李维在卢克丽霞①（Lucretia）的故事中描绘的那样。柜子里保存着一些比较朴素但也许更有实力的人的面具。婚榻就放在入户门的对面（因此也被称为"对榻"），它在新婚之夜就会被放在这里，虽然没有人真的会在中庭里过夜。中庭的许多传统用法甚至延续到了奥古斯都时期。当然，穷人从未改变过他们的生活方式。关于中庭两边的小房间不做卧房之后会有什么用途，我们不得而知，它们也许会成为会谈室、私人会客室和客厅。

图48　庞贝港口房屋遗址

---

① 卢克丽霞是一位古罗马贵妇，她因被伊特鲁里亚国王的儿子侵犯而自杀，从而成为罗马由王政时代向共和国过渡的导火索。*

耳　房

耳房的构建方式上文已经说明。它们是中庭左右留出的长方形凹室，用墙隔出一个个较小的房间。必须记住的是，耳房是完全朝向中庭开放的，是中庭的一部分，其外墙上的窗户起初或许还能提供额外的采光。

人们会在耳房中摆放曾经身居高位的祖先的蜡制半身像，这些半身像会被布置在陈列柜里，通过彼此相连的粗线和下方的铭文记录他们之间的关系，让人们铭记其伟大事迹。古罗马作家或现代作家在提到摆放雕塑的中庭时，其实本意指的是耳房。

书　房

对书房的可能起源，上文已经解释过了，其名字（tablinum）来源于或由夏日厨房发展而来的"披屋"所用的建筑材料"木板"（tabulae）。

还有一些人认为，这个房间之所以叫这个名字，是因为这里是主人储存账簿和所有业务、私人文件的地方。早些时候，钱柜或保险箱也会被固定在中庭的地板上，所以这个房间实际上是主人的办公室或档案室。

书房的位置让它可以统领整座房子，因为房间只能从中庭或列柱廊进入，而书房就在二者之间。主人可以关闭折叠门，切断与私人庭院的连接，或者在通往大厅的出入口拉上窗帘，以确保绝对的隐私。另一方面，如果书房是开放的，那么走进入户门的客人就会看到一幅迷人的景象，一目了然地看到房内所有公共和半公共的部分（图49）。即便书房关闭了，也可以通过一条短走道从住宅的前部自由地穿行到后部。值得注意的是，虽然一些古老的作品坚称这样的通道有两条，但它其实只有一条。

图49 中庭视野

列柱廊

如我们所见，列柱廊或列柱庭院采用的是古希腊人的建筑方式。尽管古罗马人坚持祖先的风俗，但在房屋两大主要组成部分中，列柱廊很快就成了最重要的那一部分。我们可以想象一个露天的宽敞庭院（图50），周围是连续不断的成排建筑，或者更确切地说，是房间，因为这些屋子很快就变成一个整体，所有屋子都朝向庭院。这些建筑在朝向庭院的一面都有带顶棚的走廊（图51）。严格来说，列柱廊指

图50　庞贝住宅中的列柱廊　　　图51　列柱廊的屋顶

的就是四周的这些走廊，但这个名称后来被用于整座房屋，指代包括庭院、柱廊和周围所有房间的部分。这里的庭院比天井的采光更好，在四壁的保护下，里面栽种的各种珍稀植物和盛开的鲜花免于寒风侵袭。列柱廊的中央装饰着喷泉和雕像，在一天中的任何时候、一年中的任何季节，都能为人们提供凉爽或阳光灿烂的散步场所。古罗马人热爱户外和大自然的魅力，难怪所有上流阶级家庭很快就把列柱廊当作了生活起居的中心，而把天井留给了符合自己政治和公共地位的更正式的活动。必须记住的是，列柱廊的后面通常有一座花园，能够直接通往街道。

私人房间

庭院周围的房间因房屋主人的财力和品位而有所不同，我们只能参考文学作品中经常提到的东西给出一份列表。重要的是要记住：城镇里的住宅白天都是靠庭院获得采光，而乡下的别墅可能在外墙上开设窗户和房门。最重要的是厨房，它位于庭院的一侧，正对着书房,里面配备了用于烘烤和煮食的开放式壁炉,还有一个木炭炉(图52),如今欧洲许多国家仍在沿用这种炉子。如果家里需要,厨房的旁边还会有配备了烤箱的烘焙房,以及澡堂和必要的壁橱,这样所有设施就能连接同一条下水道(图53)。如果家里有马厩,那么它也会被安置在厨房附近,直到今天,拉丁语国家仍是这么做的。

图52 厨房炉灶　　　　　图53 浴室

接下来要提到的是餐厅。餐厅不一定要与厨房并列,因为从方便的角度来说,有了大量的奴隶,餐厅的位置就显得并不重要了。在一年中不同的季节里,人们习惯于在不同的地方用餐,以便享受冬天的温暖,躲避夏天的炎热。维特鲁维乌斯认为,餐厅的长应该是宽的两倍,但遗址显示,这样的比例并不是固定的。

古罗马人喜欢新鲜的空气和视野良好的天空,所以想必庭院经常会被当作餐厅使用。贺拉斯就曾为我们留下一幅迷人的景象,他描绘了主人被一名奴隶服侍着,坐在凉亭下用餐。所谓的庞贝古城撒路斯特之家也有这样一片室外空间(图54)。

和我们不同,古罗马人认为卧室没有那么重要,原因可能在于它们只是用来睡觉,而不是用于起居。即便是最豪华的住宅,卧室的面积也十分狭小，家具也极少（图55）。其中有些住宅的卧室似乎还有相连的前厅，可能是仆人居住的地方。就连普通住宅也常有摆放床铺用的凹室。有些卧房似乎只是用来午睡的，自然会被布置在庭院中最凉爽的地方，被称为"日间卧室"。为了区别，其他的房间会被称为"夜间卧室"或"宿舍"，并被尽可能地安置在庭院的西侧，以便能够照到清早的阳光。应该记住的是，在最豪华的住宅中，卧室最好位于列柱廊的第二层。

每个受过教育的古罗马人都会在家中为图书室留出一席之地。他们藏书的范围很广、数量众多，而且和今天一样，藏书人实际上并不在意书籍的内容。书籍或卷轴（下文会提到）会被存放在书箱或靠墙的书柜里，在赫库兰尼姆①发现的一间图书室里，房间中央还额外摆放着一个藏书用的长方形箱子。按照惯例，房间里要

图54 庭院中的餐厅

图55 卧室

---

① 赫库兰尼姆，位于庞贝附近的古罗马城市。公元79年，维苏威火山爆发，赫库兰尼姆被埋在火山灰下。*

装饰密涅瓦①和缪斯女神的雕像，还有一些名人的半身像和肖像画。维特鲁维乌斯推荐将图书室建在东边，大概是为了防潮。

除了这些在豪宅中都能找到的房间之外，还有一些不太重要的房间，其中一些非常罕见，以至于我们几乎不了解它们的用途。神龛是一种私人礼拜堂，会被用来供奉神像、举行崇拜仪式和供奉贡品（图56）。和古时候一样，家族的守护神似乎会被供奉在中庭里。公共大厅或大会客室可能与我们的客厅、休息室相对应，有时还会被用作宴会厅。敞开式有座谈话间是一个配备了固定座位的房间，总是被用于演讲和类似的娱乐活动。日光浴室是晒太阳的地方，通常是房子平坦的屋顶，有时也可以指露台。人们会在上面铺上泥土，将其布置成花园，用鲜花和灌木来装点。除此之外，当然还有碗碟洗涤室、食品间和储藏室。奴隶们肯定也有自己的住所，他们会尽可能地挤在一起居住。虽然庞贝古城曾发现过地窖的存在，但很少有人会在住宅的地下开凿地窖。

图56　住宅内的小礼拜堂

---

① 密涅瓦是智慧女神，即古希腊神话中的雅典娜。——译者注

潘萨府邸

最后,我们要来描述一座真实存在的房子。被当作范例的这座房子属于一个富有且有影响力的人,它被称为庞贝的"潘萨府邸"(图57)。它占据了整个广场,位置朝南偏东,前侧和两边的大部分房间都作为商店或铺面出租,屋后是一座花园。

下文给出的平面图将不属于住宅本身的房间用阴影进行了标记。前厅(1)是两家商店之间的开放空间,前厅的后面是入户门(1'),用马赛克铺着狗的图案。入户门朝向中庭(2,2),两侧各有三个房间。耳房(2',2')位于正常的位置,中间是房顶天井(3),书房(4)正对入户门,通道在东侧(5)。中庭采用无柱式,用混凝土铺砌,书房和走廊都铺着马赛克地板。顺着这里,就可以来到比中庭地势更低的庭院。庭院长65英尺(1英尺约等于0.3米,下文同),宽50英尺,周围是矗立着16根柱子的柱廊。紧挨着天井的一侧有两间屋子,其中一间被称为图书室(6),因为里面发现了一份手稿,但它真正的用途不明,另一间可能是餐厅(6')。庭院里有

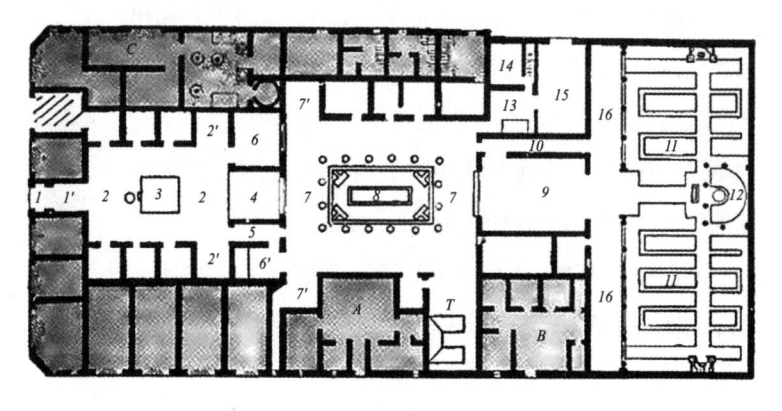

图57 潘萨府邸平面图

两处很像耳房的凸出（7'，7'），被称为敞开式有座谈话间——我们注意到，其中一个谈话间有一个通往街道的便捷出口。西边的房间和东边的小房间都叫不上名字，东边的大房间（T）是主餐厅，平面图上还留有用餐长榻的标志。厨房（13）位于房屋的西北角，旁边是马厩（14），厨房外是一座铺着地砖的庭院（15），拥有通往街道的入口，可供手推车进入。厨房和院子的东边是一条狭窄的通道，通往带有花园的列柱廊，它的东面有两个房间，其中较大的那间是住宅中最壮观的房间之一，尺寸为33英尺×24英尺，拥有一扇装着低矮护栏的巨大窗户，面向花园，可能是起居室。庭院中央有一个大约两英尺深的水池，池周曾经装饰着水草和鱼的图案。整个房子的北端有一条走廊（16，16），能够俯瞰花园（11，11）。花园里有一座类似凉亭的建筑（12）。这座房子还有二楼，但通往二楼的楼梯位于出租房内，表明潘萨一家人并没有住在楼上。

我们注意到，平面图中面向街道的房间中，有一间标记着浅色阴影的房间与中庭相连，它可能是潘萨本人做生意用的，也许由一名奴隶或自由民直接掌管。

至于其他的房间，东边的套房（A，B）似乎已被租出去作为公寓居住，其他的则是商店和铺面。西边靠前的四间相连的房间好像是一家规模很大的面包店，标记着C的房间是卖场，里面有一个大房间摆着三台石磨、几个揉面用的槽、一个带水龙头的洗涤池和一个嵌入式的烤箱，另外几个房间的用途还不确定。

剖面图（图58）展示了如果将房子自前至后从中剖开，房子的剖面是怎样的。当然，这在很大程度上是一种推测，但它清楚地表明了分隔墙和屋顶的普遍布局方式。

图58　庞贝古城潘萨府邸剖面图

墙　壁

墙壁的用料随时间、地点和运输成本的变化而变化。和其他地方几乎一样，意大利最早使用的材料是石头和未烧过的砖。木材仅用于临时结构，比如书房扩建。和今天一样，早期的私宅和各个时代的公共建筑都使用规则的料石搭建墙体（图59），墙面上会抹上一层精致的大理石灰泥用于装饰，使墙壁呈现出耀眼的白色。

直到公元前一世纪初，晒干的砖主要用于普通的房屋，而非公共建筑。这些砖也会被抹上灰泥，这样做既是为了装饰，也是为了抵御天气的影响。但即便是坚硬的灰泥，也无法将这种材质易腐的墙壁保存到我们的时代。到了古典时期，一种比砖或石头更价廉物美、更耐用、更易加工运输的新材料开始投入使用。私人住宅几乎都用了这种材料，同时它也

图59　罗穆卢斯墙

普遍用于公共建筑。用新材料（罗马混凝土）建造的墙壁在我们的参考书中被称为"毛石墙"或"混凝土墙"，但这两个词都不是很有描述性。罗马的混凝土墙与我们的毛石墙不同，不是一块块铺成的；另外，它所使用的石头的体积比现代建筑墙壁的混凝土块更大。

混凝土墙

用于混凝土墙的材料因地而异。在罗马，人们会往拳头大小或更大的石头里掺石灰和火山灰，有时还会用砖头代替石头，用沙子代替火山灰。磨碎的陶瓷碎片比沙子更好。石头越硬，调出的混凝土越好，最好的混凝土是用熔岩碎片制成的，这种材料通常会被用来铺路。修建混凝土墙壁的方法与现代相同，就是我们熟悉的人行道的建设方法。这一点看插图就能很容易理解（图60）。

人们会在计划建造的墙壁两面固定大约5英寸×6英寸（1英寸约等于2.5cm，下文同）厚、10至15英尺高的笔直立柱，每根立柱间隔约3英尺，在立柱外钉上10到12英寸宽、互相交叠的水平木板，木板中间的空隙会被浇筑上半流体的混凝土，因此混凝土上会留下立柱

图60 浇筑混凝土墙体的方法

和木板的印记。待混凝土变硬，框架就可以拆卸下来，放到硬化的部分上重复施工，直到墙体达到要求的高度。用这种方法制作的墙体厚度不一，普通房屋的隔墙为7英寸厚，万神殿的墙壁则有18英尺厚。这种墙壁比石墙耐用得多，因为石墙可以一块块地拆除，比搭建多花不了多少力气；混凝土墙则是一整块石板，即便是切掉其中的一大部分，也不会令剩余的墙面强度有丝毫的降低。

墙身饰面

尽管这些墙体是不受天气影响的，但表面通常还是会贴上石头或窑烧的砖片。用作饰面的石头通常是质地较软的凝灰岩，这种凝灰岩不像混凝土那样能够很好地适应气候。最早的做法是取一面光滑但大小、形状不一的碎石，在浇筑混凝土时，将其光滑的一面朝外贴在框架中。框架拆除后，墙体将呈现如图61中A所示的外观，这样的墙面被称为混凝土小毛石饰面。后来，凝灰岩被用于制作表面光滑、尺寸统一的方形小石块。采用这种石块的饰面看上去就像是被网覆盖（图61，B），因此被称为网状饰面。这种墙的角落剖面图参见图61中的

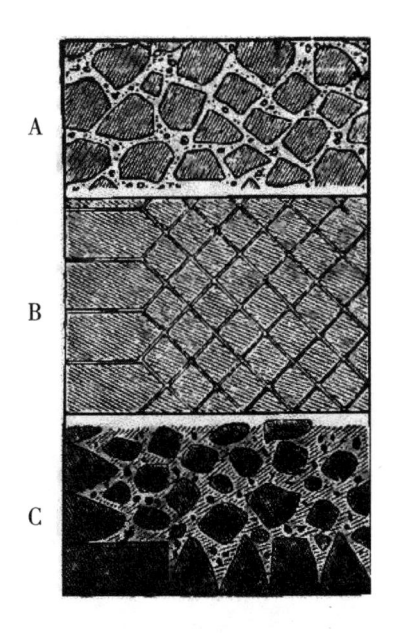

图61 墙身饰面

图62 用于墙身饰面的砖块

C。在上述两种情况下，墙体的表面通常都会覆盖细石灰岩或大理石灰泥，给人一种坚硬、光滑和洁白的感觉。烧过的砖块呈三角形。相比任何可以给出的文字描述，图62更容易让人理解这些砖块的布局和外观。必须注意的是，窑烧的砖头是不能单独用来垒墙的，即便是有混凝土内核的隔墙也不行。

地面与天花板

在比较简陋的房子里，一楼的地面就是将墙体之间的地表弄平滑，厚厚地铺上小石子、砖块、地砖和陶瓷碎片，然后用沉重的夯锤砸实、砸平而成，这样的地板被称为铺装路。这个名称后来被逐渐用于指代各种地面。在好一些的房子里，地板是用石板平整铺就的。如上文所说，比较豪华的房子会采用水泥地面。上层的地面有时会铺设木地板，但也可以将混凝土浇筑在临时的木板上。这样的地板非常沉重，需要坚固的墙壁来支撑，保存下来的样板厚度为18英寸，宽度为20英尺。只需刷上一层灰泥，这种地面即可完美地成为楼下房间的天花板。其他天花板的制作方式和现在差不多，在纵梁或椽子上钉上板条，糊上砂浆和灰泥。

屋 顶

如前文的插图所示，屋顶的建造方式与现代差别不大。屋顶的形状形态各异，有平的，有向两个方向倾斜的，还有向四个方向倾斜的。在最古老的时代，用来覆盖屋顶的是茅草，帕拉廷山上所谓的罗穆卢斯小屋就是如此（图63）。这座小屋作为过去的遗迹，甚至被保存到了罗马帝国时期。接下来，屋顶板代替了茅草，后来又被瓦片取代。这些瓦片起初和我们的屋顶板一样是平坦的，但后来两边各加了一个凸缘（图64），这样一来，铺设房顶时，摆在下面的瓦片就能被插入上面的瓦片下面。瓦片并排放置，凸缘覆盖着被称为槽瓦的倒扣瓦片（图65）。排水沟也由瓦片顺着屋檐铺设，如果家中有需要，还能将雨水引入水池。这种屋顶的完整外观参见图51。

图63 罗穆卢斯小屋

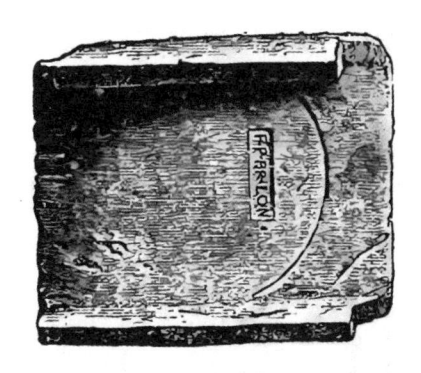

图64 屋顶的瓦片

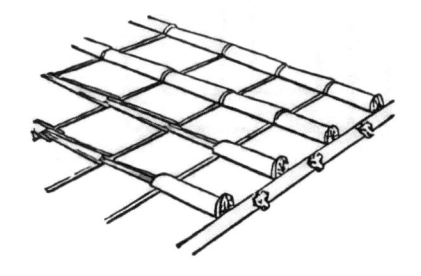

图65 屋 顶

房　门

和我们现代的房门一样,古罗马的房门也有四个部分:门槛、两个门框和一根门楣。门楣总是由一块单独的石头砌成,石块特别粗大。除了铰链,这些门和现代的门一模一样。

虽然古罗马人和我们一样有铰链,却并不会把它用在门上。古罗马房门的铰链实际上是一根圆柱形的硬木,比门稍长,直径比门的厚度略厚,上下两端都有枢轴,这些枢轴是插在门槛和门楣的轴孔里转动的。门板榫接在这个圆柱体上,二者的重量都压在下面的枢轴上。图66清晰地展示了这一点,这让人想起老式的自制大门,喜剧里经常提到,这些门会发出吱吱的声响。

准确地说,房子的外门被称为大门,内门被称为入户门,但这两个词被滥用了,后者甚至会被用于指代整座房子的入口。

对开的房门被称为双开门,通常通向花园的门被称为后门。向内开的房门和在外墙上的门是都用螺栓和栏杆固定的。能从外面上锁的锁和钥匙已经投入使用,但都很笨重,十分不便。最后要注意的是,在私宅的内部,房门不像现在这样普遍,古罗马人更喜欢使用门帘。

图66　罗马房屋的门

窗　户

如我们所见，住宅主要房间的窗户都朝向庭院。按照规定，位于一楼、用于起居的房间不能开设朝向街道的窗户。而那些看不到院景的套房公寓——比如潘萨府邸楼上的出租屋——肯定会有朝向街道的窗户，乡村住宅的一层可能也有外窗。这些窗户都很窄小（图67），几乎很少大于3英尺×2英尺，有的窗户还装有百叶窗，可以在外墙上的窗框中前后滑动。这些百叶窗有时会被分成两部分，向相反的方向移动，关闭被称为"合上"。其他的窗户都是格子状的，有些还会覆盖上细网，以防老鼠和其他讨厌的动物进入。罗马帝国时期，玻璃被引进罗马，却因为过于昂贵而未被广泛使用。滑石和其他半透明材料也会被用于制作窗框以抵御寒风，但实际应用中十分罕见。

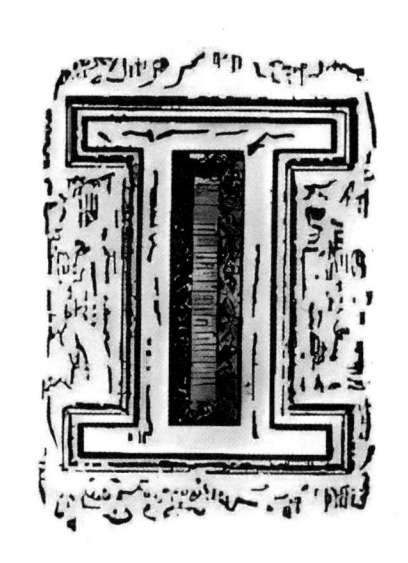

图67　窗　户

供　暖

即使意大利的气候温和，冬天也经常因为太冷而令人感到不适。在寒冷的日子里，居住者可能会满足于搬进有阳光直射的温暖房间，或者披上围巾、穿上比较厚实的衣服。真正到了冬天气候比较恶劣的时候，人们会使用木炭炉或火盆取暖。南欧一些国家至今仍在使用这种取暖工具（图68），里面是可以盛放热炭的金属盒子，并带有防止烫坏地面的支腿。为了让人方便地从一个房间搬至另一个房间，还配有提手。有钱人家的地下和我们一样安装了暖气，暖气通过陶管被送入各个房间。在某些情况下，隔墙和地板似乎是用空心瓦做的，可供热气流通，为房间加热，却不会让热气进入房间。这些暖气都有烟囱，但人们使用暖气的情况很少。

图68 暖气炉

供　水

意大利所有的重要城镇都有充足的供水，通过管道从山上输送而来，有时运输距离会很长。高架引水渠是古罗马人最宏伟、最成功的工程之一。总管道会被安置在街道中间，经由其他管道流入房屋。古罗马房屋的上部通常有一个水缸，人们可以根据需要从中取水。通水的房间往往很少，但庭院里一般都有喷头或喷泉，澡堂、花园和贮藏室里也总是有水可用。澡堂还拥有独立的加热设备，能让一个或几个房间保持所需的温度，并供应热水。

装 饰

如我们所见，古罗马房屋的外观非常简朴，墙壁上只会涂抹灰泥。室内装饰与主人的品位和财力相符。在这一点上，就连比较贫寒、装修效果不太华丽的住宅也不例外。首先，涂抹灰泥的墙壁，只能用长方形的镶板来彰显自己的与众不同。人们会为这些镶板涂上以红色和黄色为主的丰富且鲜艳的色彩，然后在镶板中间画上简单的装饰图案，四周围绕着华丽的蔓藤花纹。此外，和今天的某些公共建筑一样，精心绘制的大尺寸图画、人像、内景、风景等，都可以直接画在墙上。不久之后，人们开始在墙壁上铺贴薄板大理石、护壁板和飞檐。不同底色的大理石组合在一起，组成美丽的图案。为了获得引人注目的色彩，古罗马人寻遍了世界。后来还出现了镶金涂彩的灰泥人像浮雕和马赛克镶嵌作品，主要用珠宝般的彩色玻璃碎片拼成。

房门和门槛一样，也能给人以艺术的享受，有的房门完全是带雕刻纹样的镶板，有的镀铜，有的则是实心铜。门槛上通常有马赛克镶嵌图案（参见图69中庞贝古城的样本）。

如图70所示，门柱被精心雕刻的大理石包裹。和今天公共建筑的地砖一样，地板上铺着按几何图形排列、色彩对比鲜明的大理石饰面砖，或者铺着美观程度仅次于满墙马赛克图样的马赛克镶嵌图案，

图69 马赛克门槛

其中最著名的图案是《伊苏斯之战的大流士》，我们所有的参考书中都有它的黑白插图（图样最清晰的是鲍迈斯特《马赛克》中的图1000，彩色图样参见欧福贝克作品第612页）。

这扇门长16英尺，宽8英尺。尽管它很大，每平方英寸却有不少于150个独立元素。天花板通常是筒形穹窿，漆着鲜艳的颜色，或者被沉重的交叉木梁或大理石梁分成深凹的嵌板，然后装饰上最精致的灰泥浮雕或黄金、象牙，抑或是镀金的青铜板①。

图70　雕花门洞

家　具

我们对古罗马家具的了解在很大程度上是间接的，因为流传下来的家具实物只剩石头或金属材质的。幸运的是，这方面的二手史料丰富且优质。文学作品附带描述了许多家具，而上文提到的许多壁画也展示了这些家具的外观。还有一些家具是从庞贝古城和赫库兰尼姆的

---

① 即使是在罗马共和国时期，我们也能从房价上推断出某些豪宅的富丽堂皇。西塞罗的房子花了大约14万元，执政官梅萨拉的房子也花了14万元。克洛狄乌斯的房子售价60万元，是我们已知最贵的房屋。这些住宅都位于帕拉蒂诺山，那里的地价也很昂贵。

硬化灰烬中发掘并重铸复原而来的。总的来说，古罗马人家中的家具很少，比起舒适——更不用说奢侈的自在了——他们更在乎昂贵的材料、精细的工艺和艺术形式。帕拉蒂诺山上的豪宅里充斥着从希腊和亚洲掠夺来的战利品，但罗马城内是否有一张舒适的床都值得怀疑。

许多最常见、最实用的现代家具对古罗马人来说是完全陌生的。他们的墙上没有镜子，屋里也没有书桌或写字台，没有梳妆台或带镜衣橱，没有陈列小古董、餐具或书籍的玻璃门柜，也没有壁炉架，甚至连帽架都没有。即使是在最好的房子里，最主要的家具也就是沙发或床、椅子、桌子和灯。如果在这些家具之外再加上箱子或橱柜，偶尔再加上一只火盆以及更稀有的水钟，那么除了餐具和厨房用具之外，这个家就拥有了一切可以称为家具的东西。不过，我们也不能认为他们的房间凄凉沉闷。考虑到装饰物、庄严壮观的中庭和列柱廊的罕见之美，那些不具有什么艺术性而我们又认为必需的杂物，显然不能与之相配。

长　榻

长榻在古罗马的房子里随处可见，它们白天充当沙发，晚上用作床。最简单的长榻是一个绑有皮带的木制框架，上面摆着一张垫子（图71）。和我们的沙发一样，长榻的一头也有扶手，

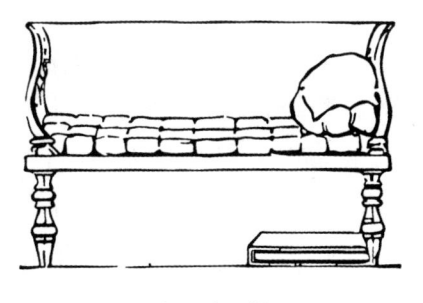

图71　长　榻

有时两头各有一只扶手，此外还有一个靠背。长榻上通常会铺上枕头、垫子或防尘罩，最初的垫子是用稻草填塞的，后来换成了羊毛甚至羽毛。

在庞贝古城的一些卧室里，长榻似乎没有框架，床垫是直接放在地板上搭起来的支座上的。用作床的长榻似乎比用作沙发的更大，而且很高，因此凳子甚至台阶都是必不可少的配套（图72）。

图72 凳 子

作为沙发的长榻可以放在图书室里供人阅读和写作时使用，学生可以支在左边的扶手上，用右手拿书或写字。下文会讲到，餐厅里也永远都会有长榻的一席之地。上文已经提到过它在大厅中的荣誉地位，由此可见，长榻可以被装饰得非常华丽。支撑腿和扶手都是用昂贵的木材雕刻或制作，还可镶嵌上玳瑁、镀上贵重金属。我们还读到过有关纯银的长榻框架的描述。长榻的罩子往往要使用最好的织物，染成最鲜艳的颜色，上面还带有金色的图案。

椅 凳

古罗马人座椅的原始形式和其他地方的一样，是有四条垂直支撑腿的凳子或长椅，没有靠背。值得注意的是，即便财力允许，它也没有被更好的东西取代。凳子是让人坐的普通座椅，可供人休息或工作时使用，儿童和奴隶在吃饭时也会使用。长椅与凳子的不同之处在于可容纳多人，元老院的议员、法庭上的陪审员、学校里的学童以及私人住宅都会使用长椅。凳子有一种特殊形式，即著名的"贵人凳"，它有象牙做的弧形凳腿（图73），能像露营椅一样折叠起来，方便携带，顶部还有带子可以固定椅垫。

凳子的最初改良形态被称为"御座"，是一种硬而直的高背椅，有结实的扶手，看起来像是从一整块木头上凿出来的（图74）。这种凳子高得像床一样，需要一个脚凳。在诗人的描绘中，只有神明和国王才能坐上这样的御座。人们也会把它摆放在中庭，供庇护人接见门客时使用。

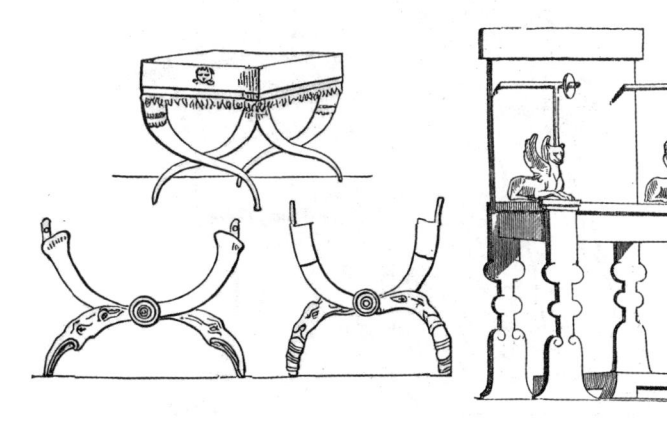

图73 贵人凳　　　　　图74 御 座

最后，我们还找到了一款没有扶手、椅背弯曲的椅子，人称"主教座"（图75）。这种椅子有时会被固定成仰躺的角度，是古罗马人所知的唯一一种可称舒适的座椅。起初，人们认为它对男性而言过于安逸，所以仅供女性使用，但最后它还是被广泛应用。由于文法学校的教师也会使用这款座椅，它便有了"ex cathedrā"这种说法，用于指代各种权威话语，主教也会用它来解释我们的"大教堂"一词。御座和主教座都没有软衬垫，但它们和长榻一样，都可以使用坐垫和椅套，且都需要巧妙的工艺和奢华的装饰。

图75　主教座

桌　子

桌子是古罗马房屋中最重要的家具。它不仅用途多样，某些种类的价格还往往出人意料。古罗马房屋中的桌子形式与结构各异，我们所使用的桌子不少都是直接从古罗马的模型中复刻而来。桌腿和桌面的材料也多种多样，不仅有石头的、木头的、实心的或贴面的，还有贵金属材料的——很可能只是单薄的金属板。据我们所知，最昂贵的当属使用产自非洲的柑橘树横截面做成的圆桌。这种木材上有漂亮的木纹，单片直径可达3英尺到4英尺。为这样一张木桌，西塞罗曾花了2万元，阿西尼乌斯·波利奥花了4.4万元，尤巴国王花了5.2万元。切西基家族还拥有一张价值6万元的桌子。某些特定形式的桌子还被赋予特殊的名称：独脚桌是一种只有一只桌腿的桌子或台子，专门用来放置灯或梳妆用品；餐具桌是一种长方形的桌子，带有凸起的边缘，用来摆放盘碟，相当于现代的餐边柜；德尔菲卡桌有三条腿，如图76所示，通常可以通过调整桌腿来调节高度，其局部图清楚地展示了它的构造（图77）。此外，餐厅里的固定餐桌通常搭建在坚固的砖石或混凝土地板

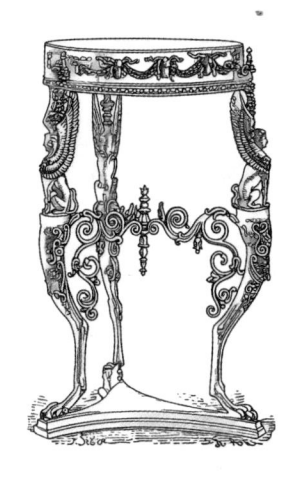

图76　德尔菲卡桌

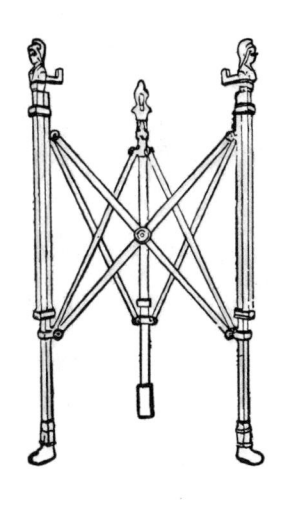

图77　可调节桌局部

上，桌面是抛光的石头或马赛克。这种桌子的工艺水平甚至比长榻或椅子更高，尤其是其桌腿和桌面。

灯 具

古罗马人的灯具本质上非常简单，仅仅是一个盛放灯油或融化油脂的容器。几根线松散地拧在一起就是灯芯，可以从盖子或顶部的一个洞拉出来（图78）。这样的灯光肯定是非常模糊昏暗的。这些灯没有玻璃壳来保持火焰的稳定，更不用说烟道或中央通风管了。然而作为艺术品，尽管用的是最廉价的材料，它们却非常精致，大多形态优美、比例匀称。许多材料昂贵的灯具更是工艺高超，其价值比制作灯具所用的罕见石料或贵金属原料更高。

如图78所示，某些灯具是手持的，拥有明显的把手，有的灯具则要用链条悬挂在天花板上，还有一些灯具需要放在特制的底座上，比如卧室里常用的单脚架或图79所示的三脚架。

在公共场所的照明方面，除了上述灯具，还有一些配有高大支架的灯具，就像我们的钢琴灯一样，如图80所示。其中一些支架或可同时放置好几盏灯。这种支架的名称（candēlābra）表明，它们最初是用来放置蜂蜡或牛油蜡烛的。富人把蜡烛换成会散发烟雾和难闻气味的灯具这一事实，很好地证实了古罗马人的制烛工艺并不精湛。

最后值得注意的是，人们会在沿街的外门周围用干燥易燃的木头点起火炬，这种木头通常在油里浸泡过或涂过沥青。

图78 各式各样的灯具

图79 灯具底座

图80 枝状灯台

第六章 住宅及家具

箱子与储物柜

古罗马家庭每家每户都拥有尺寸各异的箱子,用来存放衣服和其他不常用的物品,从而保护纸张、钱财和珠宝的安全。用来制作箱子的材料多为木头,外面多用铁链进行捆绑,并装饰铰链和青铜锁。用来储存珠宝的小箱通常是银制甚至是金制的。最重要的箱子大概就是家长用来保存现金的书房保险箱。这种保险箱非常坚固,不容易被暴力开启;而且又大又重,无法被整个运走。它有时还会被固定在地板上,作为额外的防范手段。正如庞贝古城的插图中所展示的那样,保险箱上也经常带有雕刻和镶嵌(图81)。

橱柜的设计和用途与之相似,材料也相似。它们通常会被分成几个隔层,并配有铰链和锁。这种柜子最重要的两个用途上文已经提及:在图书馆里藏书,防止老鼠和人为破坏;在耳房里保存祖先的雕像,即蜡制的死者面部塑像。必须注意的是,这种柜子并没有我们存放书籍或类似物品的橱柜与箱子上那种实用的玻璃门,但和前面提到的其他家具一样,会有玻璃装饰。

图81 保险箱

其他家具

上文已经描述过暖气炉或火盆。它充其量不过是最蹩脚的现代炉子的简陋替代品。庭院或花园里的日晷就相当于我们的时钟。日晷在今天的公园中也十分常见，它可以通过棍子或钢针的影子来计时。日晷于公元前268年从希腊传入罗马，大约一个世纪后，古罗马人又从古希腊人那里引入了水钟。这是一项更实用的发明，因为它白天黑夜都可以显示时间，而且可以在家中使用。它本质上就是一个容器，在固定的时间内装满水，再以固定的速度将水放出，通过水平面的变化就能在刻度上显示时间。由于古罗马白昼时间的长短随季节而变化，水流的速度会也随温度而变化，所以这套仪器远不够精确。莎士比亚在《凯撒大帝》中描写敲钟的段落就弄错了时代。关于其他偶尔会被认为是家具、餐具和厨房用具的物件，本书在后文还会进行阐释。

街　道

如上文所述，从表面看起来，古罗马城镇中的住宅街道肯定极其朴素和单调。所有的房子几乎风格统一，都由灰泥粉刷而成；窗户很少。街道上没有草坪或花园。总之，除了前院的装饰，或者偶尔凸出的阳台（图82），抑或是公共喷泉（图83），几乎没有任何能够丰富其形式或让人赏心悦目的景象。

人们会给街道铺好路面（参见下文的解释），街道两边各有一条高出地面12英寸至18英寸的人行步道。对于要从一条步道穿越到另一条步道的人来说，这样的高度并不方便，于是便有了与步道同样高

图82　庞贝古城的一条街道

图83　公共喷泉

度的垫脚石。这些石头会以适当的间距被牢牢固定在街道上，它们不仅见于两条或多条街道的交叉口，而且在每条街道合适的位置都有它们的身影。垫脚石通常是椭圆形的，顶部平坦，长约3英尺，宽约18英寸，长边与步道平行。垫脚石之间的空隙经常被车轮碾出深深的车辙，车辙的间距表明车轮之间大约有3英尺的距离。图84清楚地显示了垫脚石的排列方式，但很难想象耕牛是如何在其间穿行的。

图84　街道上的垫脚石

第七章
服饰及个人饰品

- ◎ 短裤
- ◎ 丘尼克
- ◎ 托加
- ◎ 托加的外形与款式
- ◎ 托加的种类
- ◎ 斗篷
- ◎ 带风帽大氅
- ◎ 其他披风
- ◎ 鞋与凉鞋
- ◎ 短靴
- ◎ 帽子
- ◎ 头发与胡须
- ◎ 首饰
- ◎ 女性的服装
- ◎ 内袍
- ◎ 斯朵拉
- ◎ 帕拉披肩
- ◎ 发饰
- ◎ 配件
- ◎ 首饰
- ◎ 儿童服饰和奴隶服饰
- ◎ 衣料
- ◎ 颜色
- ◎ 织造

从古罗马早期到晚期，古罗马人的服装都很简单，除了长至脚背的袍子之外，通常只有两三种衣物。诚然，这些衣物的材料、风格和名称因时代而异，但在罗马共和国时期和罗马帝国早期其实几乎没有变化。

意大利温和的气候和年轻人热爱运动的生活习惯使得人们不需要穿我们习以为常的某些贴身服装。通过接触南方的古希腊人，也许还有北方的伊特鲁里亚人，古罗马人培养出自己的审美，这点通过宽松飘逸的优雅长袍得以体现。

男女服饰的差异和现在相比要小得多，但将它们分开描述会比较方便。拉丁语作家将它们分为两个类别，并根据其穿衣方式分为"穿戴服饰"（indūtus）或"披挂服饰"（amictus）。我们可以把第一类服饰称为"内衣"，把第二类称为"外衣"，但这两个术语并不足以代表其拉丁词语的意思。

短 裤

接下来要说的是短裤（subligāculum），也就是我们在古代运动员和角斗士（图153），以及图28中的受罚者身上见到的腰布或衬裤，它类似于今天游泳的人或大学运动员穿的运动短裤。据我们所知，这是早期古罗马人唯一会穿的一种内衣。整个罗马共和国时期，塞西基家族都遵循着这项古老习俗，在短裤外面直接穿上托加。那些想要佯装拥护旧式简单主义的人——比如年轻的加图——以及公职候选人，也会穿着这样的短裤。不过，短裤的外面最好再套上一件丘尼克，或者不穿短裤，直接穿丘尼克。

丘尼克

丘尼克（tunic）很早就被古罗马人作为"穿戴"类的主要服饰。它是一件普通的羊毛恤衫，分为前后两片，侧面缝合，类似现代的线衣。如图85所示，它的袖子很短，几乎只能覆盖上臂的一半。短袍的长度从脖子一直延伸到小腿，但如果穿戴者希望四肢更加自由，可以在腰间系上一根腰带或皮带，将它缩短。罗马共和国后期，袖子及腕的长袖丘尼克和长度及踝的束腰丘尼克变得十分常见，但穿这样的丘尼克会被认为缺乏男子气概。

在室内穿丘尼克时不用穿外衣，可能也不用系腰带。事实上，它是一种独特的家居服，与仅在正式场合穿着的托加正好相反。公民工作时也可以穿着丘尼克，但在公共场合永远都要在袍子外面套上一件托加——即使是套上了托加，按照当时的社会习俗，也需要为短袍系上腰带。人们通常会穿两件丘尼克（内搭和外搭），身处寒冷气候的人——比如奥古斯都——在严寒之际还会穿上多件丘尼克。冬天穿的短袍可能比夏天穿的更加厚实，但二者都是羊毛制成的。

普通公民的丘尼克呈现白羊毛的本色，没有任何的镶边饰物或装饰。而骑士和元老院议员的丘尼克上分别带有宽窄不一的紫色条纹，从肩膀一直延伸到下摆，前后都有。它们有的是织在衣料里的，有的是被缝在衣服上的。因此，骑士的短袍被称为紫色窄边丘尼克，元老院议员的短袍被称为紫色宽边丘尼克。一些权威人士认为，元老院议员的象征就是衣服前后摆中央的宽边条纹，但不幸的是，没有相关图像留存下来好让我们确定这种说法。在这种正式的短袍下，骑士或元老院议员通常会穿上一件朴素的内搭短袍。进屋之后，他会把外搭短袍的腰带解开，以便尽可能引人注目地展示衣服上的条纹。

图85　丘尼克

除了短裤和短袍之外，古罗马人就没有其他常穿的内衣款式了。年老或健康欠佳的体弱之人有时会在腿上缠上呢绒的绑带以保暖，包裹大腿的被称为半长裤，包裹小腿的被称为绑腿。他们也可能使用类似的材料包裹身体甚至颈部，但所有这些都会被视为年迈的标志，不属于强健男性的常规服饰。必须特别注意的是，古罗马人没有与我们的裤子甚至长衬裤相对应的东西。裤子是高卢人的服饰,直到帝国时代后期才被古罗马人采用。在古典时期,"穿裤子的民族"广义上是指野蛮人,同时也是专门针对高卢人的蔑称。

托 加

最古老、最重要的外衣或外套非托加(toga)莫属。我们不知道古罗马人是从哪里得到这种长袍的,但它可以追溯到最早的传说时期,而且一千多年来一直是古罗马人的标志性服装。托加是一件厚重的白色羊毛袍子,能够包裹住人的整个身躯,垂到脚面,看上去十分累赘,却又优雅端庄,总是让人联想到正式礼节。古代罗马人耕种田地时只穿短裤;私下在家或一个人工作时,无论是什么年纪的人,都会穿着舒适的、像衬衫一样的短袍;但是在公共集会场所、公民会议、法庭、公开表演等一切社交场合露面时,必须穿上托加。他要穿着托加承担公民责任;穿着托加把妻子从岳父的家中带到自己的家中;穿着托加接待门客;穿着托加履行作为地方执法官的职责、管理自己的行省、庆祝胜利;就连死后也要被裹上托加,放置在大厅里。没有哪个国家的长袍能够拥有这样的材质、颜色和版型。外国人也不许穿托加,即便他居住在意大利甚至是罗马。遭到驱逐的公民在放弃公民权的同时,也要放弃托加。维吉尔曾用洋溢着骄傲的诗句表达这种民族情感:

Rōmānōs, rērum dominōs, gentemque togātam.
罗马人,英勇的统治者,身穿托加的民族。

托加的外形与款式

每个学生都知道托加的普遍外观。很少能有哪种古代服饰能够如此普遍地出现在图像中，而且大多看上去都十分美观。这些图像源自无数流传至今的男性雕塑，他们都身着托加。除此之外，本身也会穿着托加的作家为我们留下了关于托加外形与款式的详尽描述。事实上，人们发现文献中的描述与艺术上的呈现可能并不一致（图86）。关于这种长袍的精确剪裁或穿着方式，学者们也没有达成一致意见。不过，可以肯定的是，早期的托加样式比后来时代的更加朴素、简单、合身。古典时期，长袍的样式曾十分复杂，以至于时尚人士无法在没有帮助的情况下穿好它。

强调文学权威的学者是这样描述托加的剪裁与样式的：它由一块半圆形的布料制成，布长约5码（1码约等于0.91米，下文同），宽约4码，其中一部分布料会被压出又长又窄的褶皱。穿着时，要将这块布料纵向折叠，而不是从中间往下折叠，而且要一折比一折深，然后将它甩过左肩，让长袍的前端垂至地面，后面部分的长度大约是穿戴者身高

图86 身穿托加的提比略

的两倍（图87）。将背面这一端绕过穿戴者的右胳膊下方，再甩到左肩上，盖住从腋窝到小腿的整个右半身，这样一来，宽大的皱褶就会集中披挂在穿戴者的左肩上。按对角线方向穿过胸口的部分被称为挂褶或衣襟，其深度足以用作装小件物品的口袋。根据这种描述，托加是一片式的，没有接缝。

那些试图完全或主要通过艺术作品来重制托加的人发现，使用一件长袍或一块半圆形的布料，无法在活人身上再现雕像上呈现出来的那种垂褶。图88显示的就是一块实验用的布料，形似一个被切成两半、最大程度撑开的灯罩。虚线GC是布料的标尺。粗重的线条勾勒的是长袍被裁剪出来后的形状，上面还缝了一块椭圆形的布片（FRAcba）。虚线GE的长度相当于穿戴者的肩高，其他尺寸则是按比例计算出来的。

图87 托加的背面

长袍披挂上身时，E点必须在左肩，G点在身前接触地面，F点在脖子后面。由于衣料的大部分都垂在身后，L点和M点会落在小腿的后侧，a点在右肘的下方，b点在肚子的上方。布料从背后垂下，绕过右臂下方，搭在左肩上。如图87所示，c点会落在E点上，OPCa部分则会在背后垂向地面，然后将FRA的部分拉过左肩，覆盖右侧胸部，形成衣襟。将从左肩垂至身前地面的部分朝斜上方拉起，让它远离双脚，并允许它稍微向身前垂落。这样一来，长袍的正面应该呈现与本

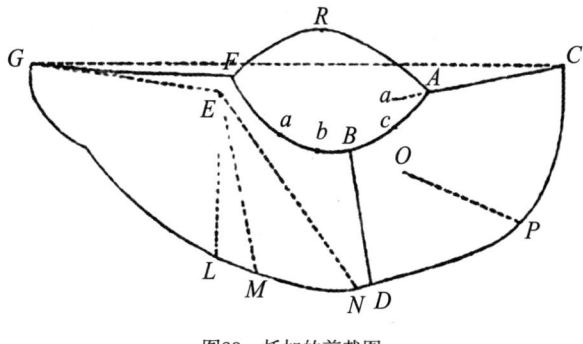

图88 托加的剪裁图

节插图相似的外观。然而在实践中，我们会发现，这种外袍之所以穿起来如此优雅，很大程度上要归功于训练有素的更衣奴隶。他会在长袍不穿的时候仔细地折出皱褶，为主人更衣后再把每一处皱褶都认真地整理好。据说从左肩垂至地面的那一部分长袍是靠自身的重量来固定整件衣服的位置的。人们有时也会在下摆中缝上铅块，以增加衣料的重量。

显而易见，身着这种时兴的托加，四肢是完全被束缚住的，绝不可能快速地做出任何动作，就更别提剧烈的运动了。换句话说，西塞罗时代极其流行的托加只适用于正式、庄严、礼仪性的城市生活。因此，我们很容易明白它为何成了和平的象征，因为在战争中穿着它实在是太过笨重。我们也明白了西塞罗为何鄙视那个时代年轻的花花公子"宁愿穿帆布也不穿长袍"。至于古罗马人为何迫不及待地欣然接受暂缓履行公民和社会责任，也不难理解了。尤维纳利斯曾为自由的国度叹息，因为只有那个时代，逝者才必须穿着托加；马提亚尔以同样的理由赞扬了某些行省反常规的做法；普林尼规定前来拜访的客人不必穿着托加，这令他的别墅成为胜地之一。托加的价钱也让它成了穷人的负担，劳动阶级几乎不可能穿得起它。

早期的托加肯定比较朴素，但并没有特定的描述流传到我们手中。人们经常用德累斯顿的雕像来形容它的样式，但这点是值得怀疑的，因为雕塑的服饰可能是某种古希腊斗篷。我们也许可以从佛罗伦萨的某尊伊特鲁里亚演说家雕塑身上大致了解早期的长袍（图89），它的样式与文学资料中的描述非常接近。这种缠绕的穿戴方式被称为"加比努斯结"，男人们可以把拖尾的部分绑在身上，再将背后的褶皱部分罩在头上，穿着它打仗。自从人们不再穿着托加上战场，这种服饰在很久以后只用于某些仪式庆典。图90展示的就是这种长袍，不过是晚期的款式。

图89　早期的托加　　　　　图90　加比努斯结

托加的种类

和丘尼卡短袍一样,普通公民的托加也是用白色羊毛制成的,颜色为自然的羊毛白,质地当然也因羊毛的品质各异,被称为纯色长袍。负责为衣物打褶的人会使用漂白粉打理衣料,为长袍增添耀眼的光辉。这种漂白粉被称为长袍增白剂(toga splendēns或candida)。所有竞选公职的人都会穿着这种长袍,他们因此得名"candidātī"(候选人)。

最高执法官、审查官和独裁者穿的是紫色镶边托加——带有紫色镶边就是它与普通长袍相比的不同之处。男孩以及自由城镇和殖民地的高级官员们也会穿着这种长袍。刺绣托加完全为紫色,上面绣着金线,是得胜的将军在凯旋的队伍中会穿的服饰,后来的皇帝也会穿。

深色托加是一种朴素的浊色长袍,会被人们当作丧服或是在面临某种灾难——通常是政治机遇的逆转时——穿着的服饰。穿戴这种长袍露面会被形容为衣着寒酸,常见于公众对失利领导人表示同情的时候。这种时候,最高执政官只要脱下紫色镶边托加,换上纯色托加就好,只有社会等级较低的人才会穿上深色托加。

斗 篷

西塞罗时代的人们流行穿着一种名叫拉塞纳(lacerna)的斗篷。它似乎首先是士兵和下层阶级的服饰,后来由于穿着方便才被上层阶级采用。起初,人们把它披在托加外面,以抵挡灰尘和突如其来的阵雨。这种斗篷是羊毛的,又短又轻,两边敞开,无袖,要用系在右肩上的胸针或扣子固定。它既方便又舒适，以至于人们普遍用它来替代托加，而不只是把它穿在托加外面。为此，奥古斯都还颁布了一条法令，禁止公民在公共集会上穿着这种斗篷。然而在后来的皇帝统治下，它再度流行起来，成为剧院里常见的外衣。

斗篷的颜色多种多样，深色必然属于下层阶级，白色或比较明亮的色调适合正式场合。有时它还配有一顶兜帽（cucullus），穿的人可以把它套在头上作为保护或伪装。但关于这种斗篷的样式，没有可供我们明确识别的艺术作品传承下来。军用斗篷最初被称为"trabea"，后来被称为"palūdāmentum"和"sagum"，与拉塞纳斗篷十分相似，但材质更重。

带风帽大氅

带风帽大氅（paenula）比斗篷的历史更加悠久，可以用于各种环境（图91）。这是一种粗织的、厚重的羊毛、皮革或毛皮披风，仅用于防雨或防冻，因此永远无法替代托加，也不能使用精细的材料和染上明亮的颜色。

带风帽大氅的长度和宽松程度似乎各不相同，它是一件没有袖子的披风，中间有个洞可让穿着者探出头来。它被归类为封闭式服装，很像现代的雨披。穿这种大氅时要像穿图尼克或毛衣一样，将它套在头上，盖住手臂。

和斗篷相比，穿上大氅后手臂的自由度更小。长款大氅的身前腰部以下位置有一条狭缝，这样穿戴者就可以把大氅挂在半边的肩膀上，使一只胳膊得到相对自由，但同时也暴露在外。大氅是上层阶级公民外出旅行时普遍习惯穿的服饰，根据不同环境，可以用来罩住丘尼克或托加。奴隶和在气候恶劣的地方驻扎的士兵似乎也经常穿着它。有时它会和斗篷一样，配上一个兜帽。

图91　带风帽大氅

其他披风

针对"服饰"这个大类下的其他衣物，我们了解的顶多是其名称。套装（synthesis）指的是极其时髦的人在餐桌旁套在丘尼克外面的晚宴服，有时会被尊称为"vestis cēnātōria"或"cēnātōrium"。这种服饰通常色彩鲜艳，但形状未知，除了农神节之外不能穿着出门。

"拉埃纳"(laena)和"阿博拉"(abolla)都是非常厚实的羊毛斗篷，后者（图92）颇受穷人的喜爱，因为他们更青睐那种一件能顶替两三件的衣服。

专业的哲学家在穿着打扮方面是出了名的粗心，却尤其喜欢这种斗篷。在本书有关学校章节所示的一张图片中，最左边的男子披挂的就是这种（图28）。阿博拉类似现代的浴袍，是男性在剧烈的体育运动后为了防止感冒穿的，似乎不应该归属于日常服饰之列。

图92　披着羊毛斗篷的士兵

鞋与凉鞋

按照规定,自由人不能光着脚出现在古罗马的公共场合,除非和今天一样,这人因极度贫困不得不赤足。古罗马的鞋子有两种风格:拖鞋/凉鞋(soleae)和短靴(calceī)。拖鞋实际上就是一张用各种方式绑在脚上的皮革鞋底或席子(参见图93的绑带方式)。根据习俗,拖鞋仅限于在室内穿,特点是可以在不穿外套的情况下用来搭配丘尼克。奇怪的是,吃饭的时候是不穿拖鞋的,主人和客人可以穿着拖鞋进入餐厅,可一旦坐上沙发,奴隶就会把他们脚上的拖鞋脱下来收好,直到他们用餐结束。因此,"请把鞋拿来"(soleas poscere)这个短语就有了"准备告辞"的意思。乘轿外出赴宴的客人也会穿凉鞋,但如果是步行前往,还是会穿普通的户外鞋,并将其交由奴隶保管。有关男鞋的相关说明也适用于女性。"soleae"是指居家用的拖鞋,它与男性拖鞋的差异仅在于女性的拖鞋会尽可能地进行装饰,有时甚至会镶上珍珠。在福斯蒂娜的雕像身上就可以看到这种拖鞋的外观。女式短靴只能在户外穿,它与男式短靴的主要区别是制鞋的皮革更精细、更柔软,和现在的鞋子一样。女鞋通常是白色、金色或者其他鲜艳的颜色,冬鞋有时会用软木做底。

图93 凉鞋

短　靴

人们出门时总是会穿上一双短靴，尽管它比凉鞋重得多，也不那么舒服。良好的礼仪是禁止一个人只穿托加不穿短靴。短靴还可以搭配其他各种衣服。它其实就是我们所说的鞋，由皮革制成，覆盖脚面，同时保护脚底，用鞋带或带子系牢。上层社会的人拥有专属于他们那个阶级的鞋子。我们最熟悉的是元老院议员的鞋子（calceus senātōrius），参见图94。

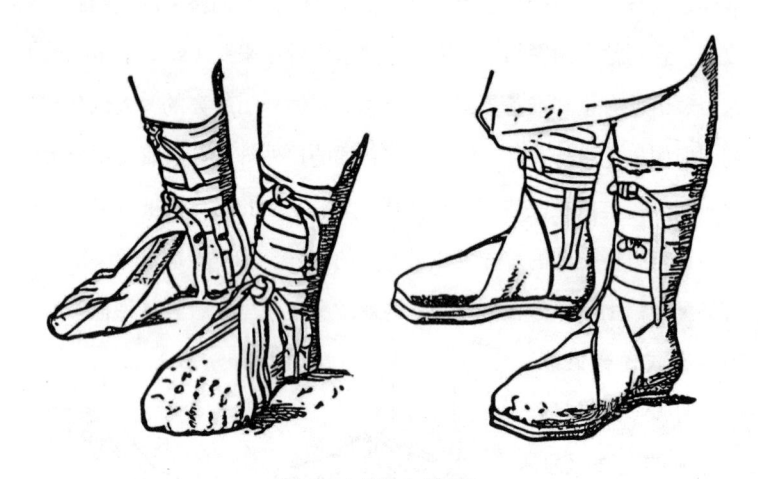

图94　古罗马人的短靴

但我们只知道其形状，不知道其颜色。它有厚厚的鞋底，脚踝内侧部位有开口，宽大的带子在鞋底和鞋面的结合处系紧，绑在腿上，并在脚背上方打结。穆勒鞋（mulleus）又称贵族鞋，最初只有贵族才会穿，后来成了所有最高执政官的鞋子。其形状与元老院议员的鞋子很像，颜色和令它得名的穆勒鱼一样红，脚踝外侧部分系着一个象牙或银制的新月形装饰品。

至于骑士穿的鞋子,我们一无所知。普通市民所穿的鞋前面有开口,用侧面的皮带在鞋口处系紧,它们不像元老院议员的鞋筒那么高,可能由没有染色的皮革制成。比较贫穷的阶级所穿的鞋质地当然比较粗糙,通常由未经鞣制的皮革制成。劳工和士兵穿的是尽可能结实的半靴或木鞋。古罗马人不穿长筒袜,但脚部娇嫩的人可以用绑带包裹双脚,以防被短靴磨伤。

帽 子

古罗马上流社会人士通常不戴帽子。在恶劣的天气外出时,他们自然会用斗篷和大氅来保护自己。如我们所知,这些服饰都配有兜帽。如果突遇雷阵雨,又没有斗篷,他们会尽可能设法将托加拉到头上来挡雨(参见图90)。地位较低的人,特别是整天待在户外的劳动者,会佩戴一种锥形毡帽(pilleus,参见本书"奴隶释放"部分的说明)。它很可能是史前时期古罗马服饰中某个重要组成部分的遗存,在现存最古老的神职人员、大祭司、弗拉门祭司和萨利祭司的徽章中[①],都能见到这种帽子。它还会出现在释放奴隶的仪式上。离开城市外出旅行或下乡时,上流社会人士也会佩戴帽子,主要是为了遮挡阳光。这种宽檐毡帽源自国外,被称为"causia"或"petasus"(图95、96)。城市里的年老体弱者也会戴这种帽子。它后来又成了各个阶级前往剧院时都会佩戴的头饰。当然,在室内是不用戴帽子的。

---

① 弗拉门祭司(Flamines),古罗马宗教中18位主要神灵的祭司;萨利祭司(Salii),古罗马宗教中战神的祭司。*

图95　宽檐毡帽　　　　　　　图96　宽边帽

头发和胡须

和所有未开化的民族一样，早期的古罗马人会蓄发和蓄胡。瓦罗告诉我们，公元前300年，古罗马才第一次有了专业的理发师，但据我们所知，早在历史记载之前，古罗马人就已经在使用剃刀和剪子了。普林尼说小西庇阿①是第一个每天都刮胡子的古罗马人。这件事可能是真的。有钱有势者在家有奴隶为自己打理头发和胡子——如果这种奴隶是技艺娴熟的理发师，其身价就会很高。中产阶级会去公共理发店理发，那里因此逐渐成为人们经常闲逛和聊八卦的胜地。但不管是什么时代，如果一个人遭遇了悲哀之事，是被允许蓄发和蓄须的。上文提到的丧服就经常会伴随长发和长须。极贫之人往往既不刮胡子，也不剪头发，因为这样收拾不用花什么钱，而且容易打理。

发型风格因年龄而异。儿童不论男女都可以留齐颈、齐肩的长发。男孩成年并穿上托加之后就要剪掉长发，有时还会举行郑重的仪

---

① 小西庇阿（Publius Cornelius Scipio，公元前185—公元前129），古罗马执政官，大西庇阿的孙子。*

式。到了罗马帝国时期，男孩剪下的头发通常要作为贡品供奉给某个神明。古典时期，年轻人似乎要留一圈修剪过的胡须——至少西塞罗曾嘲笑过那些模仿喀提林①留大胡子的人，但另一方面，他又说那些脸上没有一丝胡须痕迹的朋友更糟糕。古典时期之后，成年的男子都要剪短发，刮净胡须。直到公元2世纪，在大多数流传下来的肖像画中，男子都没有胡须。但在哈德良时代（117—138）之后，大胡子成了一种时尚。

首　饰

戒指是古罗马公民成年后唯一会佩戴的首饰。受良好的品位限制，他只能佩戴一枚戒指。戒指最初是用铁制成的，虽然上面经常镶着宝石，且因为精湛的宝石切工而更具价值，但佩戴戒指始终更多是为了实用而非装饰。事实上，古罗马人佩戴的几乎都是印章戒指，上面有一些图样（图97），每当佩戴者想要认可某些文件出自自己之

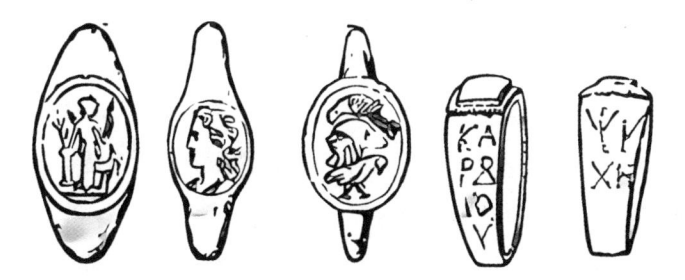

图97　印章戒指

---

① 喀提林（Lucius Sergius Catilina，约公元前108—公元前62），古罗马元老，曾密谋推翻元老院，事败出逃后战死。*

手,或者要保护柜子和保险箱的安全,都会用戒指上的图样在融化的蜡印上盖章,以防他人出于好奇前来侵扰。直到帝国时代后期,古罗马人还是会普遍佩戴铁制戒指,即便佩戴金戒指已经不再是骑士的特权,而是成了自由的标志。就连订婚戒指通常也是铁制的。据说戒指多半是年轻女孩拥有的第一件黄金物品,但赋予它物质价值的,往往还是戒托。

当然,和服装或发型、胡须样式的选择不同,男性在戒指的选择方面也不会违背审美的标准。所以如果我们读到有人戴过16枚戒指,或是某个人的每根手指上都戴着6枚戒指时,不必感到惊讶。马提亚尔的一个熟人有一枚戒指,大到诗人建议他把它戴在腿上。尤维纳尔告诉我们,有个暴发户夏天会戴轻盈的戒指,冬天则戴厚重的戒指。更令人吃惊的是,戒指是戴在手指关节上的,而不是像现在这样尽量推到指根处。如果同一根手指上戴着两枚戒指,那么就要将它们戴在不同的关节上,不得互相接触。这种佩戴方式肯定严重干扰了手指的活动。

女性的服装

上文已经提到,古代男性和女性服饰不像今天差异这么大。我们还发现,至少在古典时期,人们穿戴的主要服饰实际上是一样的,只不过名称和用料的精细程度存在很大差别。在这个时期,已婚妇女的服装一般由三件衣物组成:内袍、外袍或斯朵拉、帕拉披肩。女性不会在内袍下穿类似现代束腰或紧身胸衣这种以修饰身材为目的的衣物,但有时会在胸下缠绕软皮革带(mamillāre)作为支撑(图98)。女性也会穿短裤。

图98 穿软皮胸衣和短裤的女运动员

内袍

和上文描述过的男性短袍相比,女性内袍的材质或形状几乎没有太大差别,不过也许更合身,有时还会加上袖子。由于它的长度只到膝盖,所以不需要束妨碍四肢自由活动的腰带。但为了支撑乳房,女性有时会在内袍外,紧贴胸部下方的位置,套上一种类似软腰带的皮带。我们可以推测,在这种情况下,所谓的缠绕式软皮带已经被淘汰。软腰带式皮带(图99)有时更普遍的名称是"zōna"和"cingulum"。即便是在家中,除非是小女孩,否则往往不会单独穿内袍。

图99 软腰带式皮带

斯朵拉

套在内袍外面的是外袍,或称斯朵拉,这是古罗马已婚妇女独有的服饰。它与男性的家居服短袍有几方面不同:外袍的腰部以上两侧都是敞开式的,用胸针在肩部固定。它比男性短袍更长,不束腰带的时候长至脚面,下摆还缝着一条宽边或荷叶边。脖领周围也有一条边,似乎大多是紫色的。如果内袍是有袖的,那么外袍就是无袖的;如果内袍是无袖的,那么外袍就是有袖的。这样手臂始终都能得到保护。不管是男士短袍还是斯朵拉，上臂前端都是开口的，仅用胸针或扣子松松地扣住，既美观又极具特点。

由于款式很长，人们在穿斯朵拉时总是要在臀部上方系上一条腰带（zōna）（图100），并将长袍从腰带的上方往外拽，直到下摆几乎碰不到地板。小福斯蒂娜①的雕像（图101）正是因为这个原因显得腰部丰满，同时也展示了袖子的裁剪。腰带通常会被垂坠的褶皱所遮蔽。上文提到，斯朵拉是主妇的独特装束，荷叶边可能是其独一无二的特征。未婚女子的外袍没有荷叶边或宽边，但长度可能也是及地的。

图100 腰 带

---

① 小福斯蒂娜（Faustina the Younger，125—175），大福斯蒂娜的女儿，罗马皇帝马可·奥勒留的皇后。去世后被她的丈夫神化为女神。*

图101 小福斯蒂娜的雕像

帕拉披肩

帕拉是类似披肩的户外用围巾。它是一块长方形的羊毛制品，形状简约，在不同的时代有多种穿戴方式。在古典时期，它和托加类似，似乎是用来包裹身体的。人们将帕拉披肩的三分之一从后向前甩过左肩，让其垂至脚面，其余部分按照穿戴者的意愿从右臂上方或下方穿至体前。和图102所示的赫库兰尼姆大理石雕像一样，披肩的末端可以按照托加的穿法向后甩到左肩上，或者像利维亚的雕像一样松散地挂在左臂上（图103）。这种披肩也有可能会被拉到头上，一些学者认为，利维亚的雕像就展示了这种穿戴方式；另一些学者则认为，被利维亚盖在头上的是某种面纱。

图102　出自赫库兰尼姆的雕像　　　　图103　利维亚雕像

发　饰

　　古罗马妇女通常不戴帽子，但必要时会用头巾或面纱遮住头部。当时的发型十分讲究，流行式样和现在一样多样且多变。年轻女孩最喜欢的发型或许是把头发梳到脑后，在颈后盘成发髻。对已婚女性来说，她们的身材就足以引起人们的注意。图104的雕塑展示了帝国统治下不同时期宫廷侍女的五种发型。

　　为了固定头发，女性会使用由象牙、银和黄金制成的发卡，发卡上往往镶着珠宝。她们还会佩戴发网和缎带，不过梳子不算头饰的一部分。时尚的古罗马女性在染发方面没有顾忌，尤其喜爱古希腊人的金红色头发。她们也不介意使用假发，在罗马帝国早期，假发已经成为一种重要的商品。除此之外，还有用花朵做的头饰，或花朵搭配树叶编织的环状头饰，以及用珍珠和其他宝石制成的头冠，这些都是能为头发的自然或人工之美增色的物件。这些发饰参见图104。

图104　发饰造型

女性的美发师都是女奴。尤维纳利斯在故事中告诉我们，某个女奴因为女主人的不耐烦而受到残酷的对待。女主人发现，长发夹可以被当成一种实用的惩罚工具。美发师精通上面提到的所有梳妆技巧，此外还懂得使用各种药膏、护发油和补品让头发柔软有光泽，并且长得茂密。图105展示了一些常见的梳妆用品：a、b、c、h、i和k是发簪，d和g是用高度抛光的金属制成的手持镜，f是梳子，e是一盒护发油或美容粉。

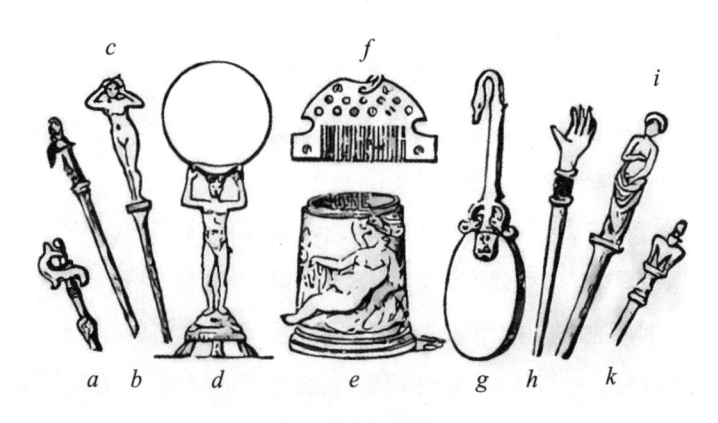

图105　梳妆用品

配 件

　　至少早在罗马共和国末期，古罗马女性就已经普遍使用阳伞了。由于她们不戴帽子，所以打伞显得更有必要，负责打伞的通常是仆人。我们从这幅花瓶上的图案可知（图106），古罗马人使用的阳伞形状和我们的很像，不用时也可以收起来。

　　扇子也是很早就有人在用了，其制作方法多种多样（图107），有时是用鸟的羽毛，有时是将薄木片粘连在手柄上，有时是用孔雀的羽毛进行艺术排布，有时是用扇骨撑开亚麻布片。这些扇子也不是女士们亲自来扇，而是由负责让她保持凉爽、不受苍蝇打扰的仆人来操作的（图75）。

　　男女通用的手帕会选取最好的亚麻布，但只用于擦拭脸颊或手上的汗水。为了保持手掌的凉爽和干燥，女士们似乎还会使用玻璃球或琥珀球，后者还能产生香气。

图106　阳　伞　　　　　　　　　图107　扇　子

首　饰

古罗马女性非常喜欢首饰，为了装扮自己，她们愿意在饰品上花费不可估量的金钱。上文已经提到过戒指、胸针、别针、镶有珠宝的纽扣和冠状头饰，除此之外，从很早的时候起，有财力的女性就会佩戴手镯、项链、耳环或护身符。这些首饰制作材料昂贵，艺术工艺精湛，因而价值倍增。我们现今所知的所有珍贵宝石几乎都是古罗马人所熟悉的，而且都能在富有女士的珠宝盒里发现，而珍珠似乎一直是最受欢迎的。这里无法对这些珠宝进行充分的描述，也无法用插图详尽描绘，但只要听听苏埃托尼乌斯①的说法就够了。他提到，凯撒曾花了600万塞斯特斯②（近30万元）买了一颗珍珠送给马库斯·布鲁图斯的母亲塞维莉亚③；卡利古拉皇帝的妻子洛莉亚·保丽娜拥有一套珍珠和绿宝石，据老普林尼所说，估价为4000万塞斯特斯（近200万元）。

儿童服饰和奴隶服饰

在一幅出自赫库兰尼姆的画作中，学童们都穿着短裤和丘尼克——除了这两种服装之外，穷苦阶级的男孩和女孩很有可能没有其他的衣服可穿。而富裕家庭的孩子则会穿着紫色镶边托加，直到女孩结婚前夕、男孩成年之际才脱下。奴隶们的服饰包括丘尼克和木鞋，

---

① 苏埃托尼乌斯（Suetonius，69—122），古罗马传记史代表作家。*
② 塞斯特斯（Sesterces），古代罗马的货币名称。——译者注
③ 传说塞维莉亚是凯撒的情妇。*

有暴风雨时还会披上斗篷或是一件带风帽大氅。这肯定也是比较贫穷的劳动阶级公民平日里的穿着打扮,因为他们用不上托加(至少后来如此),而且几乎买不起这么昂贵的服饰。

衣　料

古罗马人会使用羊毛、亚麻、棉布和丝绸的织物。拉丁姆①（Latium）的早期居民是牧羊人,而且羊毛制品最适合当地的天气,所以做衣服时,羊毛织物自然是首选。如我们所见,到了罗马共和国时期,羊毛几乎只会被用于制作男女成衣,而短裤则经常是亚麻做的,女性的丘尼克有时也由亚麻来做。最好的本地羊毛产自卡拉布里亚和普利亚,其中塔伦坦附近的羊毛最佳。然而本地羊毛无法满足巨大的需求,因此古罗马人还会大量进口羊毛。亚麻布制品早期产自意大利,但在罗马帝国时期以前,亚麻布主要用于服装以外的其他用途,直到公元3世纪,亚麻布才普遍应用于制衣。最上等的亚麻布产自埃及,既柔软又轻薄,如同丝绸一般。关于棉花的使用,我们知之甚少,因为"carbasus"一词其实是印度人对棉花的叫法,却被古罗马人用来指代亚麻制品,所以看到这个词时,我们总是无法确定它指代的是哪种布料。直接或间接从中国进口的丝绸在提比略统治时期最初被用于制衣,而且只能与亚麻混合使用。当时禁止男性穿着丝绸制品,但法律在人们对奢侈品的热爱面前无能为力。公元3世纪,古罗马人才第一次开始穿着纯真丝的服装。

---

① 拉丁姆,意为拉丁人之地,罗马的发源地,在今意大利中西部拉齐奥区。*

颜　色

白色是整个罗马共和国时期所有服饰的主流颜色，且如我们所见，大多数情况下是羊毛的本色。不过下层社会在选择衣服的颜色时，会挑选不需要频繁清洗的颜色，未染色的羊毛就属于这种。产自卡努西乌姆的棕色羊毛带有一点红色，产自西班牙贝提卡的羊毛带有淡淡的黄色，产自摩德纳的羊毛呈灰色或灰白相间，产自利古里亚波伦提亚的深灰色羊毛用于上文所述的公共哀悼场合。其他从红色到深黑色的颜色都来自国外的羊毛。罗马共和国时期，用于服装的人造色彩几乎只有紫色。这种颜色既包括我们所说的由本地海螺提取的深红色，也包括纯正的提尔紫。深红色艳丽而廉价，但很容易褪色，用它混合不同比例的深紫色，就能得到各种不易褪色的颜色。其中最受欢迎的紫罗兰色羊毛售价为一磅20元，而真正的提尔紫羊毛售价至少是其10倍。骑士和元老院议员的丘尼克和托加上那道紫色条纹颜色也许更接近深红色，而非紫色。到了罗马帝国时期，女性服装已经可以染成各种各样的颜色，一些比较花哨的男性衣物，比如短披风和套装，也可以染成彩色。占兆官的镶边长袍条纹是猩红色和紫色的；将军的斗篷在不同的时期可以是白色、猩红色和紫色的，凯旋的他会身披紫色长袍。

织　造

过去，女仆在女主人的监督下用羊毛在家中纺纱，然后在织布机上织成布。整个罗马共和国时期，一些最骄傲的家族都保持着这一传统，奥古斯都穿的就是这种自制服装。到了罗马共和国末期，这种情况却不再普遍——大部分本土羊毛都是由农场主的妻子指导奴隶在农场上加工制成的。不过，公共市场上还是可以买到你想要的任何质量的布料。以前的人以为衣服从织布机上拿下来就能穿，现在才知道不是这样。如我们所见，丘尼克是由两块分开的布料缝合在一起的，托加可能需要像现代的外套一样仔细地缝制，就连粗糙的无袖斗篷也不可能只由一块布料编织而成。不过，早在加图时代，城镇中就有成衣出售了，尽管可能质量低劣。罗马帝国时期，成衣贸易占了很大比例。值得注意的是，在拥有大量奴隶的农村家庭中，脏衣服通常不会在家中清洗。对富人家庭来说，任何有使用痕迹的衣服都会被送到漂洗店清洗、漂白（或重新染色）和熨烫（图108）。由于衣物几乎都由羊毛制成，细心保养就显得格外必要。

图108 正在工作的漂洗工

第八章
膳 食

- 自然条件
- 水　果
- 菜园产品
- 肉　类
- 家禽和野味
- 鱼　类
- 谷　物
- 谷物的制备
- 面包制作
- 橄　榄
- 橄榄油
- 葡　萄
- 葡萄栽培
- 葡萄园

- 葡萄酒酿造
- 饮　料
- 生活方式
- 用餐时间
- 早餐和午餐
- 正　餐
- 用餐长榻
- 上　座
- 其他家具
- 菜　肴
- 菜　单
- 正餐开餐
- 狂欢宴饮
- 富人的宴会

自然条件

意大利是所有中欧①国家中最幸运的国家,自然条件让这里的食物供应丰富多样。这个国家土壤肥沃,不同地区的土壤由不同的元素组成,而且这里雨量充沛,河流小溪众多,最长的河流几乎贯穿南北,而气候几乎无关纬度,只受周围水体、山脉和盛行风影响。这些因素加上海拔高度的变化,造就了很大的环境差异,以致于几乎所有温带和亚热带的谷物和水果,都能在意大利境内的某个地方找到适合生长的土壤与气候。

半岛早期的居民——意大利人——似乎把培育和改进这些生活资料的任务留给了古罗马人。野果、坚果和肉一直是维系未开化人类生存的支柱,对那些为古罗马奠定基础的牧羊人来说,肯定也是如此。"财富"(pecūnia)一词源自"家畜群"(pecus),那么"私有财

---

① 原文为central Europe。*

产"（pecūlium）则表明家畜群是古罗马人财富的首要来源。但其他词汇同样清楚地表明，古罗马人很早就掌握了在土地上种植的方法，比如法比乌斯（Fabius）、西塞罗（Cicero）、皮索（Piso）和卡埃皮奥（Caepio）这些名字的古老程度不亚于波尔基乌斯（Porcius）、阿西尼乌斯（Asinius）、维特利乌斯（Vitellius）和奥维狄乌斯（Ovidius）①。西塞罗借老加图之口表达了这样的观点：对农民来说，菜园就是第二种肉类供应来源。但在老加图的时代之前，肉类就已经不再是主要的食物。葡萄、橄榄和谷物为所有解决了温饱的人提供了食物。它们把酒赐予人类，令人身心欢畅；把油赐予人类，令人满面红光；把面包赐予人类，令人身体强壮。意大利人从古至今都依赖这三种产量丰富的农作物生活。下面我们先讲些不那么重要的食物，然后再一一介绍上述三种农作物。

水　果

除了橄榄和葡萄，苹果、梨、李子和榅桲②要么原产于意大利，要么早在史前时期就已引进。长期以来，人们密切关注这些水果的培育，到了西塞罗的时代，意大利已经是果园遍地，应季水果产量丰富，价格低廉，可供各种各样的人食用。在本地品种得到改良的同时，外国水果也开始被引入。伟大的政治家和将军们纷纷以自己的名字命名更好的苹果、梨子新品种，并利用温室栽培技术，竞相生产反

---

① 这些词分别与蚕豆（faba）、鹰嘴豆（cicer）、磨坊（pistor）、洋葱（caepe）、猪崽（porcus）、驴（asinus）、小牛（vitellus）和羊（ovis）有关。
② 榅桲（quince），又名木梨，一种长得像苹果又像梨的水果。*

季的水果。古罗马每一次扩张都会给意大利带来新的水果和坚果品种，最后引进的是核桃、榛子、杏仁和开心果。其中杏仁是在加图的时代之后才引进的，开心果则是到了提比略的时代才引进的。桃子、杏、石榴、樱桃这些水果，都是由卢库鲁斯从本都的克拉索斯镇带来的。柠檬是到公元3世纪才开始在意大利种植的。除了引进栽培水果外，人们还会大量引进干果或腌渍水果作为食物。但奇怪的是，古罗马人并不种植橙子。

菜园产品

菜园在食物供应方面不像果园那么丰富多样。在能从书中读到的蔬菜中，我们耳熟能详的包括洋蓟、芦笋、豆类、甜菜、卷心菜、胡萝卜、菊苣、黄瓜、大蒜、扁豆、瓜类、洋葱、南瓜、小萝卜和大头菜。不过需要注意的是，我们最看重的土豆和西红柿，对古罗马人来说可能非常陌生。最古老的蔬菜似乎是豆类和洋葱（如前面提到的人名法比乌斯和卡埃皮奥所示），但洋葱逐渐被认为是一种粗鄙的食物，豆类则被认为难以消化，只适合重体力劳动者食用。加图认为卷心菜是最好的蔬菜。与名人马尼乌斯·库里乌斯（Manius Curius）有关的逸事中，曾经出现过萝卜[①]。

古罗马的园丁也十分注重培育可以制作沙拉的绿色植物，其中最常被提及的品种是我们熟悉的水芹和生菜，以及不再被当作食物的锦葵。人们还会培育大量植物，用作调味品。罂粟可以和蜂蜜搭配成甜

[①] 传说马尼乌斯·库里乌斯在领导罗马军队与萨莫奈人作战时，拒绝了萨莫奈人贿赂的财富，而选择了萝卜。*

品,也可以撒在烤炉的面包上。大茴香、孜然、茴香、薄荷、芥菜随处都有种植。除了这些在每家每户的菜园里都能找到的调味料,还有大量来自东方的进口香料,以及比自家种植的个头更大、质量更好的各种蔬菜。和新鲜水果一样,那个年代的新鲜蔬菜也无法长途运输。

肉 类

除了我们现在还在吃的猪肉、牛肉和羊肉之外,古罗马农民还有山羊肉可吃,所有这些肉类在城镇中都有销售。其中山羊肉被认为是最低廉的,只有底层的人才吃。古罗马人很早就吃牛肉,而直到罗马帝国晚期,吃牛肉都是奢侈的标志。罗马共和国时期,只有在诸如为众神献祭阉公牛或奶牛这类的重要场合,普通公民才吃得上牛肉;这些献祭的牛肉随后会被用来招待家人和朋友。牛的心、肝、肺(统称"下水")要留给祭司,其余的在祭坛上被吃掉。人们很少食用大型畜类,原因可能是肉类只能在最寒冷的天气下保存。无论如何,我们认为古罗马人养奶牛是为了牛奶,养公牛是为了让它干活,而非吃肉。

猪肉是富人和穷人都会广泛食用的肉类,被认为是所有家常肉类中最上等的。语言本身就证明了猪肉在食品柜中的重要地位——没有其他哪种动物能有这么多的词汇来描述其不同的类型。除了一般"猪"(sūs)以外,还有猪崽(porcus)、母猪(porca/serōfa)、公猪(verrēs)、野猪(aper)、阉猪(māiālis)。在三牲祭祀的宗教仪式上,你会注意到猪位列第一,在羊和牛之前。用于描述猪肉制品的词汇同样十分丰富,比如形容猪肉肠品种的单词至少有6个,我们读到的作品中,还提到过50种烹调猪肉的不同方法。

家禽和野味

鸡、鸭、鹅、鸽子等,所有常见的家禽都会被古罗马人当作食物。此外,富人还会在上文提到过的猎物保护区喂养野禽为食,包括鹤、松鸡、鹧鸪、鹬、画眉和丘鹬。在西塞罗的时代,孔雀是最受推崇的,在宴会上的地位和如今火鸡在我们心目中的地位差不多,每只孔雀售价高达10元。人们也会在类似的保护区里喂养野生动物,其中最受欢迎的是野兔和野猪。后者会像封建时代一样被整只端上桌。睡鼠也被认为是种美味,但与野猪放在一起就相形见绌了。

鱼 类

意大利的河流和周围的海洋养育了种类繁多的鱼类,但早期的古罗马人很少把鱼当作食物。到了罗马共和国末期,人们的口味发生了变化,稀有的新鲜鱼类比其他食物的价格都高。咸鱼非常便宜,几乎所有的地中海港口都会进口各式各样的咸鱼。西塞罗曾提到一道菜"tyrotarīchus",是用咸鱼、鸡蛋和奶酪做成的,有点类似我们的鳕鱼丸。鲜鱼只能在活着的时候运输,所以更贵,于是富人纷纷在庄园里建造鱼塘。公元前92年,马库斯·李锡尼·克拉苏就为自己建造过这样的鱼塘,养殖可食用的淡水鱼和咸水鱼。知道他们最爱的几种鱼的名字对我们而言没什么意义,但我们发现鲻鱼和大菱鲆价格昂贵,牡蛎和现在一样受欢迎。

在谈及面包、红酒和油之类更重要的食物之前,我们不妨再说说目前仍在被普遍享用的几种食物。古罗马人可以随心所欲地食用乳制品：牛奶、奶油、凝乳、乳清和奶酪。他们会喝绵羊和山羊奶，也会喝奶牛的奶，还会用这三种奶制作奶酪。人们认为，与牛乳制成的奶酪相比，绵羊奶制成的奶酪不那么可口，但更易消化；而山羊奶制成的奶酪尽管可口，却不易消化。值得注意的是，他们不知道怎么食用牛油，只知道用它来包扎伤口。在餐桌上和烹饪时，蜂蜜取代了糖，因为古罗马人对甘蔗的了解仅限于植物学方面的知识。盐最初是蒸发海水得来的，后来才由开采所得。政府垄断了制盐业，并且总是谨慎地让盐价维持在低位。盐不仅可以用作调味品，还能被当成防腐剂。醋是用葡萄汁制成的。茶、咖啡，以及前面提到的橙子、西红柿、土豆、黄油和糖，都是古罗马人不了解的食物种类。

谷 物

"frūmentum"一词是一个通用名词，指代任何可以被当作食物栽培的谷物[①]。诚然，古罗马人熟知的大麦、燕麦、黑麦和小麦今天仍在被食用，但当时的黑麦并不是人工种植的，燕麦也只被当作牛的饲料。大麦用处不多，因为人们认为它缺乏营养，不适合劳动者。在更久远的时代，人们还广泛种植过一种名为斯佩尔特（spelt）的谷物，但后来它逐渐无人食用，仅用于制作献祭的麦饼，麦饼婚仪式就是因为这种糕饼而得名。古典时期，小麦是主要的粮食作物，与我们

---

① "frūmentum"一词在《高卢战争》中出现了55次，指代凯撒征战的国度中种植的所有谷物。我们的学校教材中将它翻译成"玉米"，这一点非常糟糕，因为对学生们来说，"玉米"指的是某种特殊的谷物，而古罗马人对这种谷物一无所知。将其翻译成"谷物"要好得多。

今天食用的没有太大区别。人们通常会在秋天播种小麦,但在某些地方,它春天就可以成熟。后来,意大利的农田转为公园、游乐场、禁猎区等,国内的小麦供应不足以满足大量人口的需求,所以小麦必须从各行省进口——首先是西西里岛,然后是非洲和埃及[①]。

谷物的制备

最早的时候,谷物不是磨碎的,而是在臼中捣碎的(图109)。人们会将捣碎的谷物加水混合成一种粥,它有点像苏格兰燕麦粥,长期以来一直被视为国民食物。普劳图斯曾开玩笑地把他的同胞称为"吃粥人"。负责捣碎谷物的人被称为"pinsitōrēs"或"pistōrēs",这就是姓氏"皮索"(Pīsō)的由来。后来,烘焙师也被称为"pistōrēs",因为他们既要捣谷,又要烤面包。在面包房的遗址中,发现磨粉机(图110)的概率几乎和发现烤箱的概率一样。

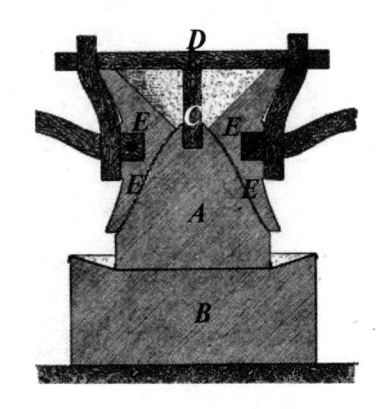

图109 捣碎谷物　　　　图110 磨粉机的剖面图

---

① 原文即如此。

人们会用磨粉机将谷物磨成普通面粉。磨粉机由三部分组成：下层的磨石、上层的磨盘，以及包围和支撑磨盘的框架和让磨盘得以在磨石上转动的把手。图110清晰地展示了这些部件，毋庸赘述。顾名思义，磨石是一块圆锥形的石头（A），压在边缘凸起的砖石结构（B）上，边缘处是收集面粉的地方。磨盘顶部榫接着一根横梁（C），横梁顶端的铁销或枢轴（D）可以用来转动支撑磨盘的构架。磨盘（E）本身的形状像一只沙漏，或是两只颈部相连的漏斗。上面的漏斗充当料斗，可以倾倒谷物；下面的漏斗紧贴磨石。二者之间的距离是根据所需的面粉细度，由前面提到的铁销的长度来调节的。图111展示的是一台不带框架的磨粉机。

图111　庞贝古城里一台不带框架的磨粉机　　图112　马和磨粉机

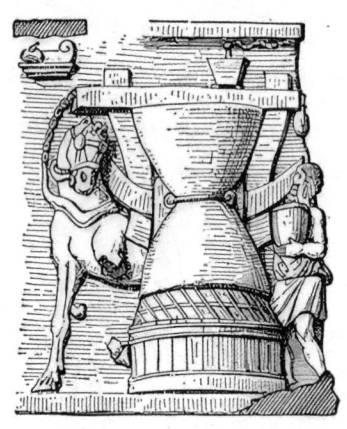

由于悬挂的配重很沉，框架又牢固又巨大。如图112所示，用来转动磨石的横梁会被插在磨盘狭窄部分的孔洞中。为了获得研磨需要的动力，人们将马或骡子拴在横梁上，或是让奴隶来推磨——后一种方法常被当作惩罚手段。士兵还会使用一种形式相同但体积较小的手摇磨，从而磨碎作为口粮配给的谷物。罗马帝国时期还引进了水磨，但文献中很少提及。

在从古代的粥到用现代手法烤制的面包之间，有一个必不可少的过渡物，那就是在火中或火上烘烤的薄饼。我们不知道古罗马人是何时开始用烤炉烤制面包的，直到公元前171年，面包师才开始成为一个职业。在这之前，家中吃的面包自然都由女主人亲手制作，或是在她的监督下由奴隶制作。公共面包店陆续开张之后，在城镇私宅中自己烤面包的情况就越来越少。从遗址可以看出，只有最浮夸的城市豪宅才会配备烤炉；另一方面，农村却始终保留着这种古老的习俗。在图拉真统治时期（98—118），每天为百姓分发面包，而不是每月发放一次谷物，已经成为一种习俗。面包师还会加入同业公会组织，后者作为一个团体会享受某些特权和豁免权。图113展示了庞贝废墟中的一座面包房和几台相连的磨粉机。

图113 带磨粉机的面包房

面包制作

图114 面包烤炉

从磨石边缘收集起来的面粉，过筛之后加入水和盐，用手或某种简易的机器揉成面团。和今天一样，面团中要加入酵母，然后放进炉子里烤制。这种炉子和欧洲部分地区的烤箱很像。如图114所示，庞贝古城的遗址中就保存了这样一台烤炉：a处是烤炉，里面生着火，由d处的开口提供通风。炉火（通常靠烧炭）被耙成灰坑（e）之后，关闭通风口，周围的炉膛（b）就能保温。字母f标记的是一只盛水的容器，似乎是在烘焙过程中用来湿润面团的。当烤炉被加热到合适的温度，人们会把炉灰耙出来，把面包放进去，关闭通风口，让面包在里面烘烤。

根据谷物种类、磨石性能和筛子精细程度的不同，面包也分为好几等：最好的面包是用纯小麦粉做的，被称为"pānis silīgneus"；用粗面粉、面粉加麸皮或只用麸皮做的面包叫做"pānis plebēius" "castrēnsis" "sordidus" "rūsticus"，等等。这些面包都是圆形的，很平——庞贝古城的废墟中曾经发现过一些——人们会用线从它的表面中心划出四份或更多份。

庞贝古城的壁画描绘了面包房的售货处（图115），很好地展示了面包的外观，这些店铺也出售各种各样的蛋糕和甜点。

图115　面包店售货处

橄　榄

橄榄的重要性仅次于小麦。它从希腊传入意大利，又从意大利传到所有地中海国家。但无论过去还是现在，最好的橄榄都产自意大利。作为一种重要的食物时，橄榄只被当作水果食用，既可以生吃，也可以用各种方法腌制。不过，让它在古罗马国民经济中占据重要地位的形式，还是我们熟悉的橄榄油。正是因为橄榄油的价值，南欧才普遍种植橄榄，据说其应用范围还在不断扩大，尤其是向北部延伸，当地啤酒和黄油的地位都已被葡萄酒和橄榄油所取代。古罗马人栽培的橄榄品种众多，需要不同的气候和土壤，以适应不同的用途。一般来说，较大的橄榄更适合食用，不适合榨油。

橄榄成熟后可以即食，也可以通过各种方式保存。可以在成熟的橄榄上撒盐后静置5天，然后把盐抖掉，将橄榄在阳光下晒干；不放盐的话，也可以把橄榄放在煮开的葡萄汁中腌渍。半熟的橄榄连茎一同采摘（图116），放在罐子里用质量最好的橄榄油淹没，据说这能让橄榄的新鲜水果风味保持一年以上。和我们现在所知的一样，绿橄榄是整个放在浓盐水中保存的，也可以压成大团，放入香料和醋中保存。制作搭配奶酪食用的橄榄酱时，可以选择三种熟度中的任何一种橄榄，摘除果核，切碎果肉，加醋、胡荽籽、孜然、茴香和薄荷调味，然后将混合物放入罐子，再倒入足够的油来隔绝空气。做好的橄榄酱可以搭配奶酪食用。

图116 橄榄的采摘

橄榄油

橄榄油的用途多种多样。最早的时候，人们——尤其是运动员——会在沐浴后用橄榄油涂抹身体。古罗马人对酒精蒸馏一无所知，于是就用橄榄油作为香精的媒介；橄榄油可以当灯油燃烧，同时也是一种不可缺少的食物。被当作食物时，它的用法和现在黄油的烹饪用法一样；它也可以以自然的状态被当作开胃小菜或调料。被压榨后，橄榄会产生两种液体：首先流出的汁液又黑又苦，和水的黏稠度一样，主要用作肥料而非食物；第二种液体可能需要更大的压力才能榨出，这才是橄榄油。要获得品质最佳的橄榄油，要用不完全成熟的橄榄来榨；但如果想让出油量最大化，还是要用成熟的橄榄。

  橄榄是从树上采摘下来的，那些自行掉落的橄榄被认为品质低劣。收集好的橄榄要在倾斜的平台上摊开，好让里面腐坏破损部分的汁液自行流出。在此过程中，剩下的果肉会发生轻微的发酵，然后被放到机器中碾碎、压榨（图117）。果实中流出的沉淀物可以用一只罐子接住，然后再舀至容器中静置，好让沉淀物和杂质继续沉底。澄出的橄榄油会被捞至另外一个类似的容器中再次沉淀，如此往复（如有必要，可能会重复30次），直到所有的杂质都被去掉。最好的橄榄油仅限于第一次轻压果实榨出的。取出碾碎的果肉，剥离果核果皮，

图117　橄榄磨

压榨第二次或甚至第三次。每多压一次，橄榄油的品质就会更差一些。存放橄榄油的罐子内部要涂上蜂蜡或树胶，以防渗进橄榄油。小心拧紧盖子后，将罐子储存在地窖里（图118）。

图118 储存橄榄油的地窖和坛子

葡 萄

葡萄既可以从藤上摘下后新鲜食用，也可以在阳光下晒成葡萄干保存。但葡萄在意大利和其他地方真正重要之处，还是因为它可酿造葡萄酒。现代人认为葡萄藤原生长于意大利，但并非如此，它是在有历史记载很久以前从古希腊引进的——直到最近，这个观点才被人们接受。意大利最早被古希腊人称为"Oenōtria"，即"葡萄藤之国"，在古老的传说中，这个名字源于努玛[①]对饮用葡萄酒的限制。

[①] 努玛（Numa），罗马王政时期的国王。*

也许一直到格拉古的时代①,葡萄酒都是珍稀且昂贵的。随着谷物产量的减少,葡萄的产量逐渐增加,但其质量长期不佳,所有的精选葡萄酒都是从古希腊和东方进口的。然而到了西塞罗的时代,人们开始重视葡萄栽培和葡萄酒的科学酿造。到了奥古斯都时期,年份葡萄酒已经可以与国外引进的最佳葡萄酒媲美。普林尼在描绘公元1世纪中叶的风貌时提到,当时的罗马拥有80种精选葡萄酒,其中三分之二产自意大利。生活在大约同一时期的阿里安也表示,意大利葡萄酒声名远播,就连印度人都有所耳闻。

葡萄栽培

意大利几乎任何地方都可以种植葡萄,而最好的葡萄产自罗马南部的拉丁姆和坎帕尼亚地区。普拉内斯特②、韦莱特里和福尔米亚这三座城市因生长在阿尔班山向阳山坡上的葡萄而闻名。再往南一点,靠近泰拉奇纳的凯库班庄园出产凯库班葡萄酒,它被奥古斯都称为最高贵的葡萄酒。

马西库斯山③南麓的胡尔纳斯庄园历史悠久,出产一种比凯库班葡萄酒更出名的费勒纳斯葡萄酒。维苏威火山及其周边地区也是优质葡萄的种植地,尤其是那不勒斯、庞贝、库迈和索伦托姆④附近。一些质量上乘但不太出名的葡萄产自极南地区,靠近贝内文托姆、奥伦

---

① 格拉古时代指格拉古兄弟在公元前133—公元前121年间推行政治改革的时期。*
② 普拉内斯特(Praeneste),今意大利帕莱斯特里纳。*
③ 马西库斯山(Mt. Massicus),即马西科山。*
④ 索伦托姆(Surrentum),即今意大利索伦托,又译苏莲托。*

和塔兰托姆，罗马东部和北部的斯波莱托姆、切塞纳、拉文纳、阿德里亚和安科纳附近生长的葡萄品质也相当不错。但伊特鲁里亚和高卢北部、西部出产的葡萄就不那么上乘了。

葡萄园

山丘的向阳坡是建葡萄园的最佳地点。和现代一样，人们会用杆子或棚架支撑葡萄藤，或把藤栽种在可以攀爬的树下——在这方面，榆树是最好的选择，因为它在任何地方都能生长得枝繁叶茂，仔细修剪也不会危及生命，而且榆树叶是牛喜欢的食物，树叶被牛吃掉后，葡萄藤就可以沐浴在阳光下。维吉尔就提到过这种"葡萄藤与榆树的结合"。而悬铃木则被贺拉斯称为"单身汉"，因为它的叶子浓密，不适合在葡萄园中种植。在采摘葡萄之前，首要的工作是把地面清理干净，园中的土地在一年中的每个月都要清理一次。一个人可以精心照料大约4英亩（1英亩约等于4047平方米，下文同）的葡萄园。

葡萄酒酿造

葡萄酒的酿造通常在9月，具体时节依土壤和气候而变化。8月19日举办的乡村葡萄酒节（vinālia rūstica）预示着酿酒时节的到来。这个节日的确切含义也许连古罗马人自己都不太明白，可能是为了祈求葡萄能够丰收。酿造葡萄酒的一般过程与我们熟悉的《圣经》故事中记述的区别不大，而且至今仍在如此践行。采摘下来的葡萄会先被工人赤脚踩踏（图119），然后再放入榨汁的大缸或酒窖中。这样榨出来的果汁被称为葡萄汁，即"新酒"，通常不发酵就可以饮用，类似现在的甜苹果酒。这种酒被密封在里外都涂了沥青的罐子中，在冷水中浸泡数周或埋在潮湿的沙子中，可保持数年甜美。还可以把它放在火上，通过蒸发水分来保存，当果汁浓缩到一半时会变成胶状物，可以用作各种饮料的打底。

图119 酿 酒

酿造发酵葡萄酒，要将未发酵的葡萄汁收集在巨大的桶状罐子中（形状如图118）。这种罐子大到足以藏下一个人，可容纳100加仑（1加仑约等于3.79升，下文同）或更多的葡萄汁，它的里外都涂上了沥青，部分埋藏在地窖或地下室的地里，并且会永远留在那里。这些罐子基本装满葡萄汁后，在发酵过程中并不会加盖。正常的发酵过程大约持续9天，此后这些罐子会被紧紧地密封起来，只有在需要处理①或取出葡萄酒时才会被打开。比较廉价的葡萄酒可以直接从罐子里舀出饮用，但精选葡萄酒会在一年后被转移到较小的罐子中，通过各种方式澄清，有时还要"以各种方式处理"，最终被储存在与地窖完全分离的储藏室中（图120）。储藏室最理想的位置是楼上的某个房间。在那里，暖气蒸腾起来的热气或炉火冒出的烟能人为地让酒陈化。人们有时会在小罐子上标记葡萄酒的名称和灌装当年的执政官名字。

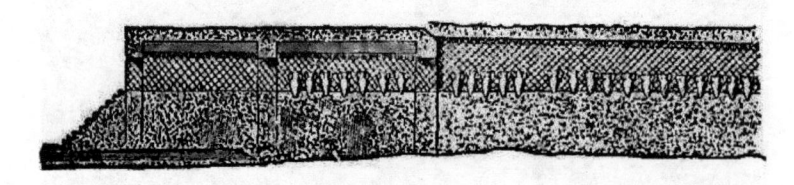

图120 酒窖剖面图

饮　料

除了水和牛奶，葡萄酒就是罗马各阶层的日常饮料。但我们必须清楚地认识到，这些酒里通常都会掺水，而且掺的水比酒多——普林尼提到过一种葡萄酒，它可以和八倍于自身体积的水混合。喝不加水的葡萄酒被认为是典型的野蛮行为。在古罗马人眼中，只有放荡之人在最狂野的狂欢中才会喝得酩酊大醉。在罗马帝国时期，普通品质的葡萄酒十分廉价，一夸脱（1夸脱约等于0.95升，下文同）只卖三四分钱；高级的葡萄酒则非常昂贵，贺拉斯就认为，像他这种经济状况的人是完全买不起的。文献中提到的其他饮料都不及葡萄酒这样经常被人饮用。

---

① 酿坏了的葡萄酒会被用作醋。索然无味的醋会被称为淡酒（vappa）——这个词也会被用来批评那些懒散无能、毫无价值的人。

其他饮料中最受欢迎的是蜜酒,由4标准量的葡萄酒和1标准量的蜂蜜兑成。水和蜂蜜的混合物发酵后被称为蜜糖酒。古罗马人还酿造苹果酒,以及用桑葚和枣子酿的酒。他们还会用各种芳香植物制作各式各样的甜果汁饮料,但必须记住的是,他们并不知道茶或咖啡。

生活方式

特定人群的餐桌食物会随着文明和教养程度的发展逐年增加,同时也与阶级和个人的财力、品位相适应。罗马共和国初期,大概一直到公元前2世纪,古罗马人对美食都不大感兴趣。他们生活节俭,吃得很少,而且几乎是严格的素食主义者。他们的大部分食物都是冷食,烹饪和摆盘极其简单。所有的食物都要由母亲准备,或是由她监督女仆准备。餐桌会被布置在中庭之中,父亲、母亲和孩子围坐在凳子或长凳上,互相服务,有时还要服务客人。门客的食物是一样的,但不与家族成员一同用餐。盘子是最普通的陶制甚至是木制的。如此朴素的一餐中,最珍贵的装饰往往是银制的盐瓶。餐桌上没有刀叉,食物在上桌之前就被会切成方便食用的大小,勺子的用处是将手指无法处理的东西送入嘴中。

在这一时期,无论是最骄傲的贵族还是最卑微的门客,饭菜方面几乎都没有什么选择。萨莫奈的使节发现,曾于公元前275年打败皮洛士①的马尼乌斯·库里乌斯在晚餐时竟然会用陶碗盛蔬菜。一个世纪之后,诗人普劳图斯称他的同胞是吃粥的种族,并告诉我们,在他

---

① 马尼乌斯在公元前275年,他第三次任执政官时打败了伊庇鲁斯国王皮洛士。*

的时代,即使是最富有的罗马人,家中也没有受过专门训练的厨师。如果要举办一顿不寻常的晚宴,主人会雇用一名专业厨师带着厨具和帮手登门,和今天随叫随到的水管工、外科医生一样。

在罗马共和国的最后两个世纪,情况发生了变化。就像其他习俗会因与外部世界的接触而改变一样,征服古希腊和小亚细亚的战争让古罗马人尝到了东方奢华的味道,并改变了他们简单的饮食习惯。

从那时起,穷人和富人的饮食变得不再一样。因为贫穷,前者的拮据一如从前。每个学生都知道,为凯撒赢得战役的士兵都是靠谷物过活的,他们用手磨把谷物磨碎,用营火烤着吃。另一方面,富人会仿效古希腊人的奢侈,却缺乏优雅的举止,他们没有变成美食家,却变成了暴食者。他们走遍世界寻找食物①,更喜欢的不是真正的珍馐佳肴,而是稀有且昂贵的东西。他们衡量盛宴的标准是自己能吃下多少东西,酒足饭饱却还要用辛辣的酱汁来恢复食欲,甚至用催吐剂来延长宴饮的乐趣,并防止暴饮暴食带来的后果。

独立的餐厅被引入了住宅,豪华住宅通常拥有两个或更多的餐厅,客厅则会被用作宴会厅。卧榻取代了长凳或凳子,奴隶们会为斜倚着的客人端来食物。人们还会邀请设计师设计晚宴礼服。每座乡村住宅都会配备一名高薪的主厨和一群训练有素的助手。

当然,总有一些有钱人坚持早年间的朴素习惯,比如西塞罗的朋友阿提克斯,但这些人抵抗不了毫无意义的挥霍奢侈潮流。与之相对的是那些喜欢奉承的穷人,他们更喜欢富有庇护人的煮肉锅,而不

---

① 格利乌斯(活跃于公元2世纪)提过瓦罗的一首讽刺中诗列出的清单:"萨摩斯的孔雀/佛里吉亚的雄松鸡/迈迪亚的鹤/安布雷西亚的小山羊/卡尔西登的年幼金枪鱼/塔提苏斯的七鳃鳗/培希努的鳕鱼/塔伦特姆的牡蛎/希俄斯的扇贝/罗兹岛的鲟鱼/西里西亚的鹦嘴鱼/萨索斯岛的坚果/埃及的枣/西班牙的栗子。"

是用诚实独立换来的面包。夹在两个极端之间的是数量众多的中产阶级，相比富人的宴会，我们更关心他们的日常三餐。

用餐时间

尽管当时的卫生学者认为两餐比三餐更加健康，但和我们一样，古罗马人的常规饮食是一日三餐。同样和现在相似的是，生活奢侈的人经常会在深夜多加一餐。按照习俗，人们或多或少遵照固定的时间用餐，但这些时间会随年龄、职业甚至个人喜好的改变而变化。其中职业变化对用餐时间的影响较小。

在早期的城市和在所有时期的农村，正餐的用餐时间都在正午，清晨会有早餐，晚上会有晚餐。古典时期，古罗马人用餐的时间和今天的大都市差不多：正餐会被推迟到一天的工作结束时享用，从而取消了晚餐；午餐取代了老式的"午间正餐"。晚间正餐或多或少成了一种社交活动，有客人出席，主人提供家里负担得起的最好的食物和服务。相比之下，早餐和午餐都是非常简单的非正式用餐。

早餐和午餐

早餐是起床就吃的一顿饭。当然，用餐时间会根据个人的职业和条件而变化。早餐通常只有面包，人们干吃、蘸酒或撒盐，有时也会加些葡萄干、橄榄和奶酪。赶时间的工人似乎会把早餐带到工作的地方食用；学生们经常在上学途中找家公共面包房，买块水果奶油酥饼或薄烤饼匆匆吃下。

在一些比较罕见的情况下，早餐会变成更正式的一餐。除了上面提到的食物，早餐还会加上鸡蛋，搭配作为饮料的蜜酒和牛奶，这样的早餐用餐时间可能较晚，吃完以后就不再需要用午餐了。午餐大约在11点开饭，往往由冷食构成，比如面包、沙拉、橄榄、奶酪、水果、坚果和前一天晚餐的冷肉，偶尔也会加入热的肉和蔬菜，不过从来都不是精心准备的。有时人们也会将这顿饭称为早餐，但在这种情况下，它一定是在一顿非常早的早餐之后，间隔固定的时间；或者它本身就是早餐，只是因为某些原因，人们吃得比平时迟了一些，没有起床后就吃。午餐过后就是午休或午睡时间。这时，除了法庭和元老院以外，所有的工作都要搁置到日出后第8个小时后。至少在夏天，每个人都会午睡，即使是首都的大街小巷，这时也几乎和午夜时分一样空无一人。

城里人是完全不吃晚餐的，农场上的人则是要等一天的工作都结束才吃晚餐。这是一顿很早就吃的晚饭，菜品大部分是中午的剩菜，加上农场理所当然会供应的生食。"merenda"（便餐）一词早期会被用来指代这样一顿晚饭，后来又指随时可吃的茶点（参见英语中的"lunch"一词），最后彻底不再使用。

正　餐

繁忙的都市生活让正餐时间从原来的正午推迟到了下午。这种风气很快传入乡镇，同时也被城里人带到了他们的乡村庄园。因此，到了古典时代，整个意大利所有有社会地位的人都会推迟享用正餐，逐渐成为惯例。和我们的晚餐相比，当时的晚间正餐更多的是一种宴会，因为古罗马人没有其他的纯社交形式，比如招待会、舞会、音乐会或戏剧派对，也没有其他机会可以招待朋友或被朋友招待。因此，我们可以有把握地说，城里的古罗马人每晚都会是一场正餐的主人或客人。只要他或他的朋友财力允许，都会精心安排，除非有紧急的事务需要关注，或者有什么不寻常的情况要暂时离开社交圈。

乡村庄园也盛行同样的习俗，会招待来自隔壁庄园的人，或是在进出城的途中意外到访、需要被款待一晚的朋友。这些正餐虽然正式，但必须把它们与那些财大气粗的有钱人举办的奢侈宴会谨慎区分开来。前者本身充满朝气，表达了发自内心的热情。客人们都是朋友，且人数有限，主人家的妻子和孩子也会到场。社交娱乐是这些正餐的目的。在介绍正餐的内容之前，我们必须先说说餐厅和餐厅里的家具。

用餐长榻

上文已经描述过餐厅在古罗马房屋中的位置，并提到在古典时代，凳子或长凳已经被长榻所替代。这种长榻的构造和普通沙发没什么两样，只不过更宽、更低，没有靠背，仅有一端有扶手，而且由前向后倾斜。有扶手的那一端摆着一只垫子或长枕，此外还有另外两个枕头与它平行摆放，将长榻一分为三。每个部分能容纳一人，因此一张长榻能够容纳三人。

餐厅的名称（trīclīnīum）就源于它计划容纳三张这样的长榻（希腊语称为kλίval），餐桌的三面各摆一张，第四面是开放的。这样的布置随房间的大小略有不同，大房间里的长榻摆放方式如图121所示，但如果要节省空间，就得按照图122的方式来摆放——后者的摆放方式可能更为常见，因此古罗马宴会的人数上限通常为9人。

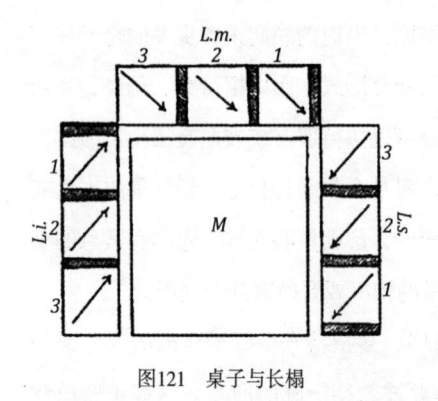

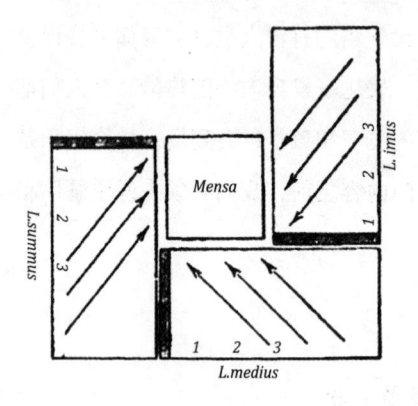

图121 桌子与长榻

图122 桌子与长榻

只有在不同寻常的情况下主人才会邀请更多的客人，启用更大的房间，以同样的方式布置两张或更多的桌子，每张桌子都是最多容纳9名客人。如果是同一家族的成员，特别是如果其中有个孩子，或是非常亲密的朋友，那么第4个人可能会在长榻上找个地方挤着坐下，但这种情况肯定十分少见。也许当某个客人意外出现时，家里的某个成员会把自己的座位让给他。

主人通常还会为朋友多预留一个或多个位子，以应对客人不事先通知就带人前来的可能性。这种不请自来的人被称为"尾随者"（umbrae）。有客人在场时，妻子要端坐在长榻的边缘（图123），而不是斜倚着。孩子们通常会被安置在餐桌敞开处那一边的座位上。

图123 坐在用餐长榻上的女子

上　座

客人要面对着桌子从后方走近长榻，在自己的位置上靠左趴下，左手手肘支在上面提到的靠垫或长枕上，身体的朝向如图中的箭头所示（图121）。根据用餐者之间的关系，每张长榻及长榻上的每个位置都有自己的名称，分别被称为上座（lectus summus）、中座（lectus medius）和下座（lectus imus）。我们注意到，躺在中座上的人左侧是上座，右侧是下座。礼节规定，上座和中座是供客人坐的，而下座是为主人及其妻子和另一名家庭成员保留的。如果主人独自代表这个家庭出席，那么他身旁的两个座位就会被分给地位最低的客人。

同理，长榻上的每个座位也分为上座、中座和下座，如图121、122中的1、2、3所示。据说占据1号座位的人地位高于他右手边的人，而坐在中间（2号位）的人地位也高于右手边的人，却次于左手边的人。上座编号为1，下座相应的位置会留给主人。

不过，最尊贵的客人有可能被分配到中座的3号座位上，这个座位有个特殊的名称"执政官座"，因为如果执政官在场，这个座位始终要分配给他。值得注意的是，这个座位紧挨着主人位，而且对公职人员而言特别方便——如果他在宴会期间必须收发信息，就可以直接和信使交流，而不必转动胳膊肘。

其他家具

长榻是餐厅里最重要的家具，另一件绝对必要的则是餐桌。其余的家具就没那么重要了。如图122所示，餐桌会被放置在三张长榻之间，与长榻保持等距，第四面可以供人自由出入。餐桌与长榻之间的距离可能很小，以便客人亲自动手用餐；也可能很大，以便奴隶穿梭其中，端取食物。

餐桌上没有供客人单独使用的盘子，只有盛食物的大盘和一些合乎礼仪的用品，比如盐瓶和盛放供神祭品所必须的器具，因此餐桌总是很小（这样的桌子在现代已经几乎不复存在），但往往精美绝伦、价值不菲。

餐桌的美不会被任何布料或罩子遮挡，如我们所知，桌布直到公元1世纪末才开始使用。菜肴的价格和美感也受主人财力与品位的限制。除了长榻和餐桌，餐边柜是餐厅中通常出现的唯一一件家具。它们有时是简单的架子,有时是各种样式和尺寸的桌子,有时是敞开式的橱柜,各不相同(如图124、125)。与我们的餐边柜一样,它们会被靠墙放置在不挡道的地方,用于展示餐桌上用不到的盘子和瓷器。

图124 餐边柜

图125 餐边桌

菜 肴

在古典时期，即便是最简单的正餐也分三个部分：开胃菜（gustus）、主菜（cēna）和甜点（secunda mēnsa①）。对于一顿精致的正餐来说，上述每一个部分都要包括好几道菜。

开胃菜只是一些能够刺激食欲或有助消化的食物：生蚝和其他新鲜贝类、盐渍或腌制的海鱼、可以生吃的蔬菜（尤其是洋葱），还有几乎永恒不变的生菜鸡蛋配辛辣酱汁。人们认为空腹不宜饮用葡萄酒，会把开胃菜搭配蜂蜜酒饮用，因此开胃菜也被称为"prōmulsis"，还有另外一个更重要的名字是"antecēna"。

紧接着是真正的主菜，包括鱼、肉、家禽和蔬菜等大量的食物。享用主菜时可以饮用配餐酒，但要适量，因为人们认为酒会使味觉变得迟钝，在吃完主菜之后才会开始畅饮。主菜通常由几道菜组成，3道菜就既不吝啬也不奢侈，刚刚好。据说奥古斯都平日里只吃3道菜，从不超过6道菜。

甜点是一餐的结尾，会提供各式各样的酥皮糕点、糖果和坚果，还有新鲜或腌制的水果，以及可以畅饮的葡萄酒。由于一顿饭开始时要吃鸡蛋，结束时要吃苹果，于是有了"ab ovō ad māla"②的谚语。

---

① 这是最常见的形式，但也会出现复数，而且形容词要跟在名词后面。
② 这句话翻译成英文是"from the egg to the apple"，即"从鸡蛋到苹果"，意为"从始至终"。——译者注

菜　单

　　我们可以从一些文学作品找出几顿饭的菜单，从而了解到真正被端上正餐餐桌的饭菜中，哪些是典型的家常菜，哪些属于大手笔的奢侈筵席。

　　最简单的菜单参见尤维纳利斯的作品：开胃菜为芦笋和鸡蛋，主菜为山羊羔和鸡肉，甜点为水果。

　　另外两份菜单摘自马提亚尔的作品。第一份菜单为生菜、洋葱、金枪鱼和切片鸡蛋；香肠配粥、新鲜花椰菜、培根和豆类；梨和栗子，搭配葡萄酒橄榄、炒豌豆和羽扇豆。第二份菜单为锦葵、洋葱、薄荷、土木香、凤尾鱼和切片鸡蛋，还有金枪鱼酱配母猪乳房。主菜只有一道：小山羊肉、鸡肉、冷火腿、菜豆和小卷心菜芽；当然，还有新鲜水果和葡萄酒。

　　最后，我们要感谢马克罗比乌斯[①]记录了罗马共和国时期大祭司的一场盛宴，这场盛宴以奢华著称。前菜有两道：第一道是海胆、生蚝、三种贻贝、画眉配芦笋、一只肥母鸡、一锅牡蛎炒贻贝；第二道还是贻贝，还有其他贝类、海刺、西歌林莺、山羊腰肉、猪里脊肉、炖鸡肉丁、两种海螺。正餐分为数道，没有一一列出：母猪乳房、野猪头、鱼、家鸭肉、野鸭肉、野兔肉、烤鸡肉、淀粉布丁、面包。马克罗比乌斯没有提到蔬菜或甜点，但我们可以理所当然地推断，这些菜品应该和其他的宴会一致，而且大祭司饮用的葡萄酒应该是最好的。

---

①　马克罗比乌斯（Macrobius），约活动于公元4世纪前后的古罗马作家，其作品现已失传。*

正餐开餐

如上文所说，正餐的用餐时间标志着一天工作的结束，因此用餐时间会随季节和家庭社会地位的变化而变化。一般来说，正餐是不会在日出后的第9小时之前上桌的，但也很少晚于第10个小时之后，通常会持续到就寝时间，也就是说至少持续三四个小时。不过因为古罗马人起得很早，所以他们睡得也很早。有时就连普通的正餐也要持续到午夜，但按照惯例，如果宴会预计会异常拖延，就会早些开席，以便在结束后有时间休息。这种宴会在日出后的第9个小时以前就开始了，被称为"提早的宴会"（tempestīva convīvia）。在这一点上，开席"早"和我们的吃饭"晚"同样带有责备的意味。在普通家庭中，大家会趁着吃正餐的工夫聊天，而在一些家境优渥的家庭中（特别是阿提克斯的家里），会有受过训练的奴隶为客人大声朗读。"绅士的正餐"还会由专业的表演者提供其他形式的娱乐，如音乐、舞蹈、杂耍等。

客人们被领进餐厅时，会庄严地祈求神灵保佑，这一点与我们的"饭前祈祷"一致。接下来，客人要按照指定的位置在长榻上就座，脱下凉鞋交由自己的侍从保管，侍从还会随身携带洗手用的水和毛巾。开席时，每道菜都会被放在侍者的手里或托盘上，按固定的顺序传给客人。每道菜吃完后，要将盘子放回托盘上收走，并重新为客人发放水和毛巾。这项习俗非常有必要，因为人们会把手指当成叉子使用。在主菜上桌的间隙，也要清理干净桌子，并用抹布或软海绵仔细擦拭。在主菜和甜点之间，有一段良久的停顿。人们要保持沉默，将葡萄酒、盐和饭菜——也许还有一些常规的食物——敬献给家庭的守护神拉瑞斯。之后甜点才会像其他几道菜那样被端上桌。索要凉鞋是离开长榻的标志，宾客应当立即离席。

狂欢宴饮

西塞罗告诉我们，加图和他的萨宾人邻居们吃着甜点，喝着酒，直至深夜，在对话中发现了漫漫长夜的巨大魅力。加图因此宣称拉丁语中的"convīvium"（盛宴）比古希腊语中的"symposium"（酒会）更适合形容这种社交活动。混迹于比较快乐的那些圈子里的首都年轻人更倾向于古希腊人的观点，喜欢在正餐之后举办一场酒会或者酒席，它被称为"comssātiō"或"compōtātiō"。

这与加图所赞同的形式不同，不仅在于饮酒量、格调和不道德的娱乐，也在于某些在第二次布匿战争之后才为古罗马人所知、从未在我们所描述的常规宴会中采用的古希腊习俗。这些习俗包括在宴会使用香水和鲜花、选择狂欢大师和饮酒的方式。

古罗马人之所以使用香水和鲜花，与其说是因为喜欢它们芳香的气味，不如说是因为他们相信香味能够防止或者至少延缓醉酒。他们在整个用餐过程中不会使用香膏和鲜花，而是等到甜点和酒上桌后才

图126 酒会狂欢

用香水涂抹头部并戴上花环——就是证明。根据个人的品位，编织花环所用的花、叶多种多样，但玫瑰是最受欢迎的，所以这种花逐渐与酒会普遍联系在一起。宾客们戴上花环后（花环有时也可以戴在脖子上），每个人都要来掷骰子。这时，掷骰者往往会呼唤爱人或神明名字以获得助力。掷得最高点数的人将立即被宣布为王（rēx），至于他的职责和特权是什么，我们找不到明确的说法，但毫无疑问，他的职责范围包括决定在酒中加入多少比例的水、制定饮酒规则（贺拉斯称为lēgēs īnsānac）、决定每位客人应该做些什么取悦同伴，并对违反规则的人施加惩罚，收取罚金。

酒要在"王"的指挥下，在一个大碗（图127）中调制，酒水比例整晚不变；还要当着所有人的面从双耳喷口杯（也称搅拌碗）中倒出来，放到桌上。仆人用长柄勺将酒舀进客人的酒杯（图128），长柄勺（图129）一次可盛约十二分之一品脱（1品脱约等于473毫升）或更多。

饮酒的方式似乎与日常正餐时不同，其区别主要在于：在日常的正餐期间，每位客人可以根据自己的口味调酒，想喝多少就喝多少；而在酒会上，不管大家的口味和酒量有何不同，所有的人都必须喝一样的酒。这种

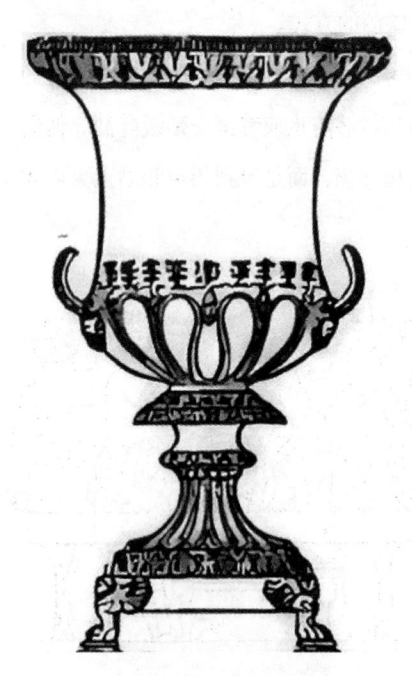

图127　双耳喷口杯（也称搅拌碗）

图128 酒杯　　　　　　图129 长柄勺

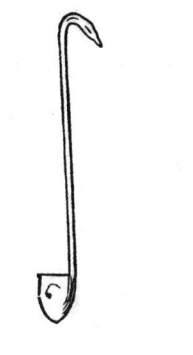

酒似乎主要是为了"健康"而喝，但有一种奇怪的习俗规定了满杯的多少。

任何客人都可以在祝酒词中随心提及一人的名字，祝他健康，名字里有几个字母，奴隶们就会立即用长柄勺（容量为十二分之一品脱）为所有客人的酒杯舀上几勺酒。客人们必须把杯中的酒一饮而尽。其他的娱乐活动无疑也是几近疯狂。赌博似乎司空见惯，西塞罗在反对喀提林的演讲中还谈到了一些更加可耻的行为。有时，客人们会头戴花环和桂冠，跟跟跄跄地走街串巷，挨家挨户地闲逛，轮流做东招待客人。

富人的宴会

罗马共和国最后一个世纪中的富有贵族，以及罗马帝国早期官廷中新贵的宴会，也不必多说了。这些宴会的安排和我们描述过的没有什么不同，只是展示的家具、盘子和食物更加招摇罢了。

就我们所了解的细节而言，用今天的标准来评判，这些东西算不上奢华壮观，反倒是怪诞奇异，令人反感。有的宴会使用银制长榻，用酒而非水来洗手；有的一顿正餐有22道菜；有的能用7000只鸟做菜，还能将鱼肝、火烈鸟的舌头、孔雀的大脑和野鸡混在一起做成一道菜，让人觉得粗俗到几近疯狂。

和今天相比，这些宴会的开销似乎令人惊讶。在我们伟大的首都，每到一个季节，社会活动的花费都超过了卢库勒斯①的盛宴——品位和精致程度都是如此。然而，作为时代的标志，作为理想变革、堕落和衰败的迹象，它们值得古罗马历史学家和讽刺作家给予关注。

---

① 卢库勒斯（Lucallus，约公元前117—前56），古罗马将军和执政官，以穷奢极侈的宴会闻名于世。*

第九章

娱乐活动

- ◎ 广场运动
- ◎ 球类游戏
- ◎ 靠运气取胜的游戏
- ◎ 抓子游戏
- ◎ 骰子
- ◎ 公开及私人比赛
- ◎ 戏剧表演
- ◎ 早期的剧院和后来的剧院
- ◎ 古罗马竞技场
- ◎ 竞技场的平面图
- ◎ 竞技舞台
- ◎ 起跑门
- ◎ 中轴和标杆
- ◎ 座席
- ◎ 比赛的供给
- ◎ 马队
- ◎ 御夫
- ◎ 著名的御夫
- ◎ 竞技场的其他表演
- ◎ 角斗

- ◎ 角斗士的来源
- ◎ 角斗士学校
- ◎ 角斗士表演场地
- ◎ 古罗马的圆形露天竞技场
- ◎ 斗兽场
- ◎ 角斗士对抗方式
- ◎ 角斗士的武器和盔甲
- ◎ 演出公告与获胜奖励
- ◎ 圆形露天竞技场的其他演出
- ◎ 沐浴
- ◎ 浴室必需品
- ◎ 浴室供暖
- ◎ 高温浴室
- ◎ 冷水浴室和油室
- ◎ 私人浴室
- ◎ 公共浴场
- ◎ 浴场管理
- ◎ 温泉浴场
- ◎ 戴克里先浴场

放弃了童年时期的游戏后,古罗马人似乎就失去了所有玩耍的本能,不知道自己可以为了运动而运动,因此参加任何运动都是为了在比赛中出类拔萃。为了锻炼身体,他们会在正餐前进行球类运动,还会为了锻炼臂力和双臂技能练习骑马、击剑、摔跤、掷铁饼(图130)和游泳。他们还会参与靠运气取胜的比赛,体验奖金带来的兴奋。但年轻人没有"全国性比赛"可以参加,也没有男女共同参与的社交娱乐活动。对古罗马人来说,让其他人来娱乐自己是十分困难的,也非常昂贵的。他们不喜欢戏剧,也不喜欢大型演出,可能更喜欢滑稽

图130 掷铁饼者

戏和各种表演。真正能吸引他们的唯有刺激，这一点只能在赌博或有可能危及生命、伤害四肢的娱乐活动中才能找到，比如马戏和竞技场里的运动。我们首先要说的是古罗马人会亲自参加的比赛，然后再讲讲他们旁观的比赛。第一类是场地运动和靠运气取胜的游戏，第二类是公共竞赛和私人比赛。

广场运动

战神广场（Campus Martius）包括台伯河与卡皮托利诺山、奎里纳莱山之间的所有平地。这片平地的西北部两边都被台伯河围绕，台伯河突然向西转弯，避开了公共和私人建筑，通常被简称为"广场"，这里是几个世纪以来罗马人的游憩胜地。

在一天中比较凉爽的时候，年轻人会聚集在这里，练习上文提到的体育运动。年长的男子喜欢在午睡后来广场走一走，为正餐前的沐浴做准备；年轻人则更愿意一头扎进附近的河里洗个凉水澡。大家参与的运动都是我们习惯归为田径运动的项目：竞走、跳高、掷铁饼、射箭，以及摔跤和拳击比赛。

根据维吉尔在《埃涅阿斯纪》第5卷中的描述判断，这些运动在当时和现在一样盛行，但球类运动是个例外。与我们的球类运动相比，他们的球类运动似乎既枯燥又愚蠢。但必须记住的是，人们玩球更多的是为了强身健体，而不是为了玩耍的乐趣。身居高位的人——凯撒、梅塞纳斯①甚至奥古斯都皇帝——也会参与球类运动。

---

① 梅塞纳斯（Gaius Cilnius Maecenas，公元前70—公元前8），奥古斯都的谋臣，诗人、艺术家的赞助人。*

球类游戏

据说不同的游戏会使用不同尺寸的球，而且球里的填充物各有不同，有毛发、羽毛还有气体（图131）。抛接球是所有游戏的基础，人们一般不使用球拍。在最简单的游戏中，玩家要尽可能地将球抛高，并试图在球落地前将其接住。这种游戏的一个变体被我们称为杂耍，即玩家与另一名玩家在空中持续抛接两个或两个以上的球（图132）。

另一种游戏很像我们的手球，需要一面墙，墙的下面是光滑的地面。玩家手指张开，将球击向墙面，任其落在地上后弹起，然后再以同样的方式将球打回墙壁，其目标是让球保持这种动态，同时比对手坚持更长的时间。私人住宅和公共浴场通常都会开辟专为这种娱乐

图131 充气球

图132 球类游戏

活动准备的球场。第三个游戏名叫三角抛接球（trigōn），由三个人站在等边三角形的三个角上，玩耍两个球。玩家的目标是把自己控制下的球丢向一个比较不可能接住球的对手。由于可能会有两个人同时朝第三个人丢球，或者丢球的同时还要接住别人扔过来的第二个球，所以玩家必须双手并用，还需要拥有很高的技术水平。

关于其他抛接球的游戏，我们所能找到的文献资料十分零散，而且细节不足，无法让我们对此有清晰的了解。

靠运气取胜的游戏

古罗马人非常喜欢碰运气的游戏。此类游戏普遍与赌博相关，即使实际上没有赌注，也会被法律禁止。12月的农神节是人们普遍放纵自我的日子，这时的舆论允许长者随时豪赌一把。但和其他法律一样，这方面的法规很难落地。不仅是在人们常去的一般赌博地点，就连私人住宅也会进行大额的下赌注游戏。

实际上，在男性晚宴中，最受欢迎人的就是高赌注的运气游戏，其中最常见的赌博形式是我们的"掷铜板猜正反"。这个游戏和今天的一样，会用到硬币，金额取决于玩家的财力。另一种常见形式是我们的"猜单双"，每个玩家轮流把筹码藏在手中，伸出手让对手猜。赌注通常就是手中的筹码，但追加赌注的情况也很常见。这个游戏还有一个变体——玩家要试图猜测手中筹码上的具体数字。但更有趣的是抓子和骰子的游戏。

抓子游戏

孩子会把绵羊和山羊的关节骨,以及用象牙、青铜和石头制作的复制品当玩具,男人也会用它们来赌博。孩子们用这些东西玩的就是我们的"抓石子游戏",一次向空中扔出五个子,然后尽可能多地用手背将其接住(图133)。这些关节骨的长大于宽,有四条长边和两个端点。骨头的两端会被修圆磨光或磨尖,因此无法立住。四条长边中的两条比另外两条更宽,宽阔的两面一面凹,一面凸,较窄两面一边平,一边凹。由于所有的边形状各不相同,因此关节骨不像我们的骰子那样需要标记,但为了方便起见,上面有时会被标记上数字1、3、4和6,数字2和5被省略。成年男子在一次游戏中会使用四块关节

图133 玩抓子游戏的女孩

骨，要么用手丢向空中，要么从骰子盒里抛掷出来。计数时算的是落地那一面，而不是露出来那一面的数字。共有35种不同的投掷结果，每一种都有不同的名字。最低的点数为4个1，名为"秃鹫"；最高的点数名为"维纳斯"，即掷出的所有关节骨上数字都不一样。指定酒席之"王"也是通过这种掷子的方法决定的。

骰　子

和我们一样，古罗马人也有骰子，它由象牙、石头或一些细纹的木头制成，各面从1至6编号。和关节骨类似，玩骰子时，一次要从骰盒中掷出3枚骰子（图134），但计数时则不同于抓，是计露在上面的那一面。最高的点数是三个6，最低的是三个1。在普通游戏中，玩家的目标似乎是比对手扔出更高的数字，但也有在棋盘上掷骰子的游戏，后者还要配合筹码，类似我们的西洋双陆棋，结合了技巧和运气。除了名字之外，我们对这种游戏知之甚少，但后文图146展示的就是这种游戏的棋盘。

考虑到我们的报纸为棒球比赛留出了多少版面，以及一场比赛都没看过的人单凭报纸上的描述能对比赛建立多少正确认识，我们对古罗马人的游戏知之甚少也就不足为奇了。

图134　玩骰子

公开及私人比赛

本书的内容不涉及公开比赛的历史发展。可以说,这些免费的比赛最初是由国家出资举办的,目的是纪念某一位或某几位神明。后来,它们进一步拓展,增加了政治目的,直到失去其所有宗教含义。到了罗马共和国末期,这些比赛已经成为古罗马下层阶级生活的主要乐趣,以至于尤维纳利斯宣称,免费的面包和竞技场的比赛是人民唯一的渴望。这些比赛不仅是免费的,而且在它们举办时,所有公务都要停下,所有的公民也都要被迫休假。很快,这样的假期越来越多。到了罗马共和国末期,每年比赛日已经要占用66天的时间。在马可·奥勒留统治时期(161—180),每年至少有135天的时间要歇业①。在常设的比赛之外,其他比赛往往是因为特殊事件举办的,伟人去世时,人们还会举办葬礼竞技会,但它不会被设为法定假日。公开和私人比赛之间的区别并不重要,所有的比赛都可以按照其性质分为表演赛(lūdī scēnicī),即在剧院进行的戏剧表演;竞技赛(lūdī circēnsēs),即战车比赛和竞技场举行的其他表演;角斗赛(mūnera gladiātōria),即通常在竞技场里进行的角斗士表演。

戏剧表演

毫无疑问,古罗马戏剧的发展史就相当于拉丁语文学史。古典时期的戏剧表演包括喜剧(cōmoediae)、悲剧(tragoediae)、滑稽剧

---

① 举个例子,印第安纳州每年有60天假期,这大概是美国的平均水平。

（mīmī）和哑剧（pantomīmī）。滑稽剧和哑剧虽然主要被作为插曲和结尾，但在普通人中最受欢迎，比其他形式流传得更久。

悲剧在古罗马一直不具备真正的影响力。在舞台上，只有最生动的喜剧才能获得青睐。流传到我们手中的喜剧只有普劳图斯和特伦斯的作品。它们都是根据古希腊原著改编而来，描绘了古希腊的生活，要穿着古希腊戏服演出。相比我们如今的喜剧，它们更像我们的喜歌剧，大部分内容要在音乐的伴奏下朗诵，其他部分演唱时还要有演员伴舞。

这些戏剧总是在白天表演，因为早期的古罗马剧院在午饭后是没有照明设备的，但到了西塞罗的时代，喜剧的表演时间又挪到了早上。一部喜剧的平均表演时间是两个小时，包括剧间偶尔穿插的音乐表演。我们曾读到某部戏一天演出了两场，但这肯定十分罕见，因为同一场所必然要留出时间来上演其他更受欢迎的剧目。

喜剧和其他的体育项目一样，都要在负责比赛的官员监督下演出。负责的官员会与知名经理人签订某部戏的演出合同，后者通常是公认有演技的演员，有一个只支持和服从于他的演出班子。演员们都是奴隶，女人的角色由男人来扮演。演员的数量不固定，但是为了节省开支，班主会尽可能减少每部剧的演员人数，甚至经常给一个演员分配两个或更多的角色。喜剧中的人物穿的都是古希腊日常生活中的普通服装，因此戏服并不贵（图135）。唯一需要化妆的部位是脸部，对扮演女性角色的演员来说更是如此。

按照惯例，不同的角色还要佩戴不同的假发：灰色的代表老人，黑色的代表年轻人，红色的代表奴隶，等等。这些假发和必要道具都由班主提供。如果演员们演出异常成功而取悦了观众，按照惯例，班主还要自己出钱款待他们。

图135 某部喜剧中的一幕

早期的剧院和后来的剧院

　　罗马共和国末期之前的剧院还不配称为剧院。在戏剧创作的巅峰时期（公元前200—公元前160），几乎没有人会顾及演员和观众的需求。舞台只是一个临时搭建的平台，宽而不深，建在一个长满草的小山坡下。台上几乎没有任何我们习惯于和舞台联系在一起的东西：没有幕布，没有悬景，没有可以更换的布景，甚至没有帮助演员传声的共鸣板。这样的舞台无法展示房子的内部情况，因此剧作家只能囿于那些可能发生在公共街道上的场景。舞台就代表街道，后面可以看到两三座房子的正面，房子的门窗都可以打开，有时两座房子之间还会有一条小巷或通道。据说舞台上会有一座祭坛，用来提醒人们这种娱乐活动的宗教起源。相比演员，观众的待遇也没有好到哪里去。人们会在舞台前的斜坡上就座，有的躺倒在草地上，有的站着，有的坐在从家里带来的凳子上。剧院里总是嘈杂吵闹，考验着演员的发声。人们你推我搡、吵吵嚷嚷，孩子的哭闹声此起彼伏。戏演到一半时，如果有人说在其他地方还有更热闹的场面可看，所有的观众都可能被吸引走。

尽管有反对者认为戏剧有损道德，但大约从公元前145年开始，人们还是开始改善剧院拙劣的状况。那一年，一座演出古希腊喜剧的木制剧院落成，尽管演出一结束它就被元老院拆除了。但是每当有公开表演需要演出喜剧时，人们又会搭建起一座临时剧院，并为元老院的议员专门留出特殊的座位——后来还会为骑士留座——使之成为一种固定的习俗，这一直持续到公元前55年，庞培·马格努斯在罗马建立了第一座永久性的剧院。

剧院由石头建造，是按照他在米蒂利尼见过的一座剧院的平面图修建的，能够容纳至少1.7万人——普林尼说是4万人。这座剧院与古希腊剧院有两处明显的不同：古希腊的剧院是从山坡里挖出来的，而古罗马的剧场是建在平地上的（庞培的剧院位于战神广场），因而更有可能拥有宏伟的外观；古希腊剧院的舞台前有一大片用于合唱表演的圆形空间，古罗马剧院里也有，和现在一样被称为半圆形表演区，但面积较小，会被分配给元老院的议员。表演区紧邻的前14排座位是预留给骑士的，但它们后面的座位没有差别，显然本着先到先得的原则供百姓就座。

直到公元前13年，古罗马才再度建造出两座永久性剧院：较小的一座可容纳1.1万名观众；较大的一座为纪念奥古斯都的侄子马塞卢斯而建，可容纳2万名观众。这些改良剧院使演出有了早期粗陋的脚手架所不允许出现的一些引人注目的元素，而这些壮观的场面证明了正剧的消失。据说为了逼真地再现城市惨遭掠夺的场景，庞培提供了骑兵部队以及步兵的尸体，还有数百头驮着真实战利品的骡子和3000个双耳喷口杯。与这3000个双耳喷口瓶相比，山崩、出轨的火车头、全面运转的锯木厂和现代的大教堂场景实在是相形见绌。

这些剧院的普遍外观——后来遍及整个古罗马世界的上百座新建剧院所属的类型——可以从图136加以推断，这张图是维特鲁维乌斯绘制的剧院平面图线稿。GH为舞台的前沿，它的后面是演员演出的舞台，前面是观众席。后面的IKL标记的位置是三扇门，比如可以通往上文中提到的三个舞台布景房屋。半圆形的合唱表演区CMD是留给元老院议员的位置，后面的座位呈同心半环形逐步抬升，被五条通道分成六个楔形区域。

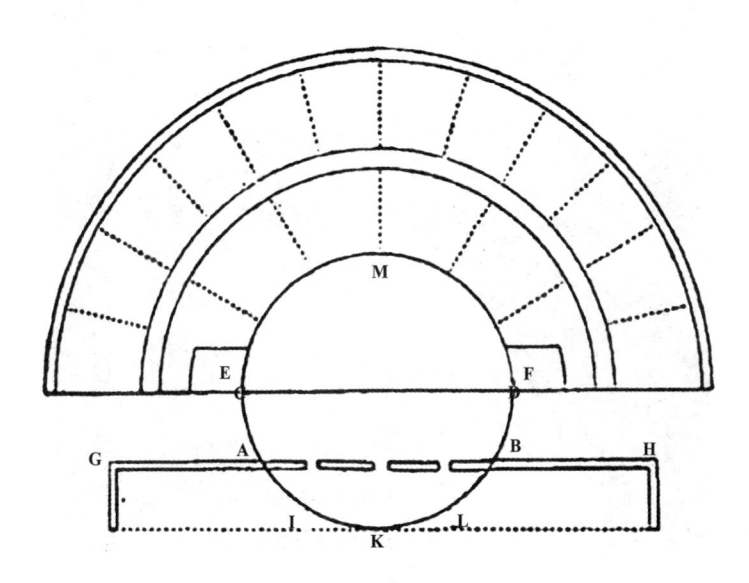

图136 剧院平面图

按照同样的方式，图中半环通道上方的座位又被11条通道分成12个楔形区域。元老院议员的座位要通过舞台左右较高座位下面的通道（图137）才能到达。图137展示的是人们在庞贝古城发现的两座剧院中较小的一座，建于公元前80年。我们注意到，拱廊上方的座位肯定是剧院中最好的，在某种程度上和现代的包厢一样。如果皇帝出席，这些座位就要留给他，否则就留给监督演出的官员，（另一边）则要

图137 庞贝的剧院

留给维斯塔贞女①。通过座椅下方的宽大台阶,顺着楔形区域之间的通道向上走,能方便地前往上面的座位。图138是马塞勒斯剧院的理论复原图,最高的座位背后是宽阔的柱廊,下雨时可以用来避雨,柱廊上面是高大的桅杆,可以撑开遮阳篷,保护人们不被晒伤。我们可以从图139推断舞台末端的外观,图中展示的是依旧存在于法国南部

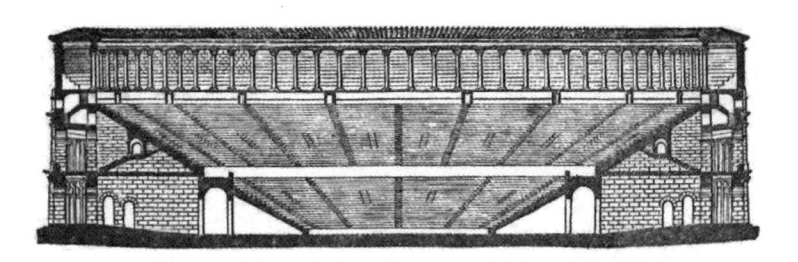

图138 马塞勒斯剧院的剖面图(修复图)

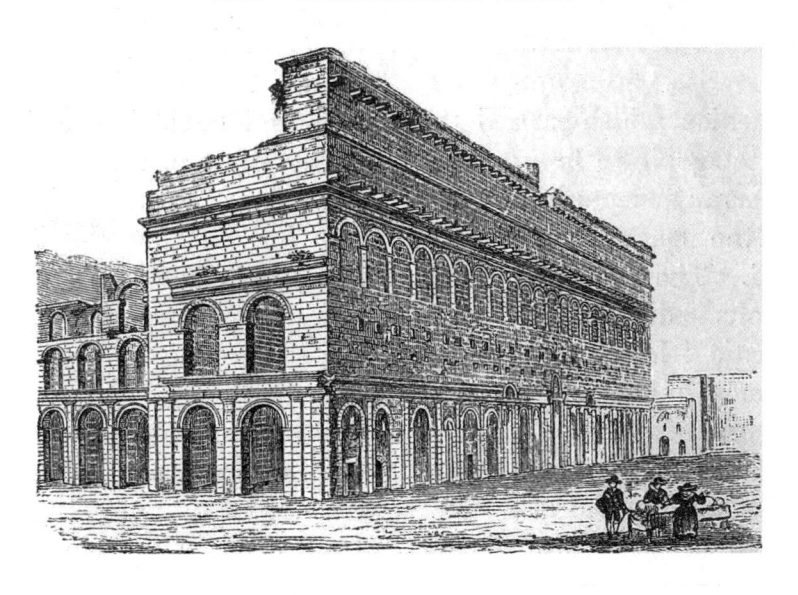

图139 奥朗日剧院的外观

---

① 维斯塔贞女(Virgo Vestals),侍奉灶神维斯塔的女祭司。*

奥朗日的一座古罗马剧院遗迹①。需要注意的是,舞台和观众席是由通往合唱区的拱廊上方的座位连接起来的。遮挡舞台的幕布是从底部升起的,而不是像今天的剧院那样从顶部放下。维特鲁维乌斯曾建议在舞台后面建造房间和前文提到的那种柱廊,为演员和道具提供空间和避雨的地方。

古罗马竞技场

竞技场表演是古罗马最古老也最受欢迎的一种免费演出。"Circus"一词的意思就是一个圆环,因此竞技场表演是指任何可以在圆环中进行的表演。如下文所示,这些表演分为几类,其中最具特色的是战车表演——在没有特殊说明时,竞技场表演指的就是战车表演。对于这些表演而言,首要也是唯一的必要条件就是一块宽敞平坦的场地。阿文提诺山和帕拉丁山之间的峡谷就能提供这样的场地。史前时代的第一条跑马赛道就是在

图140 凯旋的战车驾驶者

---

① 这座剧院已经被修复,用于重现古典喜剧。1895年6月的《世纪杂志》(*Century Magazine*)刊登过有关这座剧院的有趣描述。据说该剧院建于马可·奥勒留统治时期(161—180),公元4世纪沦为废墟。

这里开辟的。只要不加任何描述性的前缀,"竞技场"一词指代的始终是这个地方。后来有了其他的竞技场,为了区别起见,人们有时会将其称为"大竞技场"(Circus Maximus),因为没有哪座竞技场能在规模、宏伟程度和声望上与之比肩。

在古罗马建造的第二座竞技场是弗拉米尼乌斯竞技场,它建于公元前221年,以修建弗拉米尼安公路的盖乌斯·弗拉米尼乌斯之名命名。它位于战神广场的南部,和大竞技场一样经常遭受台伯河洪流的冲击。它的位置毫无疑问是确定的,但实际遗迹却留存不多,所以我们对其规模和外观知之甚少。

第三座竞技场得名于负责建造它的两位皇帝——盖乌斯(卡利古拉)和尼禄,它建于公元1世纪,位于梵蒂冈山脚下,是三座竞技场中规模最小的一座。除此之外,我们对它几乎一无所知。

这就是古罗马城中仅有的三座竞技场,附近还有另外三座:在距离伯图恩西斯路的5英里的地方,坐落着阿瓦尔兄弟竞技场;在阿庇安古道上大约3英里的地方,有建于公元309年的马克森提乌斯竞技场,它也是保存最完好的一座竞技场(见图141);同一条路上,就在距离城市约12英里的波维莱老城中,还有第三座竞技场。这样算来,古罗马人触手可及的地方共有6座竞技场。

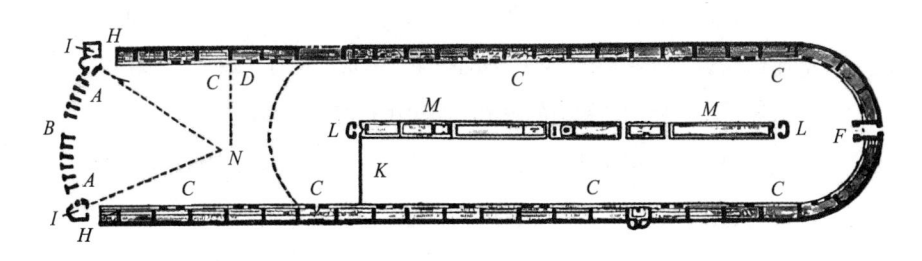

图141 马克森提乌斯竞技场平面图

竞技场的平面图

我们所知的所有古罗马竞技场的总体布局都如出一辙。这从图141马克森提乌斯竞技场的平面图中很容易就能看出。相对狭长的场地实际上就是赛道本身，四周几乎被一排排的座位包围。赛道的两条平行长边一端呈半圆形相接。半圆形的中间是一个门，在平面图上标注为F。比赛结束后，胜利者会从这个门离开竞技场，因此它被称为"凯旋门"。在竞技场的另一端，与这个门相对的是二轮战车停靠站（平面图中的AA），称为"起跑门"。两侧的角落里各有一座塔楼（II），并且被另一扇门（B）等分成两个部分，称为阅兵门，是游行队伍进入竞技场的入口。塔楼和座位之间也有门（HH）。塔楼和起跑门的外表统称为围墙，如图142所示。

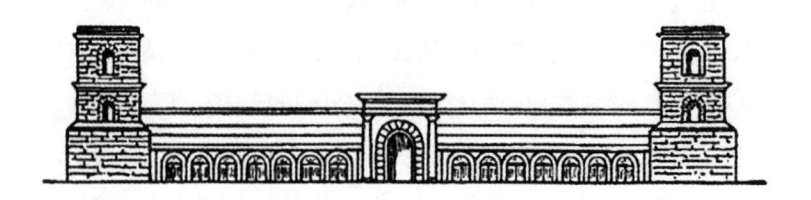

图142　竞技场的围墙

竞技舞台大约有三分之二的长度被一道名为"中轴"（spīna）的栅栏或墙（MM）隔开。中轴的两端是固定的标杆（LL），被称为"边界点"，标志着跑道的内道。绕着中轴跑一趟被视为"一圈"，完成固定圈数（通常为7圈）即为一局。但最后一圈只需要在距凯旋门最近的标杆处转一次弯，就可以径直向终点线冲刺。终点线是画在竞技场上的一条粉笔线，远离第二个标杆，以免在马匹转弯时被马蹄踏毁。这条线还要远离起跑门，好让驾车者能够即时停车，避免冲入起跑门。虚线（DN）应该就是终点线所在的位置。需要注意的是，与高度发达的露天圆形竞技场相关的重要事宜，如竞技场、起跑门、中轴、标杆以及座位，会在下文详述。

竞技舞台

竞技舞台是被座位和起跑门包围的一片水平空间，它的名称来源于场地表面铺设的沙子。这种沙子可以尽可能地满足未钉蹄铁的马蹄的需要。看一看平面图就会明白，速度对古罗马人并不像对我们那么重要，沙地、短跑道和急转弯都与高速背道而驰。

古罗马人的激情在于比赛的危险性。流传到我们手中的所有赛况描述中都会出现四分五裂的二轮战车，倒地的马匹和被卷入车轮、马蹄的御夫。距离的测量也不精确，几个竞技场的距离各不相同，大竞技场比马克森提乌斯竞技场足足长出300英尺。不过，所有的比赛似乎都有固定的圈数——7圈。这也证明危险是这些比赛受欢迎的主要因素。

马克森提乌斯竞技场的实际比赛距离可以被非常精密地估算出来：中轴的长度约为950英尺。如果绕过每个标杆需要行驶50英尺，那么每圈的距离就是2000英尺，6圈就是12000英尺。第7圈只有一个弯道，但最后一圈到终点线的路程比其他几圈要长大约300英尺，也就是2300英尺。那么跑完一局总共是14300英尺，大约27英寸。据乔丹计算，大竞技场的长度为8.4千米，也就是5.2英里，但这似乎是整座竞技场的周长，而不仅仅是中轴的长度。

起跑门

起跑门是二轮战车和马队为比赛开始做准备的车站。它们是一系列拱顶房间,彼此之间由实心墙彻底隔开,后面有一扇紧闭的大门,可供战车驶入。房间的前面是一扇双开门,门的上半部分是铁栅,只能透进光线,起跑门的拉丁语名称(carcer)就是因此得名①。每个房间都大得足以容纳一辆二轮战车及其马队,而且由于马队有时由多达7匹马组成,这座"牢笼"的形状肯定更接近正方形。每辆战车每次都会有一个单独的房间。

到了图密善(Domitian)的时代(81—96),战车数量最高为8辆;而在图密善时代之后,参赛的战车有时甚至多达12辆,因此要提供12个起跑门。不过战车的数量通常为4辆。这些房间一半在阅兵门的右边,一半在其左边。起跑门的外观剖面图如图143所示。

图143 起跑门

① carcer在拉丁语中有监狱的意思。*

从平面图中可以注意到，起跑门的布局呈一条曲线。据说，这种布局的目的是，不管哪辆战车碰巧占据哪个起跑门，它们在前往离中轴较近那一端的赛道起点时，行驶的距离都一致。这样一来，参赛战车在起跑位置上就没有优势差异了，而且起跑位置是抽签分配的。

后来，人们又用粉笔在第二个标杆和右手的座位之间画出了一条起跑线，但起跑门仍旧和过去一样是曲线排布的。在这排房间尽头搭建的塔楼似乎是乐师的看台。

阅兵门的上方是观赛的最高官员的包厢，包厢与塔楼之间是最高官员的朋友和比赛相关人员的座位。图144描绘了胜利者在绕场之前停在官员包厢前面领奖的场景。

图144 观赛的最高官员的包厢

中轴和标杆

中轴将赛道分为两部分，这是战车要行驶的最短距离。它的长度大约是竞技舞台的三分之二，但从凯旋门开始，它的宽度仅为赛道的宽度，因此在靠近阅兵门的那一端留下了一片完全自由的更大空间。这道矮墙是笔直的，但与成排的座位并不完全平行。如图145中所示，BC之间的距离比AB之间的距离大一些，以便为起跑线留出更多的空间。起跑线上的战车会并排停在一起，而不是在赛道上排成一列。标杆因其呈柱状而得名，竖立在中轴的两端，尽管中间可能存在空间，但在建筑结构上属于中轴的一部分。在罗马共和国时代，中轴和标杆必须是木制的、可移动的，以便为竞技场原本的野兽表演和骑兵表演腾出空间。露天圆形竞技场被设计出来之后，原先的竞技场就只用于比赛，标杆也就成了永久设施，以坚不可摧的混凝土为基础筑成，体型巨大，布满宏伟的艺术装饰。马匹和战车在经过竞技舞台的另一边时会被它们挡住。

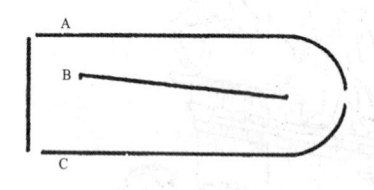

图145 中轴分开的赛道

在博维莱发现的一款棋盘游戏中我们可以看出竞技场的布局。游戏绝佳地展示了中轴的样貌（图146）。我们从各种浮雕和马赛克作品中得知，大竞技场的中轴上覆盖着一系列雕像和装饰结构，如方尖碑、小寺庙或神龛、顶部矗立着雕像的圆柱、祭

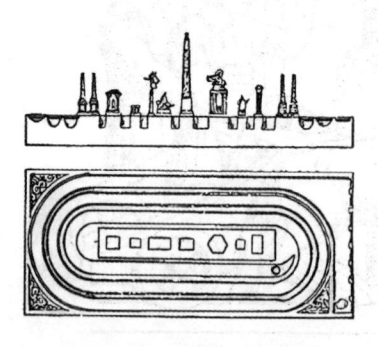

图146 展示中轴的棋盘游戏

坛、奖杯和喷泉。奥古斯都是第一个在大竞技场上竖立方尖碑的人。公元1589年，他的这座方尖碑在修复后被立在了波波洛广场上，除去基座的高度约为78英尺。康斯坦提乌斯也曾在大竞技场中竖立过一座方尖碑（图147），它现在矗立在拉特兰教堂前，高105英尺。马克森提乌斯竞技场的方尖碑今天矗立在纳沃那广场上。除了这些纯粹的装饰，每个竞技场的中轴两端都有一个基座，支撑着七颗巨大的大理石蛋。战车每跑一圈，大理石蛋就会被取下一颗，好让人们知道还有多少圈要跑。图148是一幅来自里昂的马赛克作品，展示了另一种截然不同的中轴"矮墙"。它是一条灌满水的运河，中间矗立着一座方尖碑。这幅马赛克作品清晰地描绘了改良后的标杆：三根立在半圆形基座上的巨型圆锥形石柱。

图147 曾经矗立在大竞技场中的方尖碑

图148 水道隔墙

座 席

大竞技场舞台周围的座位原本是木制的，但到了罗马帝国时期，由于腐朽和火灾，除了最高的几排之外，其他的座席都已改用大理石重建。其他竞技场里的座席似乎从一开始就是用石头砌成的。层叠的座席底部是一个大理石平台，随座席沿竞技场两边和弯曲的末端延伸。平台上搭建了一些包厢，供位高权重的古罗马执法官和其他官员使用。奥古斯都还在这里安置了元老院议员和其他高级官员的座席，并为各个阶级和组织分配了座位，让男女分开就座——在他的统治之前，男女是同席观赛的。

平台和跑道之间有一道露天屏障。凯撒时期，竞技场里进行斗兽表演时，平台旁会挖出一条10英尺宽、10英尺深的水道，作为额外的保护。人们从后方进入座席，有许多宽阔的楼梯通往半环通道。大竞技场里大概有三条这样的半环形通道。半环形通道之间的水平空间被称为楼座，楼座被楼梯分为楔形区域，区域内的座席被称为梯席。这一排座席似乎并不像今天的棒球场"露天看台"那样，会画线进行区隔。如果预留这些座席的观众很多，会被告知其座位位于楼座哪个楔形区域、哪一排的多少英尺处。

座席的数量证明了比赛的受欢迎程度。据胡尔森说，布维利的小竞技场至少能够容纳8000人，马克森提乌斯竞技场能够容纳2.3万人。大竞技场在奥古斯都时期能够容纳6万人，到了康斯坦丁乌斯时期进一步扩容，能够容纳近20万人。座席由巨大的砖石拱顶支撑，其外观可以参考下文"斗兽场"部分的介绍。座位下方的拱顶房间有三分之一似乎会被用作楼梯，剩下的则是商店和摊位，上面的部分是众多竞技场雇员的房间。

和剧院一样，座席顶部是楼座。皇帝的楼座被建在显眼的地方，但我们从遗址中无法明确其固定的位置。参考人们为重建大竞技场试图绘制的图像（图149），可以了解从竞技场舞台内部观察座席的视角，但其细节相当不确定。

图149　大竞技场的修复图

比赛的供给

毫无疑问，曾有一段时间，竞技场的比赛向所有希望展示自己的马或驾车技巧的人开放。但到了罗马共和国末期，有声望的人不会再亲自参加比赛，马队和御夫都是由参赛的御夫组织（factiōnēs）提供。这些组织实际上控制了训练有素的马匹和御夫市场。有了这些组织，比赛的捐助者就可以按照自己想要举办的比赛场数签订合同（在凯撒时代，每天有10到12场比赛。这个数字后来翻了一倍，在特殊场合甚至更多），并提供所需的一切。这些组织的名字都是由御夫所穿服装的颜色命名的，起初只有红白两种，后来又加入了两种颜色，大概是奥古斯都时期的蓝色和不久之后加入的绿色。最后，到了图密善时期，又加入了紫色和金色。这些组织之间的竞争异常激烈，它们会花费大量金钱从古希腊、西班牙和毛里塔尼亚进口马匹，在御夫身上花费的钱财可能更多。它们维护的训练场规模之大，堪比现代的任何一家训练场。

在阿尔及利亚的其中一家训练场发现的一幅马赛克画中，就出现了骑师、马夫、小马倌儿、马具商、医生、驯马师、马车和信使的形象，马厩中的马匹身上还盖着毯子。这种较量会传遍整座城市。每个组织都有自己的支持者，每比完一局，都会带来大量的金钱输赢。参赛者还会在竞技场上熟练地使用各种技巧和手段。就我们所知，包括让马匹摄入麻醉剂、雇用或贿赂竞争对手的御夫。如果事实证明某些御夫的表现无法挣钱，他们甚至有可能遭人下毒。

马　队

比赛中使用的二轮马车低矮且轻便，前方闭合，后方敞开，轮轴长、车轮低，以减少翻车的风险。如图150所示，御夫要站在车厢靠前的位置上，轮轴之后就没有可以站立的地方了。

马队可以由2匹、3匹、4匹、6匹马组成，后来甚至增加到了7匹，但4匹是最常见的，可以说是最典型的马队阵容。御夫会将马两匹一组地套在一起，分列两边的马匹要被拴住马舌，另外几匹仅靠缰绳拴在车上。四匹马中，最左边的那一匹是最重要的，因为标杆始终位于左手边。御夫的最高技巧就是尽可能贴近左边转弯。如果距离标

图150 参赛战车和马队

杆最近的马没有及时对缰绳或口令做出反应,就有可能导致战车被撞毁(靠得太近)或偏离内侧赛道(跑得太远),二者都意味着输掉比赛。人们有时会在铭文中列出队伍中所有马匹的名字,有时只会提及左边的那匹马。

每场比赛开始之前,会公布参赛马匹和御夫的名单,供下注者参考,但没有人会像现在这样热切地记录马匹和御夫的用时。从比赛的特点可以明显看出,力量、勇气,尤其是耐力,都和速度一样重要。参赛马匹几乎都是种马(母马很少被提及),5岁以下的马匹禁止参赛。考虑到赛程的长度和发生事故的巨大风险,参赛马匹的耐力令人惊叹。

一匹马赢得一百场胜利的情况并不罕见(这样的马被称为"百胜战马"),著名御夫狄奥克莱斯还拥有一匹赢过两百场比赛的战马。

御　夫

御夫既可以是奴隶，也可以是自由民，甚至有些人是通过在赛道上展现技能和勇气才赢得自由的。只有在罗马帝国最堕落的那段时期，才会出现无论什么社会地位的公民都能参加比赛的情况。

图151中展示了御夫的穿着，尤其值得注意的是套头帽、丘尼克短袍（必须是他所属组织的颜色）、束缚短袍的皮带、大腿上的皮革

图151　御夫的服饰

绑带、护肩以及腿上厚重的皮革护腿。我们橄榄球运动员的衣着也很像防御护甲。缰绳要系在一起，缠绕在御夫的身上。他的腰带上会别上一把刀，在可能被甩出车厢，或者在马匹摔倒、自己被缠绕其中时，可以割断缰绳。

和今天一样，当时的比赛要求熟练的驾车技巧，更要求力量和勇气，并且鼓励我们所说的"犯规"行为。御夫可以操控马队冲撞别人，也可以尽力撞翻对手的战车；在占据内线车道后，他可以偏离直道，防止速度更快的车队超越自己。比赛的奖品十分丰厚，获胜的御夫即便社会地位卑微，也会被狂热的观赛群众视为宠儿和骄傲。

至少在罗马帝国时代，这种人能得到上层人士和下层百姓的追捧和宴请。获胜的御夫能领到不菲的奖金，相互竞争的组织还会为最受欢迎的奴隶竞相投注。这些奴隶赢得比赛后不仅能收到自己所属组织的礼物，还会收到支持他们、从他们的技能中获利的局外人送来的奖品。

著名的御夫

一些获胜者的名字被他们的朋友刻进纪念碑文，流传下来为我们所知。碑文中提及的人包括罗马帝国后期的普布利乌斯·埃利乌斯·古塔·卡尔普尼亚努斯（1127胜）、西班牙人盖乌斯·阿普利乌斯·狄奥克莱斯（24年中参加过4257场比赛，1462胜，赢得奖金3586.312万塞斯特斯，约合180万元）、弗拉维乌斯·斯科珀斯（27岁时就获得了2048场胜利）、马库斯·奥勒留·利伯（3000胜）、庞贝乌斯·穆斯科索斯（3559次胜利）。

除此之外，还可以加上克莱森斯的名字。1878年，人们在罗马发现了纪念他的碑文①，参见图152。

图152　纪念克莱森斯的碑文

---

① 碑文记载：克莱森斯，蓝色组织的御夫，摩尔人，22岁。卢修斯·维普斯坦尼乌斯·梅萨拉担任执政官期间，克莱森斯在被神化的涅尔瓦诞辰之际驾驶驷马战车参赛，在第24场比赛中赢得他的第一场胜利。从梅萨拉执政期间，到格拉布里奥执政期间被神化的克劳狄乌斯诞辰，他参赛686场，获胜47次。在每个组织出一辆战车的比赛中，他获胜19次；在每个组织出两辆战车的比赛中，他获胜23次；在每个组织出三辆战车的比赛中，他获胜5次。他故意落后1次，领先起跑8次，从别人手中夺取冠军38次，他获得第2名130次，第3名111次。他共获奖金155.8346万塞斯特斯（约合7.8万元）。

竞技场的其他表演

在竞技场举办的其他演出频率低于战车比赛,其中有记载的包括骑术表演(dēsultōrēs)。表演者骑着两匹马,在全速前进的同时从一匹马的身上跳到另一匹马的身上;训练有素的马匹还可以在来回摇晃的带轮平台上表演各种把戏;信誉良好的公民会在骑兵队领袖的指挥下进行马术表演,展现骑兵的发展史。一些年轻的贵族男子会进行特洛伊游戏,维吉尔曾在《埃涅阿斯纪》第5卷中描述过这种游戏。更符合群众口味的是狩猎表演,即在竞技场里释放野兽,让其互相残杀,或是被受过专门训练的人屠杀。据我们所知,罗马共和国时期用于演出的动物包括黑豹、熊、公牛、狮子、大象、河马甚至鳄鱼(在竞技场的人造湖中)。

竞技场有时还会展开角斗士表演,但这种表演的场所更多的是圆形露天剧场。最辉煌的场面之一无疑是某些公共运动会的正式开幕游行。游行队伍从都城出发,迂回前行,到达大竞技场,通过游行大门,绕竞技场一周。负责的地方执法官坐在队伍最前面的车里,身着凯旋将军的制服,随队奴隶捧着他的金花冠。接下来是一群骑马或步行的名人,然后是即将参赛的二轮战车、御夫和按协会排布的神职人

图153 一名撒姆尼角斗士

员,以及手持祭祀仪式所需器具的人,还有骡子、马、大象驮着的矮车,或男子肩扛的轿辇上摆着的神像。游行队伍的每一部分的前方都有乐师带队。现代马戏团表演之前的街道游行,隐约还带有当时的影子。

角 斗

早在古罗马建立之前,角斗在意大利似乎就已人尽皆知。据我们所知,角斗最初源自坎帕尼亚和伊特鲁里亚。在坎帕尼亚,富有、不羁的贵族们为了在宴会上款待客人,会安排奴隶展开殊死搏斗。在伊特鲁里亚,角斗很有可能可以追溯到伟人葬礼上的人祭仪式,因为根据古老的信仰,死者可以吸纳血液。人祭的受害者都是战争中的俘虏。后来还逐渐发展出了一种习俗:人们为这些俘虏提供武器和装备(图154、155),允许他们在坟墓前互相搏斗,获胜者至少可以暂时得以幸存。古罗马人对这一习俗接受得很慢,第一次角斗表演在公元前264年才上演,大约是在这座城市建成的500年后。古罗马的角斗表演是从伊特鲁里亚而非坎帕尼亚演变而来的,以下事实可以证明这一点:古罗马的角斗是在葬礼上表演的,最初的几次包括公元前264年布鲁图斯·佩拉的葬礼、公元前216年马库斯·埃米利乌斯·李必达的葬礼、公元前200年马库斯·瓦莱里乌斯·列维努斯的葬礼、公元前183年普布利乌斯·李锡尼的葬礼,都是如此。

在被引入古罗马后的头一百年中,角斗上演的频率没有上文中提到的那么高。在我们所知的那段时间里,角斗仅在上述日期有过演出——但在此之后,角斗的频率越来越高,规模也越来越大。而在罗

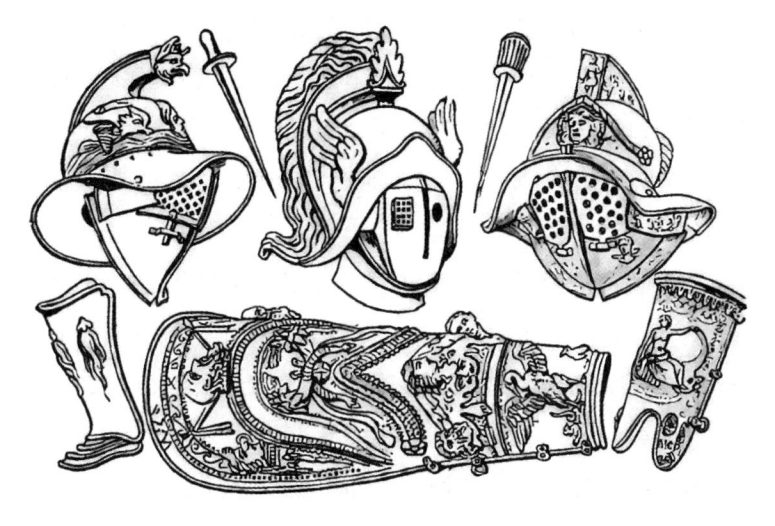

图154　角斗士的武器和装备

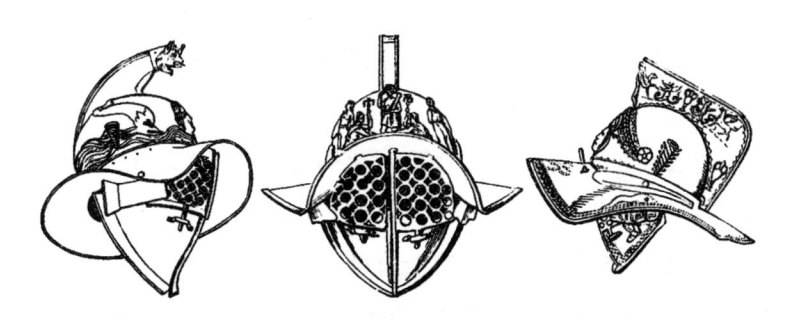

图155　角斗士的头盔

马共和国时期，角斗至少在理论上是私人而非公共表演，也就是说，角斗表演举行的日期并不是每年固定的，举办者必须以亲友去世为借口才行，而且必须自掏腰包。事实上，我们只在一个例子中听说过真正的执政官（公元前105年的执政官普布利乌斯和曼利乌斯）举行过角斗表演，但我们对当时的情况知之甚少，无法证明他们是以官方身份行事的。即使在罗马帝国时期，角斗士们也不会在常规公开表演的日子里角斗。然而，奥古斯都在执政官的指导下，为"特别演出"提供了资金。在图密善统治时期，负责管理角斗演出的人是民政官。角斗通常在12月举行，这也是我们所知的私人角斗表演唯一固定的日期。我们所了解到的所有其他角斗演出都是自愿献给皇帝、执政官或普通公民的祭礼。

古罗马人对刺激的热爱使角斗演出很快大受欢迎。在上文提到的，为了纪念布鲁图斯·佩拉的第一次演出中，只有3对角斗士上场，但在随后的三次演出中，上场的角斗士数量依次增加到了22对、25对和60对。到了苏拉时代，政客们从角斗比赛中找到了赢得人民青睐的最有效手段，开始在表演频率和角斗士的数量上相互竞争。

除此之外，这些政客还会以角斗演出为借口，在自己周围安排一群暴徒和恶霸，且不管他们是否一定会走上竞技场，都将其称为角斗士，并让他们在街上发动骚乱、扰乱公众集会、威吓法庭，甚至干涉或阻碍选举。

凯撒在准备为参选民政官拉票时就曾因此引起人们的普遍担忧，以至于元老院通过了一项法律，对公民个人可以雇用的角斗士人数进行了限制，只允许每个公民最多拥有320对角斗士。

公元前53年，克劳狄乌斯和米罗一伙人把这座城市变成了屠宰场①，直到第二年晚些时候，作为"唯一执政官"的庞培才带兵在刀光剑影中结束了这场棍棒之战，恢复了城市秩序。

在罗马帝国时期，角斗演出的次数几乎超过了人们的想象。奥古斯都举行了8场角斗表演，参赛者不少于1万人，不过，这些表演是在他的整个统治时期内举行的。图拉真为了庆祝自己征服达契亚，仅在

---

① 公元前53年，米罗成为执政官候选人。他与同为候选人的克劳狄乌斯等人互相敌视，各派之间冲突不断，使罗马的社会秩序一度崩溃。*

公元107年的4个月内就举办了无数场角斗比赛。公元238年称帝的戈尔迪安一世曾在出任执政官期间频繁举行角斗比赛，参赛角斗士人数从150对至500对不等。角斗士比赛直到公元15世纪才结束。

角斗士的来源

在罗马共和国早期，角斗士都是战争中的俘虏，自然也是能够熟练使用武器的人。他们认为，死于刀下比被奴役要幸福得多，所以战俘一直是角斗士的主要来源。但随着人们对角斗比赛需求的增加，这样的来源变得越来越匮乏。从苏拉时代开始，培训学校纷纷建立，无论有没有战争经验的奴隶都可以胜任这一职业。当然，这些奴隶的性格都是最顽固、最孤注一掷的。从奥古斯都时代起，罪犯也会被判处"竞技场刑罚"（后来被称为"狮子刑罚"），但这样的判决仅针对非公民，而且其罪行必须令人发指，比如叛国、谋杀、纵火等。最后，到了罗马帝国晚期，竞技场成了浪荡挥霍之人最渴望的终极胜地，志愿参与角斗的人数之多，让名为"角斗士"的阶级成形。

我们必须记住的是，意大利许多行省城市和较小的城镇与古罗马一样，都会举行角斗表演，所以随着角斗比赛的增加，角斗士数量越来越难以满足需求，界限不断被打破，成千上万名明显遭受最不公正待遇的人被归入角斗士阶级，悲惨殒命竞技舞台。

在西塞罗的时代，还有人指责行省官员将手无寸铁的乡下人送到罗马屠杀，并强迫罗马公民（当然都是些寂寂无闻、没有朋友的人）参加行省的角斗士表演。后来，当真正的罪犯也已所剩无几时，将被判轻罪的人送入竞技场也成了普遍现象。

图156 受伤的角斗士

出于同样的目的，有人甚至会以莫须有的罪名诬陷无辜之人。对基督徒的迫害，很大程度上就是缘于对角斗士的需求。因此，真正的战俘与爱好和平的平民之间没有了区别。耶路撒冷陷落后，提图斯宣布所有17岁以上的犹太人都有罪，他们被悉数送去矿场工作或去竞技场作战。为了俘获能充当角斗士的人，有些人还会在边境发动战争。由于缺少男性，孩子和女人有时也要被迫参与角斗。

角斗士学校

上文已经提到过培训角斗士的学校。西塞罗在担任执政官期间就曾说起过古罗马的一间角斗士学校。在这之前，卡普阿和普拉内斯特也有其他的角斗士学校。其中一些学校是由富有的贵族建立的，目的是为自己有可能举办的表演培养角斗士，其他的则是普通角斗士贩子的财产——他们培养和训练角斗士，是为了出租。这个行当几乎和皮条客行当一样声名狼藉。罗马帝国时期的培训学校都是公费，由政府官员管理——不仅在罗马（罗马至少有4所这样的学校），在意大利其他经常举办角斗表演的城市，甚至是各个行省，都是如此。无论是公立还是私立，所有学校的目的都是让受训者尽可能成为有效的战斗机器。角斗士都由能干的教练管理，必须遵守最严格的纪律，就连吃的也是精心安排的特殊膳食。他们还要按规定定期参加体育训练，在公认的专家教授下学习使用各种武器。在击剑比赛中，角斗士可以使用木剑。同一间学校的角斗士会被统称为一个家族。

比赛间隙，这些学校还必须充当角斗士的营房，实际上就是他们的拘留所。斯巴达克斯就是从加普亚的兰图鲁斯学校逃出来的，面对这样的教训，古罗马人可不会重蹈覆辙。我们可以从庞贝古城发现的遗迹中了解这些营房的普遍布局。这些建筑最初是为其他目的而规划，因此布局可能在各个方面都不理想。中央庭院或操场四周是宽敞的柱廊（图157、158），柱廊外又被两层楼高的成排建筑所包围，整体布局类似住宅的列柱廊。庭院的尺寸约为120英尺×150英尺，周围的建筑被分割成一个个互不相连、朝庭院敞开的小房间（大约12英尺见方）。从柱廊即可到达一楼的房间；二楼的房间则要爬上几阶

图157 庞贝的角斗士学校

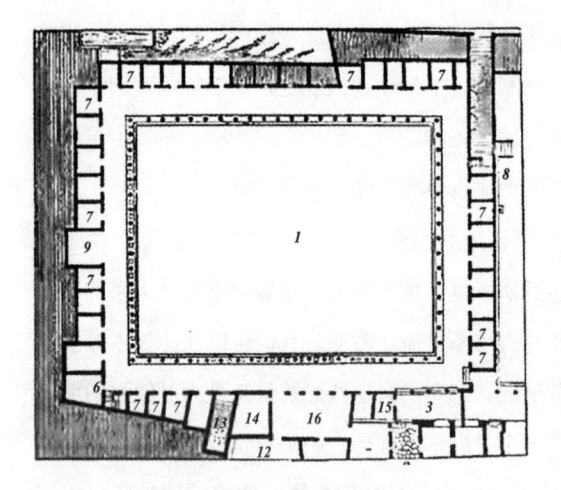

图158　角斗士学校的平面图

楼梯，通过长廊到达。这些小房间应该就是角斗士的卧室，每间可以容纳两人，共71间（见图158上所标的7），可以容纳142人，大房间的用途就纯粹只能猜测了。营房入口（3）旁设有守夜人或哨兵的住所（15）。角斗士们可以全副武装地在前廊（9）等待轮到自己去训练场（1）训练。警卫室（8）的遗迹中发现了许多足枷，帮助人们确定了这个房间的用途——不听话的角斗士会被戴上足枷以示惩罚，或遭到关押，并且只能以十分难受的姿势仰躺或端坐。军械库或财物室（6）的用途也是通过里面的物品判断出来的。它附近的角落里就是通往二楼走廊的楼梯。营房里比较大的房间是食堂（16），食堂正对着厨房（12）。厨房和食堂上面的房间可以通过楼梯（13）到达，它们可能是教练及其助手的宿舍。

角斗士表演场地

罗马共和国时期，角斗士表演的场地有时是在墓地，有时是在竞技场，但通常是在广场，前两个地方都不适合角斗表演。竞技场拥有足够的坐席，但中轴会遮挡视线，而且场地太大，无法让所有观众满意地看到几乎仅限在一个区域表演的角斗。相反，在广场上布置坐席非常方便。坐席可以在广场的两侧平行排列，在四角处弯曲布局，只围出足够容纳角斗士的空间。但这种场地的不便之处在于每次演出前都要布置坐席，演出结束后又要移走。如果工程搭建得过于仔细，就会耽误时间；如果过于仓促，又有可能危及生命。这些考虑最终导致古罗马人和半个世纪前的坎帕尼亚人一样，为角斗士表演建造了长期的观战场地。场地的布局和广场一样，但位置不会妨碍私人或公共演出。一来二去，"圆形露天竞技场"成了指代这些角斗士演出场地的专有名词。这个词之前正确的普遍意义是指任何四周被坐席环绕的场地，比如圆形竞技场。与之意义相反的是"剧院"，因为在那里，成排的坐席会被舞台隔断。

古罗马的圆形露天竞技场

关于特殊意义所指的第一座"圆形露天竞技场"是何时在古罗马建成的，我们还没有明确的答案——老普林尼认为是公元前55年。盖乌斯·斯克里博尼乌斯·库里奥[①]建造了两座背靠背的木制剧场，舞台位于相对的两端，会在早上同时进行戏剧表演。然后，观众们留在座位上原地不动，两座剧场则在机器的带动下旋转，面对面地合并在一起，随后再拆掉舞台。到了下午，被围成一圈的观众就可以观看合并舞台上的角斗士表演。但这显然是为了解释普林尼时代的"双面圆

[①] 盖乌斯·斯克里博尼乌斯·库里奥（Gaius Scribonius Curio，约公元前84—公元前49），罗马执政官，凯撒的支持者。*

形露天竞技场"而编造的故事。据我们所知，公元前46年，凯撒也建造过一座木制的圆形露天竞技场，不过我们手中并没有关于它的详细描述，也没有理由怀疑它不是一座临时起意设计出来的建筑。但在公元前29年，斯塔提利乌斯·塔卢斯建造了一座圆形露天竞技场，其中至少一部分是由石头搭建的，它后来在尼禄统治时期的大火灾①（公元64年）中被烧毁。尼禄本人此前也曾在广场上修建过一座木制竞技场。最后，在公元1世纪末，弗拉维圆形剧场完工，它后来被称为斗兽场或竞技场。这座竞技场规模庞大、经久耐用，以至于罗马城中再也没有必要建造其他类似的建筑。

　　建造于公元前75年的庞贝竞技场遗址，清晰地展示了圆形露天竞技场的基本特征。它的历史比罗马的第一座永久性建筑早了近半个世纪，是我们从文学作品或纪念性资料中所知的最早的此类建筑。它的外观如图159所示，剖面图如图160所示。人们一眼就能看出，圆形竞技场和大多数座位都处在专门挖掘出来的大坑中，因此一座高度不超过10英尺至13英尺的外墙就已足够。而且由于圆形露天竞技场位于城市的东南角，因此它只需要修建两面外墙，南面和东面都以城墙为界。竞技场呈椭圆状，长轴444英尺，短轴342英尺，竞技舞台占据了中间的空间。环绕四周的35排座位分为三个部分，最下面5排，中间12排，最高18排，最上面一层坐席的顶上是一圈环绕圆形竞技场的宽阔看台。如图159所示，看台只能从西边的外部双人楼梯和东部、南部靠近城墙的单人楼梯进入（图162，10）。看台和最上面的坐席之间是一排包厢，每排包厢大约有4英尺见方，大概是女士的座位。在包厢的下面，人们可以从平台走上坐席。这座圆形露天竞技场可以容纳约2万人。

---

①　公元64年7月18日晚，马克西穆斯附近的商业区起火，大火持续了约六天。事后尼禄将此次大火归咎于基督徒，并发起罗马帝国第一次镇压基督徒的行动。*

图159　庞贝圆形露天竞技场的外观

图160　庞贝露天圆形竞技场的剖面图

图161　庞贝圆形露天竞技场的内景

圆形竞技场平面图如图162所示。它呈椭圆形，长轴228英尺，短轴121英尺，四周立着一堵6英尺多高的墙，墙面的顶部和最下面的座位差不多高。

进行斗兽表演时，为了保护观众，圆形竞技场的内墙顶部会安装一道铁栅栏，要想前往竞技舞台和最下层、中间层的坐席，可以穿过两条地下通道（图162，1、2），其中一条通道（2）因为南边城墙的阻碍，向右转成了直角。圆形竞技场里还有第三条通道（5）可以通过，它又矮又窄，通往利比蒂娜之门[①]，人们会用绳子和钩子拖着死者的尸体经过这里。这些通道的出入口附近都设有一些小房间或洞穴（4、4、6），其用途尚不清楚。

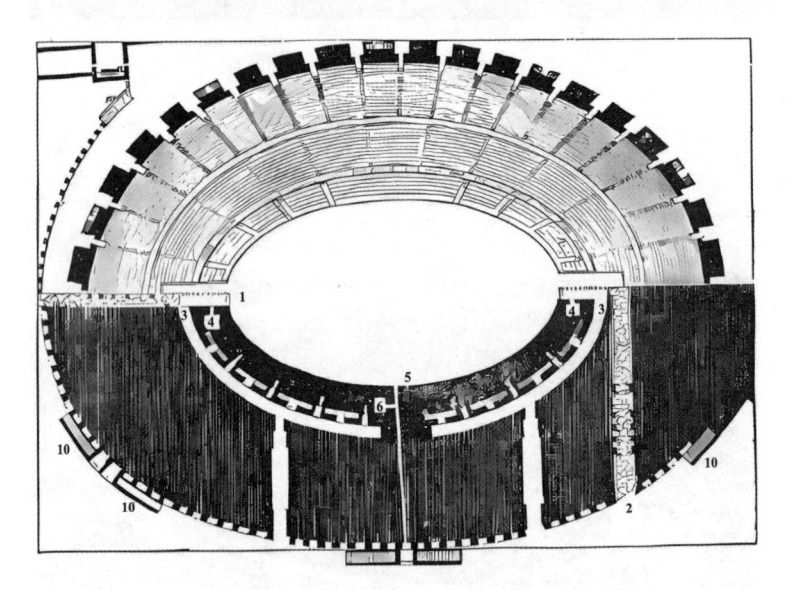

图162　庞贝露天圆形竞技场的平面图

---

① 利比蒂娜（Libitina）是古罗马司掌丧葬的女神。——译者注

和其他竞技场一样，圆形竞技场的地上也铺满了沙子，但这里的沙子不仅是为了让角斗士站稳脚跟，也是为了吸收鲜血。

露天圆形竞技场为观众留出的最下层坐席是由人造基座支撑着的，其他所有座位则是分段建造的。同时，和早期的剧院一样，人们也可以在倾斜的河岸上为自己寻找座位。最下层的一整圈坐席都是没有座位的，东西两侧的大部分位置由四块低矮、宽大的石档彼此层叠，是市议会成员才有资格使用的荣誉上座（图163）。

东边的坐席和最下面的石档宽度是其他地方的2倍，大约有10英尺，是专门为举办演出的人及其亲友开辟的位置。中间和最高部分的坐席是用石头在土岸上搭建的。可能最下层的座位留给尊贵人士，中间的座位卖给有钱人，最上面那些不太受欢迎的位置则可以免费入场。

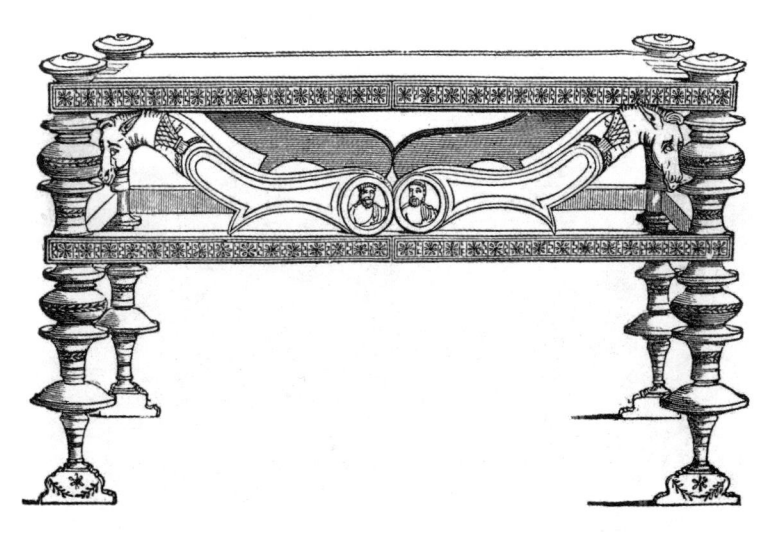

图163　荣誉上座

斗兽场

弗拉维圆形露天竞技场（亦称斗兽场）是古罗马所有建筑中最著名的一座，因为没有哪座保存至今的古罗马建筑能比它的规模更大。就本书的目的而言，此处没有必要讲述其历史或描述其建筑，只需将它的主要部分与庞贝古城的朴素原型进行对比就足已。庞贝古城建在城市外围，实际上位于城墙的一个角落；斗兽场的所在地则几乎是罗马的市中心，是所有公共建筑中最容易到达的。庞贝古建的内部只有两条通道和三座楼梯；而斗兽场共有80个编号入口，观众可以轻松地在场内找到正确的位置。

早期的圆形露天竞技场大部分位于地下，而该斗兽场所有的主体建筑都在街面以上，墙高近160英尺，在建筑方面赋予了古罗马竞技场区别于古希腊竞技场的宏伟之处。它留存至今的遗址整体外观参见图164。

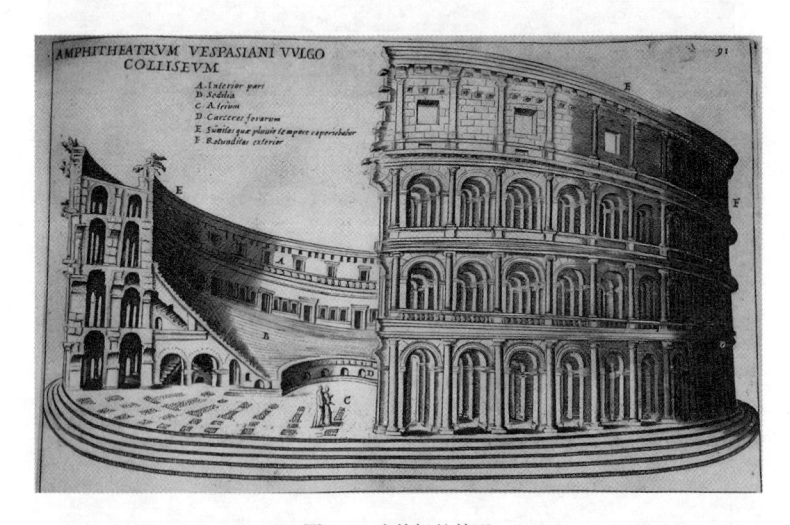

图164 斗兽场的外观

斗兽场的内景如图165所示。它呈椭圆形，长短轴分别为620英尺和513英尺，建筑占地近6英亩。竞技舞台也呈椭圆形，长轴287英尺，短轴180英尺，因此舞台周围预留给观众的空间宽度为166.5英尺。值得注意的是，整个建筑，包括舞台在内，都建有地下室。这些地下室为容纳大量的角斗士提供了空间，也为野兽提供了巢穴，还为某些场景转换机器留出了位置。最重要的是，这些空间可以容纳大量的水和排水管道，既可以让竞技舞台瞬间变成一座湖泊，也能够迅速地排水。舞台四周的围墙有15英尺高，侧面有滚柱，并且上面和庞贝古城的围墙一样，装有栅栏或金属网。围墙的顶部与最下方的坐席地面齐平。和竞技场一样，这样的平面也被称为楼座，可以容纳两排或最多三排大理石宝座。这些座位是供皇帝和皇室成员、演出的举办者、地方官员、元老院议员、维斯塔贞女、外国使节和其他重要人士使用的。

图165　斗兽场的内景

座位布局和前往座位的方法如图166所示。座位分为三部分，一部分比一部分高，中间由宽阔的通道隔开。位置越高，距离舞台就越远。最上面是一条开放的走廊。剖面图中A的位置就是楼座，它的上方12英尺处是第一部分座位（B），共14排，预留给骑士阶级的成员。座位上方是一条宽敞的走廊，然后是面向普通公民的第二部分座位（C）。这些座位的背后是一堵相当高的围墙，围墙的上面是第三部分座位（D），上面摆放着留给底层阶级、外国人、奴隶等的粗糙木凳。这一区域前面成排的立柱令看向远处的视野更加糟糕。这部分座位的楼上是一条开放的走廊（E），是女性观众的位置，其他的坐席是不对女性开放的，除非她们足够出色，能够在楼座上方的位置占有一席之地。外墙的最顶端还有一座平台（F），上面有固定的桅杆支撑着遮阳篷。据说斗兽场的座位能够容纳8万人，还有足够2万人站立的空间。

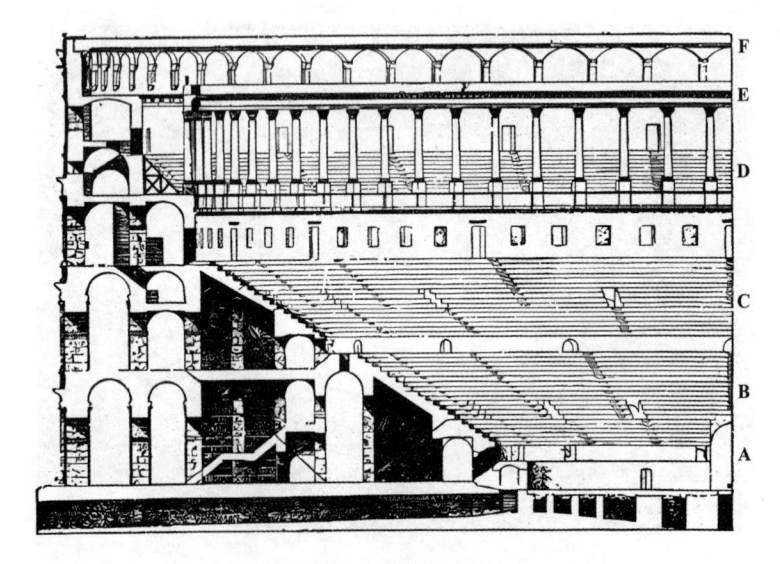

图166　斗兽场的剖面图

角斗士对抗方式

角斗士通常是一对一对抗，但有时也可以集体对抗。早期的角斗士其实是士兵，是战争中的俘虏，可以用自己习惯的武器和装备战斗。后来，经过专业训练的角斗士被引入，根据其使用的武器和战术被赋予了古老的名字，比如萨莫奈角斗士、色雷斯角斗士等。多年之后，人们还会通过这种对抗来庆祝对远方民族的征服，并在对抗过程中向古罗马人展示被征服者的武器和作战方式。

古罗马人征服不列颠之后，人们就曾在舞台上演出过车战战术。早在几代人之前，凯撒就曾在他的《高卢战记》中描绘过这种战术。当然，观众们也希望看到不同武器和战术的互相对抗，因此就要派出萨莫奈角斗士与色雷斯角斗士使用重型武器和轻型武器展开较量。在罗马帝国时期，这是最受欢迎的一种对抗方式。

后来，当人们厌倦了常规表演，一些新奇但在我们看来十分怪诞的东西就出现了：男人们戴着眼罩或手持两把剑作战，或是戴着套索、罩着一张沉重的网出战，还有侏儒的相互对抗，以及侏儒与女人之间的对抗。

其中披挂网子的对抗形式广受欢迎。表演者要试图用携带的巨网缠住对手（通常是追击斗士）。如果巨网被成功掷出，他就要用匕首将对方杀害；如果不成功，他就要逃跑，同时准备再掷一次。除了匕首，他唯一的武器是一把沉重的三叉戟。如果他把网子扔丢了，就要试着用三叉戟阻止对手（图167）。

图167 网斗士和追击斗士

角斗士的武器和盔甲

图168 色雷斯角斗士

我们是从各地发现的碎片中了解这些对抗中使用的盔甲和武器的,其中一些参见图154。绘画和雕塑作品也描绘了相关的内容,但我们始终无法分辨它们属于哪些特定的角斗士阶级。最古老的角斗士阶级是撒姆尼角斗士(图153),他们会佩戴腰带,右臂套着厚厚的袖子,头戴有面罩的头盔(图155),左腿穿护胫甲,手持短剑和长盾。在罗马帝国时期,萨莫奈角斗士的名字逐渐失传，拥有同等装备的角斗士在与装备轻型武器的色雷斯角斗士对抗时被称为"重装斗士"，在与网斗士对抗时被称为"追击斗士"。

色雷斯角斗士（图168）的装备与萨莫奈角斗士基本相同，区别在于他们会用小型的盾牌替代长盾。为了弥补差异，他们的双腿都会穿护胫甲。他们手持的武器是弯刀。

高卢人也属于重装斗士，但我们

图169 头 盔

不知道他们与萨莫奈角斗士有何区别。他们后来被称为莫米罗人，因为他们的头盔上带有状似鱼的装饰，如图169所示。除了皮制护肩之外，网斗士没有任何防御盔甲。当然，只要一个人能够熟练地使用各种武器，他也有可能轮流扮演萨莫奈角斗士、色雷斯角斗士等（参见图171的铭文）。

演出公告与获胜奖励

演出公告会提前张贴在公共建筑和私人住宅的墙壁上，甚至是通往城镇的道路两旁的墓碑上广而告之。有些公告的措辞非常简略，仅宣布了演出的举办者和演出的日期：

A · SVETTI · CERTI
AEDILIS · FAMILIA · GLADIATORIA · PUGNAB · POMPEIS

PR · K · JVNIAS · VENATIO · ET · VELA · ERUNT[①]

另外一些公告承诺，除了提供遮阳篷外，现场还将通过洒水来抑制赛场上的扬尘。有时，如果参赛队伍特别出色，公告还会公布对战角斗士的名字及其装备、受训学校、历战次数等详细情况。以下公告张贴在庞贝古城的一面墙壁上，其内容增加了每场对抗的结果，摘取样本如图170：

```
        MVNUS · N. . . IV · III
          PRID · IDUS · IDIBUS · MAIS
    T        M                  O              T
v. PUGNAX · NER · III     v. CYCNVS · IVL · VIII
p. MVRRANVS · NER · III   m. ATTICVS · IVL · XIV
```

图170　庞贝古城的演出公告[②]

角斗士名字前的斜体字是一些感兴趣的观众在演出结束后加上去的，分别代表vīcit（获胜）、periit（死亡）和missus（失败，但被赦免）。除了上文提到的这些细节，还有其他公告会提到每天的其他对抗，以激起人们的好奇心和兴趣。

演出前一天，人们会为角斗士举办一场盛宴，邀请其朋友和仰慕者前来参加。演出于下午展开。在演出的主办者就座后，角斗士们会列队绕场，在他的面前驻足，献上著名的"赴死者的致敬"（moritūrī tē salūtant）。问候结束后，所有角斗士都要根据公布的计

---

① 公告意为：五月的最后一天，行政官奥卢斯·苏提乌斯·塞尔图斯的角斗士将在庞贝作战。届时将有狩猎表演，并将使用遮阳棚。
② 公告意为：五月十二日至十五日，N……比赛。色雷斯斗士普格纳克斯，尼禄角斗士学校，参战3次，对战莫尔米罗斗士墨兰努斯，同校，参战3次。重装斗士库克诺斯，尤里乌斯·凯撒学校，参战4次，对战色雷斯斗士阿提库斯，尤里乌斯·凯撒学校，参战14次。

划，成对地退出竞技场。演出的序幕是一系列使用钝武器的佯装对抗。等人们看够了这些表演，真正的演出就会伴随小号声的响起拉开帷幕，那些不愿战斗的人会在鞭子或滚烫铁棍的驱赶下进入竞技舞台。如果一名战斗人员显然已经被制服，但实际上还没有被杀死，他可能会向主办者举起手指来乞求怜悯。按照惯例，这个请求会被转交给观众。如果他们挥舞布条或餐巾，就表示他们希望这个请求能够得到批准；如果他们伸出大拇指朝下，就是代表死亡的信号。人们拒绝赦免的角斗士只能毫无抵抗地接受对手的致命一击。这样的对抗规定所有角斗士都必须战斗至死，但奥古斯都禁止举行这样的对抗。死者的尸体会被人从利比蒂娜门拖走，随后会有人在舞台上撒上沙子，或用耙子将血迹清理干净。比赛继续进行，直到所有对抗结束。

　　严格地说，角斗士在首次公开露面之前被称为"提罗"（tīrō）。一旦获得首胜，他就会收到一个木头或象牙制成的信物（图171），上面刻着他的名字、他的主人或教练的名字、一个日期以及字母SP、SPECT、SPECTAT或SPECTAVIT——可代表"populus spectāvit"。获得多次胜利之后，他证明了自己是家族同届中最优秀的或者第二优秀的选手，就能获得"prīmus pālus"或"secundus

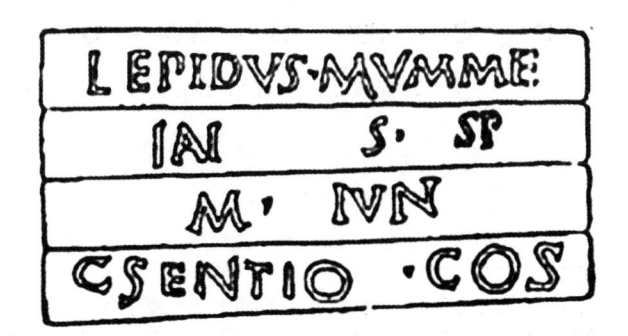

图171　角斗士纪念章

pālus"的称号。等他为自己赢得了自由,还会被授予一柄木剑。接下来,那些被聘为培训师的人还会被授予"prīma rudis"和"secunda rudis"的称号。

著名角斗士能从主人或赞助人那里获得有价值的奖品和礼金作为奖励,这些奖励可能不如给战车御夫的那么慷慨,但也足够他们过上奢侈的余生。不过,从事这个行业的人可能会发现,力量与勇气给他们最令人满意的回报是在一战成名之后名垂千古。他们不避讳这份职业带来的恶名,不会试图隐藏自己与竞技场之间的联系。

相反,他们的墓碑上会铭刻其所属的阶级和获胜的次数(图172),而且经常会刻上其木剑的图像。

```
D · M · ET · MEMORIAE
AETERNAE · HYLATIS
DYMACHAERO · SIVE
ASSIDARIO · P · VII · RV · I
ERMAIS · CONIVX
CONIVGI · KARISSIMO
P · C · ET · S · AS · D
```

图172 某位角斗士墓碑上的碑文[1]

---

① 碑文意为:"特此将海拉斯善良的灵魂与永恒的回忆献于诸神。他是一名双刀斗士、战车斗士,曾获七胜,任首席教练。其妻厄尔麦斯树此碑以纪念她挚爱的丈夫,并保留使用权。"

圆形露天竞技场的其他演出

在圆形露天竞技场偶尔举办的其他演出中,有一些是与竞技有关的。最重要的是斗兽表演,即猎杀野兽。这些野兽有时会被受过捕兽训练的人杀死,有时要被迫自相残杀。由于圆形露天竞技场的主要目的是残杀人类,所以在这里开展的斗兽肯定会逐渐变成野兽捕杀人类。受害者都是死刑犯,其中有些人是罪有应得,有些人背负着冤假错案,有些人(其中还有妇女和儿童)则是因为政治或宗教信仰被判死刑。他们偶尔能够领到武器,有时则手无寸铁,甚至会被捆绑、束缚在木桩上。有的刽子手还会发挥创意,让他们扮演神话悲剧中的受害者,对他们展开额外的折磨。竞技场的舞台还可让船只移动,灌满水之后可以在场内上演海战,其激烈和血腥程度堪比为世界史带来新转折的那些海战。最早的海战表演是在人工湖中举行的。第一座人工湖是凯撒在公元前46年为了一场海战表演而挖掘的。公元前2世纪,奥古斯都建造了一座永久湖泊,长1800英尺,宽1200英尺。后来的皇帝们至少还建造了四座人工湖泊。

沐 浴

对早期的古罗马人来说,沐浴是健康和体面的象征。因为日常的服装会让四肢暴露在外,所以他们每天都会清洗胳膊和腿,每周清洗一次身体。在家洗澡时,古罗马人使用的是非常简陋的盥洗室。盥洗室位于厨房附近,这样就方便把灶台上加热的水带进去。到了罗马共和国的最后一个世纪,一切发生了改变,但改变的过程不得而知。此时沐浴已经和晚餐一样，成为日常生活中一个重要的组成部分。人们通常会在晚餐之前沐浴，有些人还偏爱使用公共浴场。当时的罗马各地、意大利小城镇甚至是各个行省都有大规模经营的浴场。浴场提供各种浴室，比如普通浴室、浴池、淋浴间、带按摩的土耳其浴室。此外还有不少浴场借鉴了古希腊体育馆的特色，有操场、各种比赛的场地、阅览室和会议室、图书馆、体操器材，实际上包含了今天的体育俱乐部能为会员提供的一切。配套设施变得比浴场本身更重要，因此人们把沐浴列为娱乐活动是很有道理的。在没有公共浴场或浴场距离较远的地方，富人会在自己的住宅中装修浴室，但无论有多精致，使用私人浴室充其量只是一种权宜之计。

浴室必需品

　　罗马各地发现的公共浴场和私人浴室的遗迹，以及维特鲁维乌斯的一篇论文和无数的文献经典，都非常清楚地说明了浴室的总体结构和布局，但也表明在浴室细节方面有很大的自由发挥空间。在古典时代的豪华浴室中，四样东西是必不可少的：一个温水浴池、一个热水浴池、一个冷水浴池以及按摩和涂抹用的油。所有这些可能一个房间就都能容纳，除了最后一样，每间现代浴室也都是如此配备的。但事实上，我们发现，最普通的私人住宅也至少会留出3个房间专门用于沐浴——通常应该有五六个房间。在公共浴场中，这个数字可能会成倍增加。设施较好的住宅会配备：（1）一个更衣间。通常没有暖气，但配有长凳和存放衣物的柜子。（2）温水浴室（图173）。沐浴者要在里面一直待到开始出汗，以免过于突然地进入隔壁的高温房

图173 庞贝古城的温水浴室

间。(3)高温浴室。(4)洗冷水浴的冷水浴室。(5)油室。沐浴结束后擦拭和抹油的房间,沐浴者可以从这里返回更衣室。

在比较简陋的房子里,空间会被节省地用于多种用途。单独更衣间可能会被省去,沐浴者会根据天气在冷水浴室或温水浴室中穿脱衣服。油室可能也会被省略,由温水浴室"一室两用"。这样一来,五房的套间就可以被减少到四房或三房。另一方面,私人住宅有时会拥有一个无水的额外热蒸房,用于汗蒸。公共澡堂则几乎必备一个操场,操场的一侧会开辟一个泳池,用于冷跳水,旁边的房间可以供沐浴者在沐浴前后用刮身板(strigilis)把运动后的汗水和尘土擦掉(图174)。不要以为所有的沐浴者都会按照上面说的顺序走遍所有的

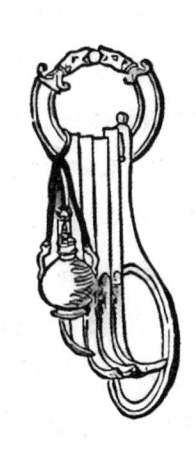

图174 刮身板

房间，虽然这是一件稀松平常的事。有些人完全不洗热水澡，而是待在蒸汽浴室里出上一身汗，或是不去汗蒸，直接在高温浴室里用刮身板把身上的汗擦掉，然后洗个冷水澡（可能只是淋浴或冲洗），再用亚麻布擦一下，抹一抹油。舍弃广场和台伯河，去体育场和浴场的年轻人喜欢在锻炼后用刮身板刮掉身上的污垢，然后一头扎进开阔的泳池，再刮一遍，然后抹上油。沐浴的过程在很大程度上取决于个人的时间和爱好。医生也会为病人制订严格的沐浴规则。

浴室供暖

不管一座住宅的房间是多是少，其布局都取决于取暖的方式。早期人们会按需在屋里放置炉子取暖，但到了罗马共和国末期，各家各户都开始使用暖气——一处火源就能在为房间供暖的同时烧开热水。和我们的情况一样，暖气产生的热气不会被直接引入房间，而是在地板下和墙壁间循环。房间的温度取决于它与供暖源的距离。房子里如果设有蒸汽浴室，后者会被直接安置在暖气上方，旁边紧挨着高温浴室和温水浴室，不需要加热的冷水浴室和更衣室则在距离暖气最远的地方，不与暖气相连。如果同一座建筑中设有男女两间浴室，那么暖气两边会各设置一间高温浴室（参阅"温泉浴场"部分的平面图），其他的房间按常规顺序与之连接在一起，两个入口相隔最远。

图175展示了地板下的空气传导方式。浴室实际上有两层，两层之间有2英尺的间距可供热空气流通。在暖气正上方的二层位置上，有两个烧水用的锅炉，一个被放在后面火不太热的地方，里面的水一直保持温热；另一个被直接放在火上，里面的水会保持沸腾；旁边

图175 暖气的二层

还有第三个装着冷水的锅炉。这三个锅炉里的水会按需输送到各个房间。只要仔细研究"斯塔宾温泉浴场"和"戴克里先浴场"部分的平面图，就能很容易理解这种布局。

高温浴室

在没有蒸汽浴室的时候，高温浴室可以用来洗热水浴，也可以用来做汗蒸。高温浴室是一个长方形的房间（图176）。公共浴场里的高温浴室也是长度大于宽度（维特鲁维乌斯认为其比例应该是3∶2），其中一端呈圆角，类似半圆形后殿或凸窗，另一端是一只大热水缸，里面同时可供许多人沐浴。浴缸距离浴室的地面有两个台阶

图176 高温浴室的剖面图

高,其长度等于房间的宽度,顶部宽度不少于6英尺。浴缸的底部没有那么宽,后部向内倾斜,所以沐浴者可以靠在斜坡上。浴缸的前面有一阶又长又宽的台阶,便于沐浴者迈进浴缸,也可以让其坐下。浴缸的热量来自暖气,还有金属加热器来保温,加热器在地板下一直延伸到蒸汽室。浴缸的顶部附近有一根溢流管,底部有一根排水管,可以把水排到高温浴室的地板上,用来擦洗地板。房间类似半圆形后殿的那一端有一个蓄水池,或者是大金属盆,里面装着冲洗用的冷水。私人浴室通常是长方形的,蓄水池被放置在房间的角落。墙边摆放的长凳供只汗蒸的人使用。毫无疑问,高温浴室里的空气非常潮湿,而蒸汽浴室里的空气则十分干燥,所以效果不完全相同。

冷水浴室和油室

冷水浴室里只有冷水浴池。如果这里还要同时用作更衣室,那么墙边会有存放衣物的橱柜(至少在公共浴场里是这样的),还会放置长凳,供看管衣物的奴隶就座。那些觉得浴池太冷的人可以前往操场的露天泳池,那里的水有阳光加温。或许为了造福那些连操场都感觉冷到不适的病弱者,庞贝古城的一座公共浴池还引入了温水浴室。最后一道工序——刮、擦和涂油——极其重要。沐浴者通常要在温水浴之前、冷水浴之后重复这道工序两遍(第一遍可以省略,但第二遍绝对不能)。专门的油室里配备了长凳和长榻,刮身板和油都是沐浴者自带的,通常会和洗澡用的毛巾一起交由奴隶保管。沐浴者可以自己刮身、涂油,也可以安排训练有素的奴隶定期按摩。一些大型浴场可能会有专业技工供雇用,但我们在这个问题上没有直接的证据。如果没有专门的油室,那么冷水浴室或更衣室也可暂代之用。

私人浴室

图177展示了英国英格兰蒙茅斯郡凯尔文特一间私人浴室的平面图。这座遗迹始建于君士坦丁时代(306—333),在1855年被发现。它的规模虽然不大,但房间布局却展示得很清楚:入口(A)通向冷水浴室(B),冷水浴室的大小为10英尺6英寸×6英尺6英寸,内有一个浴池(C),尺寸为10英尺6英寸×3英尺3英寸;冷水浴室

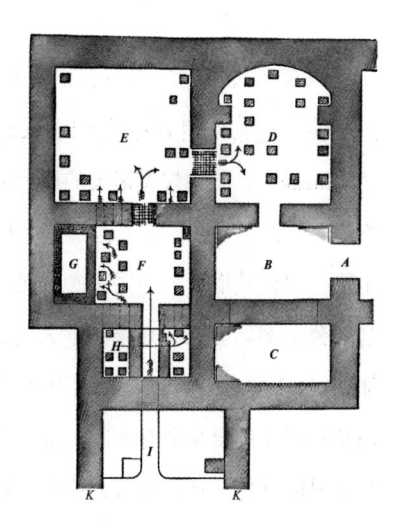

图177 凯尔文特浴室

紧邻更衣室（D），尺寸为10英尺6英寸×13英尺3英寸；更衣室的一端呈半圆形，这是高温浴室应有的构造；接下来是温水浴室（E），尺寸为12英尺×12英尺——它是4个主要房间中最大的，而不是最小的，这里有悖常规；然后是高温浴室（F），尺寸为12英尺×7英尺6英寸，其间浴池（G）的尺寸为6英尺×3英尺×2英尺；这座浴室并没有给金属水箱留出空间，也许是因为浴池太小，不需要任何特殊的地基；最后是罕见的油室（H），尺寸为8英尺×4英尺，位于暖气（I）的一端，暖气位于地下室（KK）。如箭头所示，热气的出口是更衣室外墙上靠近屋顶的一个开口。需要注意的是，高温浴室和冷水浴室之间是没有直接通道的，蒸汽浴室也没有专门的入口，而这里的温水浴室肯定被用作了油室。整座浴室的大小是31英尺×34英尺。

公共浴场

早期比较简陋的浴场和浴室被称为"balneum"，诗人为了押韵方便，通常使用其复数（balnea）。后期比较复杂的浴场被称为"balneae"，其中规模最大的拥有部分源自古希腊体育馆的特征，最终得名"温泉浴场"。不过这些名称在生活中很少使用，而且经常混用换。"公共浴场"一词首次出现是在第二次布匿战争之后。当时罗马的公共浴场数量迅速增加，公元前33年时至少有170座，后来又增加到800多座，并以同样的速度在意大利和各个行省之间蔓延，所有城镇和村庄都至少会有一座。这些浴场之所以是公共的，是因为所有公民只需支付一点儿微薄的费用，就能进来沐浴。免费浴场是不存在的，除非某些地方执法官、热心公益的公民或公职候选人出面安排，在某个有限时段内自掏腰包免除人们的入场费。公元前33年,阿格里帕①(Agrippa)就在罗马免费开放了170座公共浴场。富人有时还会在遗嘱中为人们提供免费洗浴,但每一次的时间都是有限的。

浴场管理

第一批公共浴场是个人以投机为目的开设的,另外一些则是有钱人为家乡献礼修建的,就像现在的某些人会修建医院和图书馆一样。市政当局会负责这些公共浴场的行政管理,在收费开放的同时还要负责建筑的维修。

另外一些公共浴场由城镇公共资金建成,还有一些被后来的皇帝当作纪念馆。无论创建动机是什么,所有公共浴场的管理几乎如出一辙。它们会在一定的时间内以固定的金额出租给某个经理人,后者要支出一定的费用,并从自己的收费中获利,而他收取的费用几乎是象征性的。

如我们所见,古罗马公共浴场的常规价格似乎是一个"quadrāns",也就是不到一分钱,沐浴者还会自带毛巾和油等。女性的入场费高一些,也许是男性的两倍。某个年龄段以下的孩子是免费的,具体是几岁,我们不得而知。当然,价格在不同的地方会有所不同,即便是在同一座城市,有些浴场的价格也有可能比其他更高,而这要么是因为它们更豪华,要么是为了让它们比其他浴场更时髦。不过我们没有确切的证据来证明这一点的真伪。

---

① 阿格里帕(Marcus Vipsanius Agrippa,公元前63—公元前12),古罗马政治家,屋大维的女婿。公元前33年,他任罗马市政官。*

浴场通常在午休和正餐之间开放，时间根据季节和顾客阶级的不同有些许限制。浴场一般在日出后的第8个小时开门营业，按照合同约定，浴场管理员要在这个时候准备好一切。事实上，许多人喜欢在午餐之前沐浴，因此在那个时候，至少在某些比较大的地方，浴场已经开门迎客了。所有浴场一般都会营业到日落，但在一些规模较小、公共浴场较少的城镇，浴场关门的时间会更晚一些。至少庞贝浴场发现的大量照明灯表明，这里夜晚也会营业。我们可以想当然地认为，只要有利可图，经理们就会一直营业。

和今天的情况一样，有名望的女性也会在公共浴场里沐浴，但只能和其他女性共浴。她们和男性一样，十分享受结识朋友的机会。大城市的浴场设有专门供她们使用的独立浴室；在比较大的城镇里，通常为男人准备的浴场也会为女性留出单独的房间。这种组合将在下一小节中解释，其布局参见"浴室供暖"。在一些很小的地方，浴场会在不同的时间段分别对男性和女性开放。就我们所知，罗马帝国时代后期出现过男女混浴的情况，但这只适用于没有任何体面可言的女性。

温泉浴场

图178是庞贝古城斯塔宾浴场的平面图。它准确展示了小规模温泉浴场的样子，同时也说明了供男性和女性在同一屋檐下沐浴的浴场是什么样。

平面图中未编号的房间有的面向周围的街道开放，是独立于浴场的商店和铺面；有的面向内部开放，是服务人员使用的房间，或者有目前还无法确定的用途。

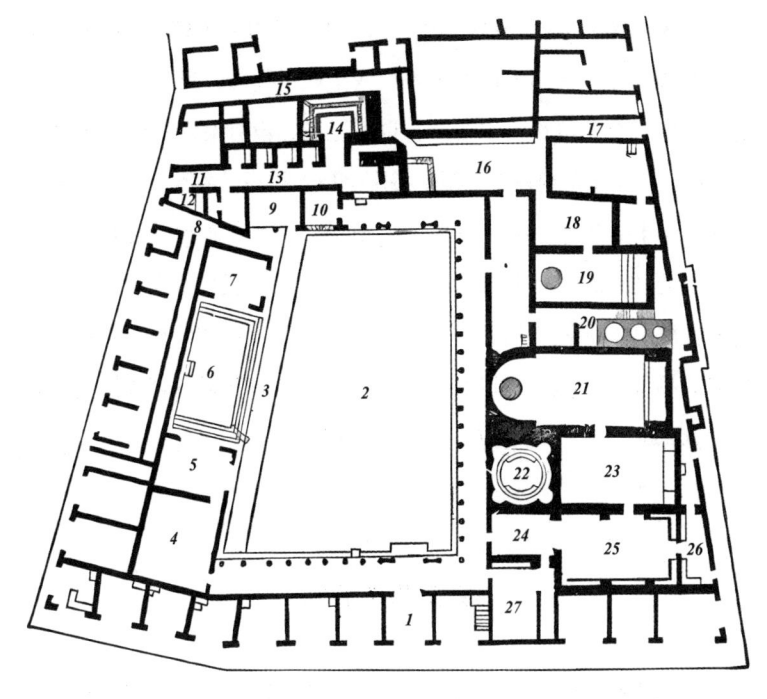

图178　斯塔宾温泉浴场

南边的主入口（1）通向三面被柱廊包围的体育场（2），西边是一个保龄球馆（3），在那里发现了巨大的石球。保龄球馆背后是向阳的泳池（6），两边各有一间冲洗室（5，7），还有一个供运动员使用刮身板的房间（4）。西北方向有两个侧门（8，11），方便到达门房（12）和经理人的办公室（10）。保龄球馆前端的房间（9）是供打球者使用的，角斗士也有类似的房间可以用（见图158，房间9）。办公室后面是厕所（14）。东边是浴室，其中男士的浴室靠南。两间男更衣室（24，25）各有一个单独的等候室供奴隶使用（26，27），等候室的房门通往街道。然后依次是冷水浴室（22）、温水浴室（23）和高温浴室（21）。这里的温水浴室一反常态，配备了一个冷水浴池。女士浴室的主入口位于东北方向（17），但也可以从西北方向穿过长廊（15）进入。两个入口都通往更衣室（16）。更衣室的某个角落是冷水浴池，也就是说，没有女性专用的冷水浴室。然后是位于常规位置的温水浴室（18）和高温浴室（19）。暖气（20）位于两个高温浴室之间，三个供水的锅炉位置清晰可见。

需要注意的是，这座浴场里没有蒸汽浴室。其中一间男士等候室可能曾被用作油室。从遗址中可以看出，这些房间布置得十分美观，使用的都是豪华家具。柱廊和宽敞的等候室为沐浴后的客人提供了宽松的休憩空间——古罗马人对此非常重视。

戴克里先浴场

上文描述的斯塔宾温泉浴场之所以布局不规则，浪费了空间，是因为它在不同时期进行了各种改建和扩建。公元305年，献给戴克里先[①]的浴场落成，后世没有哪个皇帝的温泉浴场能比这个更加对称（图179）。浴场位于城市的东部，是除卡拉卡拉浴场之外最大也最宏伟的古罗马浴场。浴场的布局平面图显示，所有主要房间都位于建筑的短轴线上。露天泳池（1）、更衣室、冷水浴室与庞贝古城的女士浴室一样，是合为一体的；为了获取阳光，温水浴室（3）和高温浴室（4）比其他的房间更加凸出。周围的大厅和庭院的用途目前无法确定，但从平面图中可以清楚地看出，这座浴场在当时极尽奢华。至于这个浴场的中央浴室到底有多富丽堂皇，可以参考图180卡拉卡拉浴场的内景图。

---

① 戴克里先（Diocktian，244—312），罗马帝国皇帝，建立了四帝共治制。*

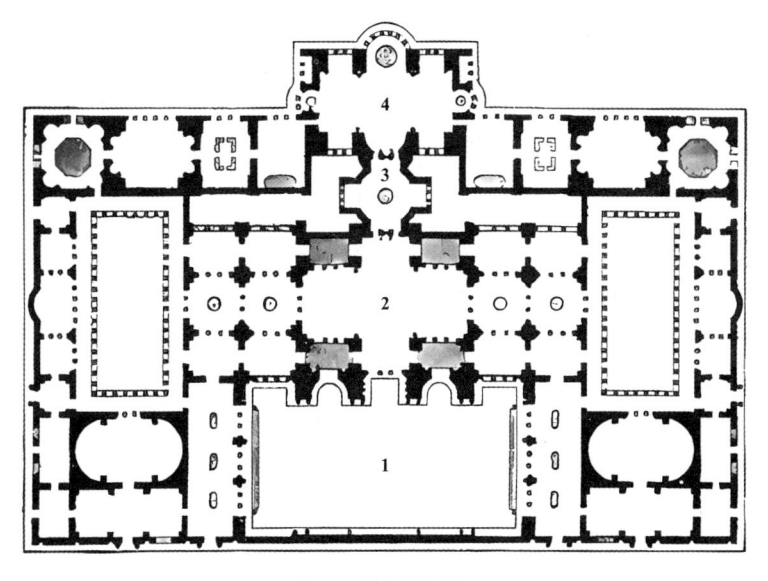

图179　戴克里先浴场

图180　卡拉卡拉公共浴场大厅

第九章　娱乐活动

第十章

旅行和书籍

- 水路旅行
- 陆路旅行
- 乘车出行
- 两轮马车
- 四轮带蓬马车和两轮轻便马车
- 道　路
- 道路的铺设
- 旅　馆
- 速　度
- 信件的寄送
- 信件的书写
- 信件的加封和开封
- 书　籍
- 纸张的制造
- 笔　墨
- 卷轴的制作
- 卷轴的尺寸
- 书籍的复制
- 商业出版
- 出版的速度和成本
- 藏书室

要了解古罗马人的旅行方式，我们只能依赖间接资料，因为没有相关方面的作品存在，更没有流传到我们手中。不过我们知道，虽然为了名利，没有什么距离遥不可及，没有什么困难无法攻克，但古罗马人并不在乎旅行本身，不在乎旅行本身的乐趣，即观光。在一定程度上，这是因为古罗马人对大自然的魅力视而不见，但更可能的是，他们认为自己离开罗马就会被人遗忘。

罗马人此生可能会出门游历一次，作为随从跟随某位将军或总督出国一年，但游历结束后，除非是最紧急的私人或公共事务，否则任何事情都无法吸引他离开意大利。

对一个罗马人来说，意大利只有罗马和他的乡村庄园。到了炎热的季节，当法院不对外开放、元老院休会时，他就会去一一拜访乡村庄园——从这一座到下一座，迫不及待地想要重新开始真正的生活。甚至当罗马方面有什么公共或私人事情召唤他时，他也只是通过书信保持联系，期待朋友们会给他写来大量的信件，做好准备在立场互换时回报这份恩惠。同理，地方总督会在其行省边界允许的范围内尽可能地靠近罗马。遥远的高卢发生的所有起义，几乎都是因为凯撒习惯在入冬之后结束战场上的积极行动，匆匆返回意大利而发生的。

水路旅行

水路旅行的交通工具和我们祖先在一个世纪前使用的一样。古罗马人会在水上使用帆船，却很少使用运河船。陆路方面，他们会乘坐马或骡子拉的车子，短途旅行时还会坐轿子，但当时还不存在运输公司和车船路线在某些地方之间以固定价格定期载客的情况。

对于那些出海旅行的人来说，如果经济条件不允许他购买或租用船只专供自己使用的话，他就必须在港口等待，直到找到一条驶往他想去方向的船只，然后向船家提出带他出海的条件。不便之处还不止于此。出海的船只普遍很小，在恶劣天气里乘坐很不舒服。由于没有指南针，它们只好尽量沿着海岸航行，因此往往增加了航程。

冬季的航海活动通常是停滞的，因此人们会尽量避免水路出行。比如说，旅行者宁愿通过陆路前往布林迪西，再从海上前往底拉西乌姆，然后继续陆路旅行，也不愿乘船从奥提亚斯或那不勒斯前往雅典。布林迪西和底拉西乌姆之间不断有航船经过，唯一令人担心的延误原因是糟糕的天气。这段仅有100英里的短途航行，通常可以在24个小时之内完成。

陆路旅行

通过陆路出行的古罗马人明显比独立战争时期的美国人富裕,诚然,罗马人下榻的旅馆不算高级,但车辆和牲畜完全可以与美国人相媲美,所走的道路也是有史以来路况最好的。骑马不是公认的旅行方式(古罗马人没有马鞍),但人们会乘坐两轮和四轮的交通工具。这种马车由一两匹或更多的马拉动,有的带篷、有的无篷。所有重要城镇的城门附近都有这样的马车可租,但价格不得而知。为了省去装卸行李的麻烦,远行者可能会使用自己的马车,仅需不时地租用新的马匹。不过,旅行的途中并没有邮路,也没有可供普通旅行者在完成常规旅途后换马的地方。只有驿站可供信史和政府官员半路休憩(尤其是在行省之间)。如果是短途出行,或者旅程不太赶,旅行者自然会使用自家的马车和马匹。关于随行队伍的盛况,可参阅上文有关奴隶的描述。

乘车出行

古罗马的街道十分狭窄(最宽处不超过25英尺,平均宽度约14英尺),所以当街道上可能挤满行人时,运货和载客的四轮马车就会被禁止在街上穿行。在整个罗马共和国时期和之后的至少两个世纪里,一天的前10个小时里,所有交通工具都被禁止在街道上通行,只有市场的马车被允许在晚上把商品带进城市,第二天早上再空着离开。除此之外,还有四种马车可以进出,即运输公共建筑材料的马车,维斯塔贞女和神职人员、行使祭祀职责的圣王乘坐的马车,参加竞技场游行的马车和凯旋的战车。几乎所有的意大利城镇都执行类似的规定，所以城里人普遍使用轿辇和轿夫。除了可供乘客斜倚的轿子之外，还有一种轿厢可供乘客笔直地坐在里面，二者都有棚顶和遮帘。斜倚着乘坐的轿子有时也会用于短途旅行，在辕杆之间前后各拴一头骡子，代替抬轿的6名或8名轿夫。不过这种做法直到罗马帝国后期才开始出现，被称为"basterna"。

两轮马车

从保留下来的遗址中，我们粗略了解了几种交通工具和它们的名称，但无法准确将这些图片和名称联系起来。因此，即便是最常见的交通工具，我们也只能对其形式和构造有个笼统的概念。有些车辆的设计似乎非常古老，仅在上文中提到的游行队伍中被用作御用马车，其中就包括四轮马车和两轮马车。二者都有车篷，由两匹马来拉，可供维斯塔贞女和祭司使用。两轮马车很少被当作出行的交通工具使用，乘坐这样的车出行会被视为奢侈的象征。在李维的作品中，第一任塔奎尼（Tarquin）国王①就是乘坐两轮马车从伊特鲁里亚来到罗马的。人们普遍认为，伊特鲁里亚的画作（图181）中再现的就是他所乘坐的两轮马车。四轮敞篷马车也可以用于凯旋游行，但仅用作战利品。它实际上是一种行李车，由随行队伍中的仆人乘坐。四轮箱式大马车是一种豪华的旅行车，最早出现在罗马帝国时代后期，车里有一张床，可供旅行者白天躺卧，晚上睡觉。

---

① 古罗马王政时期的君主。*

图181 两轮马车

四轮带蓬马车和两轮轻便马车

常见的交通工具仍是四轮带篷马车和两轮轻便马车。前者又大又重，装有顶篷，有四个轮子，由两匹或四匹马拉动。租这种马车的人一般是带着家人或行李出行。如果出行者没有旅伴，行李不多且需要快去快回，最受欢迎的选择就是两轮无篷的轻便马车。这种马车由两匹马来拉，其中一匹拴在辕杆之间，另一匹仅用缰绳来牵。这种马车有时也会用上3匹马，但只有一个乘客的座位，座位足够宽大，还有一个车夫的座位。

特里夫斯附近发现的遗迹（图182）上绘制的，可能就是一辆两轮轻便马车，但对此无法完全确定。西塞罗说，这些马车10小时能走56英里，其间可能要更换一次或几次马匹。罗马帝国时期使用的另外两种马车型交通工具分别是"essedum"和"covīnus"，但我们不知

图182　两轮轻便马车

道它们与两轮轻便马车有什么不同。这些马车没有弹簧，但旅行者会留心准备很多靠垫。值得注意的是，上述车辆都没有拉丁名称，除了四轮马车之外，它们都是法国名称。同理，我们知道的大多数马车的名称都是外国名称。

道　路

得益于工程技术和巨额经费，古罗马人的道路成了世界上最好的道路。从严格意义上来说，它们属于军事工程，为战略目的而建，目的是方便向边境运送物资，并在尽可能短的时间内集结军队。从在意大利获得第一块重要领土开始，道路建设就一直紧跟罗马共和国和罗马帝国的扩张步伐（亚平古道建于公元前312年）。

意大利的道路是由国家出资建造的，在其他行省，被征服的地区要自行承担建造和维护道路的费用。而道路的修建工作都是在古罗马工程师的指导下完成的，而且往往是在两次战役之间进行，受到古罗马军队的监督。这些道路呈直线连接两座目的城镇，途中经常穿插修建得不太细致的十字路口和岔路。道路的方向不会被任何天然屏障改变，而且其坡度始终十分和缓，遇山就穿山而过（图183），遇河流和峡谷就用坚固的石头造拱桥（图184），遇山谷和沼泽则造高架桥（图185）通过。

图183　山间路堑

　　考虑到各阶层出行者对舒适性的要求，道路的表面非常平滑，进行了仔细打磨，两边还有排水沟可以带走雨水和融雪。沿路的里程

图184　河流上的拱桥

图185　沼泽上的高架桥

碑（图186）会显示距离道路起点的距离、和后面道路重要地点之间的距离，以及监督道路修建的执政官或皇帝的名字（图187）。路基很宽，最大的马车也能毫不费力地通过。对行人来说，两边各有一条人行道，垫脚石也很常见，他们过马路时可以方便地越过马车道上的泥泞或尘土。里程碑旁还经常设有供人休息的座位。马夫随时都能找到便于他上下马车的垫脚石。如果路边挖出了泉水，人们还会建造喷泉，并为牲畜建造饮水槽。这样的道路往往几百年都不用修缮，其中一些经受了若干世纪车水马龙的考验，至今仍旧保持着良好的路况。

图186　里程碑

L·CAECILI·Q·F
METEL·COS
CXIX
ROMA

图187　萨拉里亚古道里程碑上的碑文①

① 碑文意为：此碑由执政官卢修斯·凯基利乌斯·梅特鲁斯（公元前117年）等人所立。距离罗马119（英里）。

道路的铺设

通过维特鲁维乌斯关于铺装路面的一篇论文和现存的道路遗迹,我们了解了军用道路的建设。"建造道路"一词的拉丁语(mūnīre viam)准确地概括了道路铺设的过程。不管是建在与周围区域平行的水平面上(图188),还是从下面穿过,道路都是一道平均宽15英尺、高3英尺的坚固屏障。接下来的步骤从图189很容易就能理解。首先挖一条和计划铺设的道路一样宽的沟渠,其深度要足以装下道路的

图188 路堤及其横截面

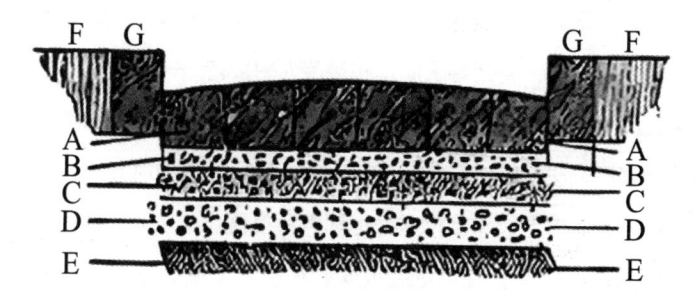

图189 道路的铺设

填充物，填充物要视土壤性质的不同而变化。沟渠底部的泥土（E）一定要弄平，并用重型夯锤夯实，在此基础上铺上基石（D），基石不能选用过大的石头，铺撒的厚度随土壤的疏松程度不同而变化。然后是一层9英寸厚的粗石混凝土或碎石拌石灰（C），再上面是一层6英寸厚的细石混凝土（B），由陶瓷碎片和石灰混合而成。之后再铺上一层火山岩块，或从附近的乡野就地取材的硬石块（A）。这最后一层就是路面，必须非常仔细地铺设，以免留下会漏水或震碎车轮的缝隙和裂沟。图中的石头下表面是平整的，但它们通常会被切出尖角或凹凸边缘，以便更牢固地抓住细石混凝土。道路的两边以路牙（G，G）为界，再旁边就是人行道（F，F）。岩石结构的底土可能并不需要地基层，甚至连第一层、第二层基石都没有必要。人们不常走的岔路似乎就是由一层厚厚的、圆润紧凑的砾石铺就而成。铺设十字路口的建材可能更加廉价。

旅　馆

意大利各个城镇开设了无数的旅馆和餐馆，但都极其简陋。体面的旅行者总是会谨慎地避开这些地方，要么在经常通行的路上拥有自己固定的停车点，要么寻求朋友和接待人的接待——对于他们来说，这类资源肯定哪里都有。除非是遭遇事故、天气不好或异常匆忙，否则什么事也无法迫使他们留宿公共客栈。因此，这些地方的客人都来自最底层，旅馆老板和旅馆本身也都声名狼藉。在这里，食物和床铺都要由旅行者自备，牲口也会被安置在同一个屋檐下，而且距离近得令人很不舒服。庞贝某客栈的平面图（图190）也许可以作为这类房屋的一个清晰样本。旅馆入口（a）足够宽阔，可以让马车进入马车房（f）和后面的马厩（k）。旅馆的一个角落配备了饮水槽（l），另一个角落是一个浴室（i）。入口的两边都是酒窖（b，d），其中一间酒窖通往旅馆老板的房间（c）。图中的小房间（e，g，h）都是卧室。位于马车房二楼的其他卧室可以通过后楼梯到达。前面的楼梯有一个临街的入口，通往一些可能与旅馆没有任何关系的房间。前楼梯背后的一层是壁炉和热水器的位置。那不勒斯博物馆里保存着一份账单铭文，从中可以看出，这种地方的价格十分合理：一品脱葡萄酒配面包，一分钱；其他食物，两分钱；骡子吃的干草，两分钱。街道的角落是最受欢迎的旅馆所在地，通常还会张贴标志（大象、老鹰等），和后来的旅馆差不多。

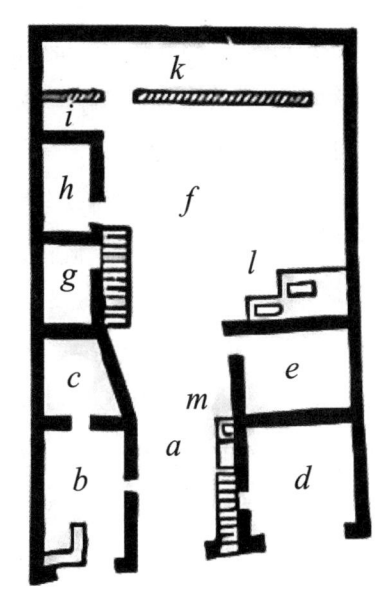

图190　庞贝某客栈平面图

速　度

由于缺乏定期运营的公共交通工具，我们无法判断旅行者通常的行进速度。这取决于旅行的总距离、旅行者需要的舒适程度、出行事由的紧急程度和他所掌握的交通工具。西塞罗认为，乘坐马车很难在

10个小时内走完56英里，但在同样的道路上，如果每隔一段适当的距离就能更换新的马匹，而旅行者又能忍受疲劳，那么行进的速度应该有可能更快。书信的邮寄速度是最好的比较标准。那个时候还没有公共邮政服务，但每个有地位的古罗马人都有专门的信使奴隶，其任务就是为他递送重要的信件。他们步行（每天）可以行进26—27英里，乘坐马车可以行进40—50英里。据我们所知，一封信从罗马寄送到布林迪西（约370罗马英里，1罗马英里约等于1481米）需要6天时间，再寄到雅典还需要15天时间。从西西里寄来的信件会在第7天到达罗马，从非洲寄来的则要21天，大不列颠是33天，叙利亚得50天。在华盛顿时代的冬天，从美国东部往南部各州寄信通常要花一个月的时间。

信件的寄送

派遣信使长途送信，特别是漂洋过海，使得寄送信件十分昂贵，要是事出紧急，可以求助于前往所需方向的商人和旅行者。那些打算派遣信使或亲自出行的人会提前通知朋友们准备信件，如果有需要，他还会为陌生人送信，并以此为荣。当然，以这种方式寄出的信件很有可能落入坏人之手或遗失，所以按照惯例，一封重要的信件通常还会通过另一个人——如果有可能，通过不同的路径——寄送一份副本，或者至少是一份摘要。此外，寄信人还习惯采用只有收信人才知道的假名或是常用的密码来掩盖信中的内容。苏埃托尼乌斯告诉我们，凯撒会把信中的每个字母换成字母表中后三个位置的字母：D代表A，E代表B，以此类推。人们还会普遍使用一些精细复杂的密码体系。

信件的书写

每个位高权重的古罗马人都有大量的信件要收寄，当然不可能每封信都亲自动笔回复，因此他只会亲笔书写最重要的信件和给最亲密朋友的信函。在那个没有速记和书写机器的年代，执笔者都是奴隶或自由人。这些人通常受过高等教育，可以进行听写，一般被称为抄写员（librāriī），更准确的名称是书信员（servī ab epistolīs）、手写员（servī a manū）或文书助理（āmanuēnsēs）。笔记和简短的信件会被写在各种尺寸的冷杉木木板上，它们通常两片或多片为一组，用金属铰链固定（图191）。木板的内表面会被略微掏空，凹陷处填满蜂蜡，只在边缘处留下凸起的一圈，类似老式石板的边框。

书信的内容是用象牙或金属工具在蜂蜡上描出来的。这种工具的一端像铅笔一样尖，可以用来写字，另一端又宽又平，类似裁纸刀，

图191 写字板

可以用来磨平蜂蜡（图192）。平坦的那一端还可以用来修正错误，或是将整个字母擦除，重新在木板上书写。至于内容较长的信，古罗马人会写在粗糙的莎草纸上（下文将描述这种纸张的制作方法），并用劈开的芦苇枝做笔，用油烟烟灰混合树脂制成浓墨。由于纸张、笔和墨水的质量都很糟糕，除非是内容冗长的书信，否则人们更喜欢使用沉重笨拙的写字板。羊皮纸要直到4、5世纪才开始普遍使用。

图192 青铜尖笔

信件的加封和开封

加封信件需要线、蜂蜡和印章。当时的人们似乎还未考虑使用亲笔签名，所以印章不仅保证了信件不受不当检查，还能证明抄写员所写的内容为真。

加封信件的人会将写字板面对面地扣在一起，把信的内容夹在里面，在板上的小洞里穿针引线，将写字板紧紧地绑在一起，然后在打结处滴下融化的蜂蜡并加盖印章。如果信件的内容是写在纸张上的，那么就将纸纵向卷起，以同样的方法固定。信的外面会写上收信人的名字，如果不是由专人寄送，也许还会写上收信人的地址。

拆信时，收信人会小心地不破坏印章，而是割开缝线，查看里面的内容。如果要将一封信保存下来，那就要留好上面的印章，以证明它的真实性。西塞罗在反对喀提林的第三篇演说中的第10段里描述过拆信的方式。

书籍

古罗马人对古人用来写字的所有材料似乎都了若指掌，会在不同的时间将它们用于不同的目的。然而，在伟大的经典著作层出不穷的那段时间，出版文学作品所用的唯一一种材料还是纸张（莎草纸），唯一一种形式则是卷轴。用羊皮纸书写的现代形式书籍在保存古罗马文学时发挥了重要作用，但直到那些经典著作一一完成，大师们相继去世很久之后，这样的书籍才开始出版。

古罗马人从古希腊人那里引进了莎草纸卷轴，而它是古希腊人从古埃及人手中得到的。我们不知道古埃及人第一次使用莎草纸是什么时候，但我们保存了至少书写于公元前2500年的古埃及卷轴。保存下来的这类古罗马书籍中，最古老的书是在赫库兰尼姆发现的，发现时已经严重烧焦破损。而在已经破译的书籍中，没有一本出自权威的拉丁文作者之手。其中一段文字样本是摘自某未知作者作品中的片段，如图193所示。在它被埋葬的那个年代，还可以看到格拉古的卷轴，而西塞罗、维吉尔和贺拉斯的手稿肯定也很常见。据我们所知，自那之后，所有这些东西都腐朽了。

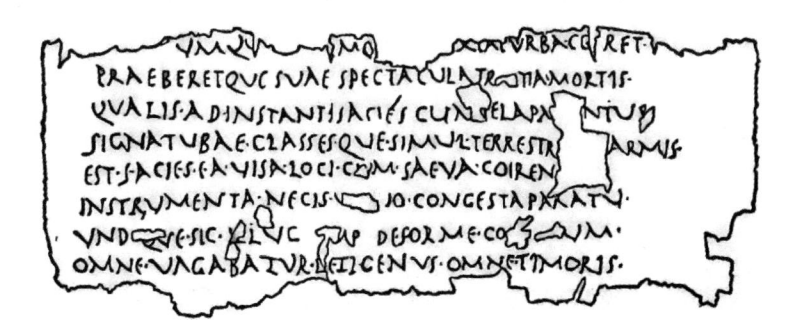

图193　来自赫库兰尼姆的莎草纸卷轴碎片

纸张的制造

纸莎草的草杆有节茎，呈三角形，最高可达14英尺左右，厚度为四五英寸。茎中有芯，是造纸的原料。制作过程大致如下：把茎干从节处切开，去除坚硬的外皮，把芯尽可能均匀地片成薄片或条状——第一刀要从某个特定角度入手，切到另一边的中间处，然后平行于这道切口，再左右下刀。将这些切片按照宽度分类，切够了就将它们尽可能紧密地并排摆放在一块板子上，宽度接近一个切片的长度，再在上面以相交直角的方式铺上另一层，两层之间可能要抹上一层胶水或浆糊，这样就能得到一种类似垫子的纸板。将它浸泡在水中，压制或锤打成类似纸张的物质，古罗马人称其为"charta"。将这种纸张在阳光下晒干、漂白之后，刮除粗糙的地方，根据纸芯的长度将其修剪成统一的大小。每张纸用到的纸芯数量越少，或者换句话说，每根纸芯的宽度越大，纸张的纹理就越紧密，质量越好。因此，可以根据纸张的大小来为其评分，以纸张的宽度而非高度为标准。市场上出售的质量最上乘的纸张似乎都有10英寸宽，而最劣质的书写纸只有6英寸宽。每张纸的长度都要比其宽度多一两英寸。据计算，一棵纸莎草能够制作大约20张和它的高度一样的纸张，因此莎草纸在市场上出售时的计量单位似乎就成了"根"，差不多与我们的"一刀纸"对应。

笔 墨

莎草纸通常只有上表面，即水平铺就的那一层可用于书写。纸张制成之后，纸芯的形状仍旧会显露出来，引导执笔者落笔。书写时，保持每一页的行数不变十分重要，为此要用圆形的笔芯在纸张上画线。和我们的羽管笔一样，古罗马人写字的笔是用芦苇削尖制成的。黑色的墨水有时会用墨鱼汁代替，红色的墨水经常用于标题、装饰等内容。如图194所示，墨水瓶通常分为两个部分。和今天的墨水不同，当时的墨水更像是颜料，没有干涸时可以用湿海绵擦掉，即使已经变干、变硬，也可以擦干净。为了再次使用而清洗纸张是贫穷和吝啬的标志。纸张的背面经常被用来打草稿，尤其是在学校里。

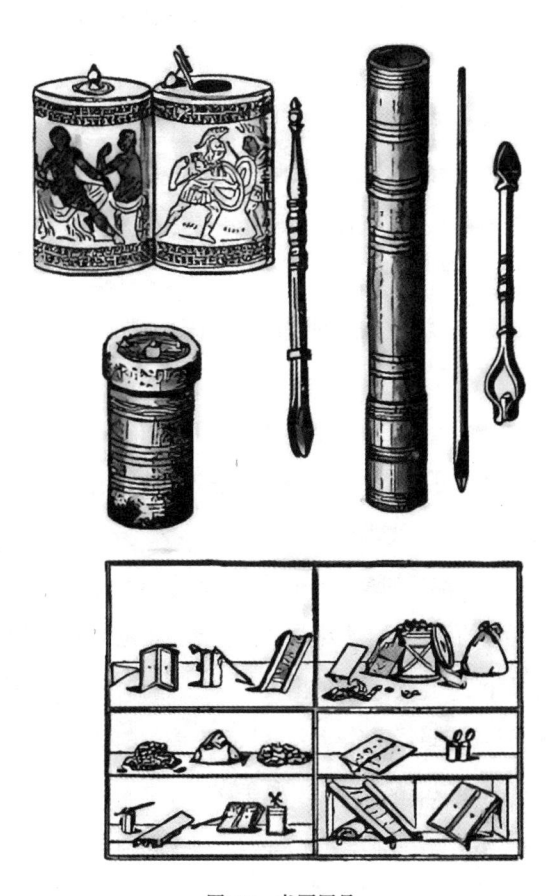

图194　书写用具

卷轴的制作

写信或写其他简短的文件只需要一张纸，但文学创作需要的不止一张。不同于今天的书籍，当时的书页并非并排固定在书脊上，或是像信件、手稿那样编号后松散地摞在一起，而是写完后在侧面（而不是顶部）抹上胶水，粘成一个死板的长条。每张纸上的线与纸芯的长边平行，文字内容则竖直排列，与纸芯的长边垂直，所以书写时要在每一页纸上留出页边。将页边粘在一起，就形成了一条厚厚的留白，即每两页纸芯中间都会有一道两页纸厚的边缘。

纸张的左上角和底部也要留出空白，因为这些纸张的使用频率比我们的书籍高得多。按照正确的顺序将纸张固定在一起之后，还要在第一张纸的左（外）页边空白粘上一根薄木条，在最后一张纸的右（外）页边空白上粘上第二根木条，就像今天挂在墙壁上的地图一样。不用的时候，就可以把纸张紧紧绕着轴心卷起来，"卷轴"因此得名。

要想永久保留一份卷轴，制作时就得小心翼翼。卷轴的顶部和底部要修剪得非常平滑，用火山石抛光，通常要漆成黑色，卷轴的背面还要涂上雪松油，防止飞蛾和老鼠叮咬。

卷轴核心的末端要加装球形把手，有时还得在上面镀金或涂上鲜艳的色彩。卷轴的第一页（如果有的话）是留给献词的，纸张的背面通常会写上几个字，提示卷轴的内容，这一页有时还会装饰上作者的肖像画。许多作品的书名和作者名字只写在卷轴的最后一页上，但无论如何，这一页的顶部都会粘上一条羊皮纸，上面写着书名和作者的名字，露在卷轴的边缘外面。人们还会为每个卷轴制作一只圆柱形的羊皮套，可以从顶部将卷轴塞进去，只露出羊皮标签。如果一部作品被分成了几卷（参见下文），那么它们就会被捆在一起，放在一只类似现代帽盒的木箱里，掀开箱子就能看到羊皮标签，方便拿取所需的卷轴，无需打乱其他的东西（图195）。卷轴有时也会被纵向摆放在橱柜里保存，羊皮标签朝前，如图196所示。

图195　存放卷轴的木箱

卷轴的尺寸

阅读一卷书时，读者要双手持卷，右手一列列地将书卷展开，左手将读完的部分卷在第一页边缘固定的木条上（图196）。读完之后，读者要把卷轴重新绕着轴心卷好，通常是把卷轴夹在下巴上，双手转动把手。读长卷轴时，这种前后卷动需要花费大量的时间和耐心，而且一定会弄脏和损坏卷轴本身。

早期的卷轴总是又长又重。从理论上来说，粘合的纸张数

图196　阅读卷轴

量是没有限制的，因此卷轴的大小或长度也没有限制。只要有必要，作品的内容长度需要多少页纸，卷轴就有多长，古埃及就有长度超过50码的卷轴，早期的古希腊和古罗马也会使用类似长度的卷轴。不过从公元前3世纪开始，人们开始习惯将长篇著作分成两个或两个以上的卷轴。内容的划分最初纯粹很随意，无论内容的统一性会被打断多少次，只要便于结束一卷，就会断开。一个世纪后，作家们才开始对自己的作品进行恰当的分割，每一部分都有了一个统一的思想。比如西塞罗的《论善恶之极》（*Dē Fīnibus*）就分为5"本"，每一部分或每一"本"都是单独的一卷。如此省事、机智的创新很快成为普遍法则。人们甚至回过头划分一些未被作者划分过的古籍，比如希罗多德（Herodotus）、修昔底德（Thucydides）和奈维乌斯（Naevius）的作品。大约在同一时期，把已经粘好的纸张放在市场上销售也成了一种风俗。一个卷轴所包含的纸张数量至少为"一根"。当然，把两到三张纸粘在一起，或者剪掉一张纸上未使用的部分，要比单独使用一张纸容易得多。不仅如此，现成的卷轴都是以最精巧的方式粘合在一起的。不过，即使是同样质量的纸张，在韧性和饰面上也存在细微的差别。卷轴工匠会小心翼翼地把最好的纸张放在磨损可能最严重的卷轴开头，而把不那么完美的纸张留到最后，因为它们有时可能会被全部剪掉。

书籍的复制

在古罗马，出版一本大部头著作与书写一封短函，过程没有什么大的区别。每一个副本都是人们自发抄写的，相比第一本，第一百本或第一千本所花的时间和劳力如出一辙。如果书的作者是个富人，比如凯撒或塞勒斯特，那么抄写任务就会被分发给众多的抄写员；如果作者是个穷人，比如特伦斯或维吉尔，那么任务就会被派给他庇护人手下的抄写员。每个抄写员都要反复抄写自己分配到的那一部分，直到完成要求他抄写的份数。抄写好的纸张会按照恰当的顺序整理好，按照上文所说的方式制作卷轴，最后还要对内容进行彻底的检查，纠正可能会出现的错误。相比现代的校对，这个过程要单调乏味得多，因为每本书都得单独校对，而且没有哪两本书的错误会一模一样。用这种方法制作的书几乎都是专门用作礼物的。尽管朋友之间也会交换书籍，但市场上很少会有书籍出售。直到罗马共和国时期的最后一个世纪，还没有有组织的书籍贸易，也没有商业出版这种行业。如果一个人想要哪本书，是没有书店可以购买的，只能从朋友那里借来一个副本，让自己的抄写员按照他的需求尽可能多抄几本。正是通过这种方式，阿提库斯为自己和西塞罗复制了他能找到的所有希腊语和拉丁语书籍，并把西塞罗的作品分发到各地。

商业出版

作为一种商业活动，古罗马的书籍出版始于西塞罗时代。当时没有版权法，因此作者或出版商得不到任何保护。作者能够得到的金钱回报，就是那些赏识他天赋的人送来的礼物或补贴。在新书方面，出版商依靠的是在竞争对手推出其他版本之前尽可能满足市场的需求；在常规书籍方面，出版商则要依靠书籍内容的准确、优雅和廉价来获利。商业出版的过程和上文描述的基本一样，只是会雇用更多的抄写员，并且会把副本一次性读给所有人听，省去他们手持笨重书卷，停留在自己要抄的那一部分的麻烦。出版商会尽可能精确地估算自己获得的所有新作品的需求量，尽可能多地聘请抄写员，确保整个版本在准备好之前，不会有任何一个副本流出自己的工坊。副本一经售出，任何人都可以复制。最好的出版社会尽一切努力避免书籍内容出错，会请有能力的校对员一本一本地去读，但尽管他们付出了诸多的努力，疏漏还是层出不穷，所以作者有时会亲手订正自己准备赠予朋友的副本。对于权威著作，购买者往往还会聘请知名学者来订正自己的副本。为此，人们会借阅或租用已知的高质量副本用于对照。

出版的速度和成本

西塞罗告诉我们，古罗马元老院议员可以一字不差地速记取证。而训练有素的抄写员在书写速度上肯定远胜他们。马提亚尔告诉我们，他的第二部作品可以在一个小时内抄写完毕。这部作品包括540个小节，等于抄写员每分钟要抄写9个小节。显而易见，如果是一本不超过抄写人数量两三倍的小篇幅作品，它投放市场的速度应该比现在快得多。

当然，书籍的成本根据其篇幅和装订方式不同而有差异。马提亚尔首部作品的特布纳版本[①]包含820行，共29页，售价分别为30分、50分、1元。他的《齐尼娅》（*Xenia*）特布纳版本有274节，共14页，售价为20分，而出版商的成本不少于10分。这样的价格放到现在肯定不算高。书籍的价格很大程度上取决于作者的声誉和之后的需

[①] 特布纳版本，全称Bibliotheca Scriptorum Graecorum et Romanorum Teubneriana，是一套古典与中世纪希腊、罗马作品丛书。初版于1914年出版。*

求，有些书的价格就很高。附亲笔签名的副本——据格利乌斯（卒于公元180年左右）所说，维吉尔的一部作品花了其购买者100元——和某些可靠性能得到权威机构担保的副本售价极高。

藏书室

直到罗马共和国末期，私人大量藏书的现象才开始普遍起来。西塞罗就拥有众多的藏书室，不仅是在他罗马的家中，在他乡间的6座别墅里也有。也许是卢库鲁斯和苏拉从东方和希腊引进了藏书和建藏书室的风气。不管怎么说，许多藏书人根本不在乎书籍的内容。每幢别墅的藏书室里都摆满了书卷，还经常陈列着伟大作家的半身像和缪斯女神的雕像。

公共图书馆始于奥古斯都时代。古罗马开设的第一间图书馆由阿西尼乌斯·波利奥创立，位于"自由大厅"。奥古斯都本人设立过另外两间图书馆，他的继任者把这一数字增加到了28间。

在这些图书馆中，最宏伟的要数图拉真建立的乌尔比安图书馆。小城市也有自己的图书馆，就连科姆这样的小镇也号称拥有小普林尼建造的图书馆，每年能收到3万塞斯特斯的捐款。公共浴场通常也附设有图书馆和阅览室。

第十一章

收入来源、谋生手段和古罗马人的一天

- ◎ 贵族的职业生涯
- ◎ 农　业
- ◎ 从　政
- ◎ 法　律
- ◎ 军　队
- ◎ 骑士职业
- ◎ 士　兵
- ◎ 最底层阶级
- ◎ 行业和贸易
- ◎ 商业和贸易
- ◎ 公务员
- ◎ 古罗马人的一天
- ◎ 白天的时间

根据上文的内容可以明显看出，对有地位的古罗马人来说，要维持自己的生活状态，必须拥有大量的财富。相比之下，看一看普通民众是如何勉强谋生，被迫满足于清贫的生活，应该是件很有趣的事情。为了研究这个问题，我们最好按照政治历史的分类方式，将古罗马人民分为三大阶级，即贵族、骑士和平民，虽然这种划分不是非常准确。与此同时需要记住的是，这些阶级之间并没有硬性的固定界限。一个贵族只要拥有所需的两万元，就可以与骑士为伍。任何一个生而自由的公民，无论出身多么贫贱，多么囊中羞涩，多么才智低下，都可以谋求国家的最高职位。

贵族的职业生涯

贵族继承了昔日贵族阶级的某些贵族观念。这限制了他们进行商业活动，并与罗马共和国时期最后一个世纪公共生活的腐败有很大关系。人们认为贵族是凌驾于一切为肮脏利益而付出的劳动之上的，不管是体力还是脑力劳动。就像我们这个时代的英国一样，只有从事农业活动才不会自贬身价。除此之外，治国和战争是唯一适合他们投入精力的职业。即便是作为政治家和将军为同胞服务，他们也领不到任何的物质报酬，因为元老院的议员是没有任何薪水的，地方行政官或军事指挥官也一样。这个理论在布匿战争之前是行之有效的，因为那时所有的罗马人都是农场主，农场能够满足他的一切简单需求。他可以趁着年轻去参军，或是在年老之后去元老院担任议员，等国家不再需要他的服务时，就像辛辛纳图斯①（Cincinnatus）一样回归田园生活。但在取代了早期纯粹民主政体的贵族统治下，它颠覆了它意欲实现的每一个目标。

农　业

西塞罗在《老加图》中热情洋溢地描述和赞扬了农场生活，但加图本人肯定不会认同这种日子。早在西塞罗创作这篇作品很久以前，农场生活就已经成为一种回忆或梦想。即便有奴隶帮忙，农场主也不会下地耕田。自耕农阶级实际上已经从意大利消失，小块的租种土地逐渐被富庶地主的庞大庄园所吸收，耕作的目的和方法也已彻底改变。关于这一点，我们前文已经有所提及。在这里，我们只要回顾这样一个事实就够了：因为海外市场的供货更廉价，人们不再为意大利

---

① 辛辛纳图斯（Cincinnatus，公元前519—公元前430），古罗马元老院成员，军事领袖。他曾在退隐务农后临危受命，击退了来犯的埃奎人，后再次辞职回归农庄。*

市场种植粮食。葡萄和橄榄成了他们的主要财富来源,塞勒斯特和贺拉斯抱怨公园和游乐场的空间越来越少。尽管如此,在意大利,受细心的管家指导酿造葡萄酒和橄榄油,肯定非常有利可图。许多贵族在行省都拥有自己的种植园,其收益可以帮助他们维持在罗马的开销。

从 政

政治肯定只对那些能将这个游戏玩转的人有利。从政是没有薪水的。职位较低者获得的间接收入几乎无法支付确保连任的必需支出。有钱可赚的职位始终是行省层面的职位。出任主管财务的职位可以在一个地方待上一年,而两名执政官肯定要在海外任职一年。

对诚实的人来说,这些地方给了他们学习有利可图的投资的机会。而一个好的总督经常是被一个群体票选出来的,他要照顾这个群体在首都的利益,这意味着不时就会有酬金以价值不菲的礼物形式送到他的手中。西塞罗在西西里岛担任财政官时既公正又节制,他检举了韦雷斯在西西里岛的侵吞行为,并指出他在后来担任行政官负责粮食供应期间,为自己捞到了丰厚的报酬。

对那些贪污腐败的官员来说,行省就如同金矿,各种抢劫勒索之事层出不穷。总督不仅自己中饱私囊,还能让跟随自己的扈从发财致富。卡图卢斯就曾痛苦地抱怨莫密乌斯的自私,因为对方把从比提尼亚劫掠的所有战利品都占为己有。在有关古罗马的任何一部史书中,都可以读到韦雷斯的故事。这个故事与普通总督故事的不同之处只在于他成了罪犯。

法　律

　　和今天一样，与政治事业密切相关的职业就是法律，但古罗马没有哪一类职业律师是靠收费执业为生的。担任出庭律师没有任何条件，甚至不像印第安纳州坚持的那样，需要有良好的道德品质。任何人都可以根据自己的意愿，以任何罪名起诉别人。年轻的政客经常利用律师许可证来获取名声，即便他知道自己提出的指控没有任何根据。另一方面，律师是禁止接受服务报酬的。在那个古老的年代，门客有权到他的庇护人那里寻求法律上的支持，而后来的律师至少从理论上来说要为所有向他求助的人服务。品格高尚者会以无偿为同胞们贡献自己的专业知识为荣。与此同时，禁止收费的法规很容易规避，谁也无法阻挡心存感激的人们送来贵重的礼物，一些成功的律师还经常收到慷慨的馈赠。据我们所知，西塞罗没有其他的收入来源。虽然他在罗马算不上富豪，却在帕拉蒂尼山上拥有一座房子和6座乡村别墅，他不仅生活富裕，还会花费巨资购买符合自己品位的艺术品和书籍。和今天一样，腐败的法官也可以找到其他的收入来源，但我们听到的故事更多的是与陪审员而非法官有关。其中一个原因可能在于，面对一整个行省，法官还不至于堕落到为了小小的贿赂折腰。

军　队

　　战利品名义上都应该被收归国库，但实际上，它们首先要经过指挥官的手。他会把自己、参谋和士兵喜欢的东西留下，剩余的再送往罗马。古罗马将军知道该如何利用如此大好的机会。根据当时的惯例，保留某些"战利品"的做法是合法的，比如从城镇掠夺来的财物，饶恕某些人性命换来的赎金，以及将俘虏卖做奴隶的收入。当然，高价向军队出售物资，或将这些物资用于私人用途获取的财富，则是完全不合法的。对被征服领土的重建也能带来同样丰厚的回报。可以肯定地说，在凯撒击败赫尔维西亚人之后，埃杜维人为了保证在高卢中部的霸权，向他支付了高昂的代价。以意大利人的鲜血为代价的内战也能使战胜者暴富。除了掠夺本应收归国库的财富之外，反对党人士的财产也会被没收，卖给出价最高的竞买人。这些收益名义上归属新政府的国库，但和过程中的利润相比，这点收益简直不值一提。苏拉在罗马建立自己的政权之后，将朋友和敌人的名字一概列入了放逐名单，如果没有拥有强大影响力的人出面帮助，他们就会失去生命和财富。为此，他们不得不付出高昂的代价。例如，一位名叫罗西乌斯的艾美利亚人拥有价值30万元的私有土地，苏拉的自由民卢修斯·克里索戈纳斯可以出价100元就竞买到这些财产，因为没有人敢反对独裁者扶植的人。对监督土地分配的三名专员来说，为士兵分配土地是一门不错的生意。他们要分配的土地多由战败一方的拥护者所有或占领，因此双方都会来贿赂他们。

骑士职业

早在西塞罗的时代之前，骑士的名字就已经失去了最初的意义。他们已经成了资本家阶层，从金融交易中获得了贵族在政治和战争中获得的刺激与利润。正是由于经营规模庞大，他们才摆脱了为赚钱而工作的污名，就像在现代，批发商人的社会地位可能完全超出小零售商的期望一样。作为一个群体，骑士阶层发挥了相当大的政治影响力，事实上掌握了制衡元老院和民主党派之间的权力。一般来说，他们只在必要的情况下才会施加这种影响，以确保立法能对他们的阶级有利，以及确保各个行省的总督不会仔细调查他们在当地的交易。因为对骑士和贵族而言，最好的机会都在行省。他们的主要业务是税收，为了这个目的，他们成立了财团，按照元老院确定的金额向国库缴费，然后用行省的税收来补偿自己。这方面的利润丰厚得难以想象，因此"税收员"一词就变成了"罪人"的同义词。

除了收税，他们还会为各个行省和盟国"提供资金"，预付钱款以满足其日常或额外开支。苏拉曾向亚洲地区征收2万塔兰特①（约2000万元），这笔钱是由古罗马资本家组成的一个财团预付的，在苏拉介入时，他们已经搜刮了比这笔费用6倍还多的钱，但已经不剩什么了，故而生怕他还有进一步的需求。

为了确保自己能够拿回借出的钱款，这些资本家在东方建立了不止一个傀儡政权。当这些资本家以个人的身份出面时，经营范围和利润就不是那么可观了。各个行省的粮食、羊毛、矿产和工业产品，只有用他们的预付款才能运输。他们还会冒险在海外经营在国内遭禁的项目，不仅仅是向别人提供资金，甚至亲自上阵。尽管借贷行为在古罗马是有失尊严的，但他们仍会向个人放贷，利率通常是12%。马尔库斯·布鲁图斯曾在西利西亚以48%的利率放过贷。公元前51年，在西塞罗前往西利西亚担任总督时，他还期待西塞罗能够帮他执行合同。

---

① 塔兰特（Talents），既是古罗马的重量单位，也是货币单位。1塔兰特等于1塔兰特重量的黄金或白银，约等于现在的26千克。*

士 兵

在贵族和骑士之下，生而自由的古罗马公民大致可以分为两个阶级：士兵阶级和无产阶级。内战迫使他们离开了农场，或让他们的身体再也无法胜任农业活动，而阶级的自豪感以及奴隶劳工的竞争又使他们断绝了在其他产业方面的收入——在资本的世界里，这样的收入一定非常可观——于是这个阶级的佼佼者纷纷前去参军。很久以前，军队就已不再是由公民士兵组成的队伍，在特殊紧急情况下被征召去应付一次战役，等到战役结束时就解散。此时的军队，已经是我们所谓的正规军。应征入伍、服役20年后光荣退役的士兵，可以获得规定的工资和某些特权。和平年代，这些士兵会受雇从事公共工程建设。工资很少，算上凯撒时代的口粮配给也就四五十元，和工作最辛苦的劳工收入差不多。士兵们可以用战争的荣誉来抵偿工作的耻辱，还可以期待从指挥官那里得到一些礼物，并享有偶尔抢劫和掠夺的特权。完成自己的使命之后，如果他愿意，是有可能返回罗马的，但许多人已经与驻地建立了联系，更喜欢在免费获赠的土地上安家。这也成了传播古罗马文明的重要手段。

最底层阶级

在被免费谷物和其他类似诱惑吸引到罗马来的闲散之人和挥霍之徒之外，还有大量勤劳节俭的人因在内战期间失去财产，又在其他地方找不到工作，被迫来到罗马。失业者的确切人数不得而知，但据说在凯撒时代之前，失业人数已超过了30万。在边疆建立殖民地能偶尔缓解失业带来的压力——尽管凯撒在罗马执政的时间很短，但通过这种方法，他曾让8万人重新谋得了生计——但至少愿意移民的都是最无害的人群，留下的都是些痞子。那些留下的人除了乞讨和犯些小罪，唯一的收入来源就是出卖自己的选票，因此对罗马共和国构成了真正的威胁。到了罗马帝国时期，他们的政治影响力逐渐消失。国家发现，有必要偶尔分配一些资金来缓解这群人的需求。这些人中的一些成了暴发户的门客，而大多数人满足于被国家养活，享受日益增多的表演和比赛带来的乐趣。

行业和贸易

行业和贸易对古罗马人而言没有区别。在罗马共和国的最后几年中，这些实际上都是被解放的奴隶和外国人从事的事业。对此，上文内容已经有所涉及。教师的工资很低，经常受到鄙视。医生的地位也不高，但那些依附于宫廷的医生收入还算丰厚。曾有两名医生留下过100万元的共同财产，还有一名医生每年能从克劳狄乌斯皇帝那里得到2.5万元的津贴。就外科和医学知识方面的技能而言，他们似乎并不比两个世纪前的从医者落后多少。银行家们把货币兑换与货币贷款结合在了一起。对于一座会流入世界各国货币的城市来说，货币兑换是非常必要的。贷款在古罗马人看来是一件极不体面的事情，但不少位高权重的古罗马人打着被释放奴隶的旗号小心翼翼地经营着这方面的生意，无疑从中牟取了巨额的利润。古罗马的早期贸易是以同业公会的形式组织起来的，其唯一目的似乎是传承和完善手工艺技巧。不隶属同业公会的工人至少不会遇到什么障碍，经营方式方面也不存在所谓的专利或特权。这些同业公会中有8个历史悠久，它们是漂洗工公会、制鞋匠公会、木匠公会、金匠公会、铜匠公会、制陶匠公会、染工公会，以及（令人感到奇怪的）吹笛人公会。随着技艺的发展、劳动分工的推进，还有无数的公会逐渐成形。城市的特定区域似乎还会被特定阶层的工人占据，就像我们城市里的同一街区经常会从事同一种生意一样，西塞罗就曾提到过一条被长柄大镰刀工坊占据的街道。

商业和贸易

古罗马的贸易覆盖了整个地中海地区以及欧洲和亚洲的许多地区。普林尼告诉我们，古罗马每年要从印度和中国进口500万元的商品。批发贸易很大程度上被掌握在资本阶级手中，零售业的经营者则是被释放的奴隶和外国人。这些生意的规模有多庞大，我们无从得知，但仅城市的食物供应肯定就能为成千上万的人提供就业机会。上文已经提及服装贸易，而建筑工程耗资巨大，规模也最大。所有的公共建筑和重要私人建筑都是承包建造的。毫无疑问，出租公共建筑的承包合同，对负责的官员来说是有利可图的，但另一方面，我们必须承认，建筑成果十分精良。克拉苏似乎还从事过一门抢救物资的生意——他会以象征性的金额买下正在燃烧、似乎注定要被烧毁的建筑和里面的物品，然后和训练有素的奴隶团队一起灭火。奴隶贸易本身就非常可观，让从业者积累了大量的财富，而日常的繁重劳动几乎全由奴隶完成。必须记住的是，当时的许多工作都是手工而非机械作业。书籍的出版行业上文也已提及。当时甚至还有类似现代报纸的行业,从业者会将收集来的所有城市新闻、流言和丑闻写成信件,交由奴隶抄写,然后寄给那些远离城市、不愿麻烦朋友却愿意花钱购买信息的人。

公务员

受雇在执政官办公室里工作的自由人属于最底层阶级,其中大多数是被释的奴隶。他们的薪水由国家支付,虽然名义上只能被任命一年,但只要表现良好,实际上是可以留任的。这在很大程度上是因为执政官的任期普遍很短,而且很少改选。执政官本身并没有执行职务的经验,因此更需要训练有素、经验丰富的助手。最高级别的公务员会形成一个被称为"书记官"的阶级,但这个职务名称无法充分展现其职责范围和重要性。所有内阁官员、秘书、部门主管、办公室主人、审计员、监察官、记录员和会计的工作,乃至普通文员和抄写员的工作,都要由这些"书记官"来完成。他们手下还有另外一些同样必不可少,却得不到同等尊重的员工,包括行刑官、信使等。这些公务员在剧院和竞技场里都有专门的座位。和今天的法国等国的情况类似,公务员职位的需求似乎很大。据说贺拉斯就曾是一名部门职员。

古罗马人的一天

古罗马人度过一天的方式无疑取决于其所处的地位和所从事的行业,并因个人喜好和特定的日子而有所不同。我们在古罗马文学中最常读到的上流社会人士日常生活，大致是这样的：古罗马人睡得很早，所以起床也很早，在日出之前就已经开始了一天的生活；匆匆吃完早餐之后，他会把时间用于处理私人事务、查看账目、和经理人开会、下达指令等，西塞罗和普林尼认为，早上起床后的时间最适合文学创作，贺拉斯提到，有的律师会在凌晨3点提供免费咨询；迅速处理好私人事务之后，古罗马人会前往中庭接见门客，接受他们的问候与致敬，可能还要听取他们希望从自己这里得到的帮助或建议；如果古罗马人受邀参加婚礼、出席孩子的命名仪式或见证朋友儿子的成年礼等清晨举行的半公开活动，那么上述一切事务可能都要取消；而在仪式结束或接见事宜完成后，古罗马人便会带上负责为他提名的奴隶，乘坐轿子前往自家门客常去的公共集会场所。朝廷和元老院的工作大约从日出后第3小时开始，可能一直要持续到第9、10个小时，其中元老院的工作必须在日落时结束。除了特殊情况，所有的生意都必须在11点之前结束，人们会利用这个时间吃午饭。

接下来就是午睡。午睡十分普遍，以致于午后的街头巷尾和午夜时分一样空无一人。某位古罗马作家还把这个时间定为创作鬼故事的合适时机。当然，公共假日期间，法院和元老院是处于休会状态的。平日里做生意的时间也可以被用来观看戏剧、马戏或参与其他赛事。事实上，上流社会的古罗马人不太愿意观看这些演出，除非自己与其存在官方的联系。他

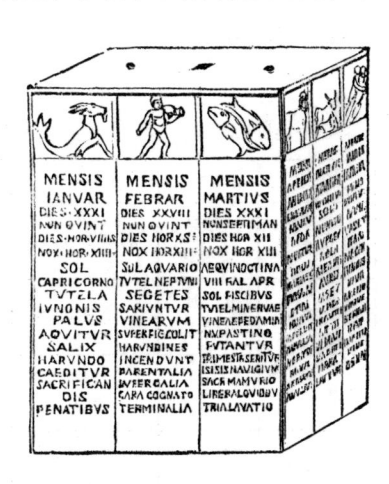

图197 古罗马的日历

们中的许多人会利用假期前往乡村庄园。一个多小时的午睡之后,古罗马人会准备进行日常的运动和沐浴,要么前往战神广场和台伯河,要么前往公共浴场。认真沐浴之后便是休息时间。他们也许会坐在庭院的散步道边,借机和朋友聊聊天,或是利用这个机会聆听最近的新闻,和同事商讨业务。简言之,就是谈论俱乐部里的人会讨论的任何话题。在这之后便是一天中的大事——晚宴。晚宴可以在他的私宅中举行,也可以在朋友的家中举行。饭后紧接着就是睡觉的时间。即便是在乡下度假期间,这个程序也不会有太大的改变。迁居行省的古罗马人还会尽可能地把故土的习惯一同带去。

白天的时间

白天被分为12个小时(hōrae),每个小时的长度是日出和日落之间时间的十二分之一。表1显示了古罗马一年中不同时节的日照时长和1个小时的长度。

表 1

日期	日照时长	小时长度	日期	日照时长	小时长度
12月23日	8小时54分钟	44分钟30秒	6月25日	15小时6分钟	1小时15分钟30秒
2月6日	9小时40分钟	49分钟10秒	8月10日	14小时10分钟	1小时10分钟5秒
3月23日	12小时00分钟	1小时00分00秒	9月25日	12小时00分钟	1小时00分00秒
5月9日	14小时10分钟	1小时00分50秒	11月9日	9小时50分钟	49分钟00秒

6月25日和12月23日分别为一年中白天最长和最短的日子，表2给出了夏季和冬季白天每个小时的时间。

表2

时间	夏季	冬季	时间	夏季	冬季
日出	4时27分钟00秒	7时33分钟00秒			
第1个小时	5时42分钟30秒	8时17分钟30秒	第7个小时	1时15分钟30秒	12时44分钟30秒
第2个小时	6时58分钟00秒	9时2分钟00秒	第8个小时	2时31分钟00秒	1时29分钟00秒
第3个小时	8时13分钟30秒	9时46分钟30秒	第9个小时	3时46分钟30秒	2时13分钟30秒
第4个小时	9时29分钟00秒	10时31分钟00秒	第10个小时	5时2分钟00秒	2时58分钟00秒
第5个小时	10时44分钟30秒	11时15分钟30秒	第11个小时	6时17分钟30秒	3时42分钟30秒
第6个小时	12时00分钟00秒	12时00分钟00秒	第12个小时	7时33分钟00秒	4时27分钟00秒

同理，任何一天的小时数都可以计算出来，一天的长度和日出的时间都是已知的，那么以下的老办法仍然很实用：

确定英格兰的时间，

古罗马的时间即在此基础上加6。

当古罗马的时间超过6时，做减法要比做加法更方便。

第十二章

墓地和葬礼

- ◎ 葬礼的重要性
- ◎ 土葬与火葬
- ◎ 下葬地点
- ◎ 坟　墓
- ◎ 公共墓地
- ◎ 坟墓和墓地的规划
- ◎ 坟墓外观
- ◎ 骨灰龛
- ◎ 丧葬互济会
- ◎ 葬礼仪式
- ◎ 家庭仪式
- ◎ 送葬仪式
- ◎ 葬礼致辞
- ◎ 墓地仪式
- ◎ 葬礼之后
- ◎ 纪念节日

葬礼的重要性

　　古罗马人对来世的看法解释了他们何以对死者的埋葬仪式如此重视。他们认为，只有当尸体被好好安置在墓地里，灵魂才能得以安息，而下葬之前，灵魂会一直在家宅中作祟，不仅自己不快乐，也会给别人带来不快乐。因此，"举行葬礼"（iūsta facere）作为一种庄严的宗教责任，落在了家族中尚在人世的成员身上，从这个词的拉丁语可以看出，这些表示尊重的标志被人们看作是死者的权利。

　　如果尸体在海上失踪，或是因为其他任何原因下落不明，也要同样虔诚地举办仪式，有时会建一座空坟来纪念死者。如果古罗马人在任何地方碰到未被埋葬的公民尸体，也必须举行同样的仪式，因为所有公民都是一个大家族的成员。即使因为某种原因无法将其下葬，只要在尸体上撒上三把土，就足以代替葬礼仪式，让困苦的灵魂得到幸福。

图198　普兰库斯之墓

土葬与火葬

　　土葬是古罗马人最古老的遗体处理方式，即便是在火葬普及之后，也需要取一小部分遗骨——通常是一根指骨——举行土葬仪式。《十二铜表法》中既提到了土葬，也提到了火葬，所以火葬是在它颁布之前就有的做法，但我们不知道这是多久以前的事情。普遍采取火葬的原因可能与卫生有关，当然，这里指的是在规模较大的城市范围内。到了奥古斯都时代，火葬几乎已经成为普遍做法，但火葬的费用对于最贫穷的阶级来说太过昂贵,且某些最富有、最高贵的家族也仍旧坚持更古老的习俗,所以即便是在罗马,土葬也没有完全停止。举个例子,科涅利家族一直采取土葬,直到该家族的独裁者要求将自己的尸体火化,因为他害怕他的尸骨会被敌人挖出来玷污,就像他玷污马里乌斯家族的逝者一样。出生不到40天的孩子和由主人支付丧葬费用的奴隶通常也会被土葬。基督教传入之后,土葬再次成为主流做法,这主要是因为火葬的费用有所增加。

图199 塞斯提乌斯之墓

下葬地点

最古老的下葬地点——至少对一家之主来说——是住宅中庭的炉石下方,后来变成了后花园。但早在有记载的年代以前,这种习俗就已经不复存在了。《十二铜表法》严禁在城墙范围内埋葬逝者,甚至是焚烧尸骨。对于极其贫困的人来说，下葬的地点一般位于远离城墙的地方，那里在某种程度上相当于现代城市的公墓。富人会在财力允许的范围内让自己的墓地尽可能地引人注目，希望纪念碑上的碑文能使死者的名字和美德永存，也许还希望这样就能让自己死后仍然能在忙碌的尘世占有一席之地。为了达到这个目的，他们在出城的数英里大路两旁修建了一排排精美绝伦、造价不菲的坟墓。

在罗马附近，最古老的亚平古道两旁随处可见最高贵和最古老家族的墓碑，而每一条道路边其实都不乏类似的墓碑。这些坟墓不少都保留到了16世纪，有些至今仍屹立不倒。较小的城镇也延续了同样的习俗。

看看庞贝古城所谓的"坟墓街"，就能对这些墓碑的外观有所了解（图200）。当然，城市附近还有其他不那么显眼和昂贵的墓地，农场和乡村庄园里也有为地位较低的人准备的墓地。

图200　庞贝古城的坟墓街

坟 墓

坟墓，无论是安葬尸体，或仅盛放骨灰，还是两者兼具，其尺寸和构造上存在着很大的不同，因此建造目的可能大相径庭。有些坟墓只是为个人修建的，但从严格意义上来说，大多数坟墓都是公共纪念物，与实际接收死者遗体的坟墓是存在区别的。道路两旁的坟墓大多是家族墓葬，宽敞的墓穴足以容纳整个家族的子孙后代和家臣，包括前来做客却客死异乡的朋友和被释放的奴隶。有的墓地是为氏族所有人准备的。即便是最卑微、最贫穷的人，只要能声明自己与氏族存在联系，并在其正式组织中拥有一席之地，死后也能在氏族的坟墓中安息。另外一些坟墓则是由投机商大规模建造并以低价出售的，空间足以放置一两个骨灰瓮，可以卖给没有财力专门为自己建造坟墓、没有家族或氏族墓地的穷人。工匠阶层组成的丧葬互济会和其他好善乐施之人模仿这类建筑，按照同样的方案修建了一些坟墓。和我们所见的浴场、图书馆一样，建造和维护这些坟墓都是为了公众的利益。针对这种类型的墓地，我们将在介绍完公共墓地之后进行详述。

公共墓地

罗马共和国时期，埃斯奎利诺山或者至少是罗马东部地区会被用来倾倒城市污水管道带不走的所有垃圾，这里也是贫民阶级的墓地所在。这里的墓穴不过是地上挖出的坑洞，大约12英尺见方，没有任何衬层。那些孤苦无依的穷人的尸体会被丢进坑洞，与他们一起埋葬的还有动物尸体和街道上的污物与碎屑。这些坑洞始终是敞开的，即使被填满也不会加盖。阵阵恶臭和滋生疾病的污染令这座山完全不适宜人群居住。在奥古斯都统治时期，整座城市的健康都因此受到了极大的威胁，于是垃圾场被搬到了更远的地方，埃斯奎利诺山上的这些坑洞也被加盖上了25英尺厚的净土，建成了一座名为米西纳斯花园的公园。

古罗马公民的尸体往往会以这种令人作呕的方式处置，这让人无法理解。忠心耿耿的、被释放的奴隶能够得到庇护人的照拂，辛勤的劳动者能够通过上述合作协会为自己的后事做好准备，无产阶级通常能在氏族关系、庇护人或好善乐施者的帮助下逃离曝尸野外的命运。可以肯定地说，只有在传染病和瘟疫肆虐的情况下，才会出现有名有姓的公民被抛尸坑洞的情况，就像我们今天生活的城市如果遭遇类似情况，也会将尸体堆积起来焚烧一样。此外，古罗马的公共墓地中还埋葬着无数来自外国的地痞流氓、被遗弃的奴隶、死在竞技场里的受害者、被流放的罪犯以及公费埋葬的"身份不明"之人。被当局判处死刑的罪犯根本不会被埋葬。他们的尸体会被扔在埃斯奎利诺山附近的行刑地，供猛禽和猛兽啄食。

坟墓和墓地的规划

坟墓的外观和构造极其多样，但古典时期的坟墓设计似乎秉持着这样一种理念，即坟墓是死者的家，死者并没有彻底与生者断绝联系。因此，无论是为一人还是多人建造的坟墓，其造型通常都是一座包含一个房间的建筑，而这个房间才是真正重要的东西。人们注意到，就连古代的骨灰瓮都是房子形状的。墓室的地面普遍低于周围的地面，需要通过一段短台阶才能到达。墓室墙根内是一座略高出地面的平台，上面摆放着死者的棺材，骨灰瓮则放在平台或墙上的壁龛里。坟墓中通常还会设立一座祭坛或神龛，用于供奉死者的灵魂。灯和其他简单的家具也很常见。墙壁、地板和天花板的装饰风格与房屋相同。死者生前喜欢带在身边的物件，尤其是日常工作中用得到的东西，也会被一起放入墓中，或者和遗体一起放在火堆上焚烧。总体来说，人们会努力赋予逝者的墓穴生的气息。图202展示了图201坟墓的剖面图，图203展示了庞贝古城另一座坟墓的内景。

图201　庞贝古城坟墓的外观

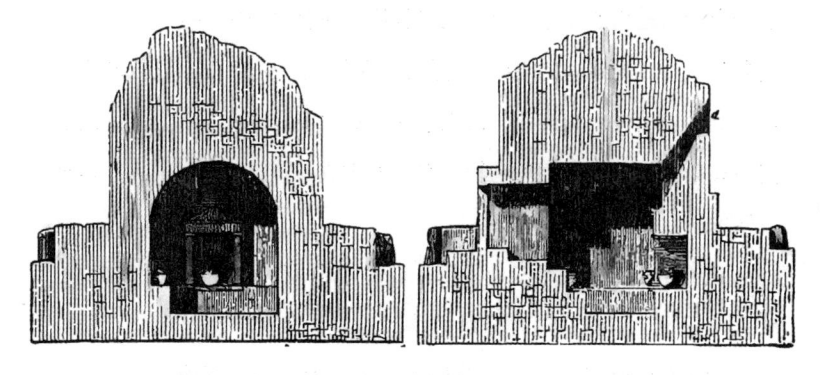

图202　坟墓剖面图

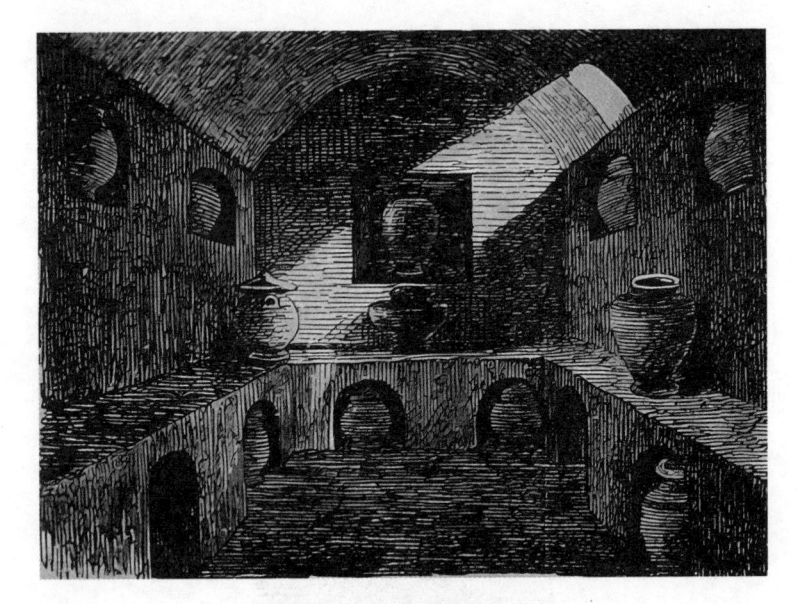

图203 庞贝古城坟墓的内景

　　墓碑本身是立在墓地上的，而墓地的面积视建造者的财力而定，有时能够占地几英亩。在世的家族成员肯定会定期在纪念日来扫墓，所以坟墓的设计也会考虑到他们的舒适度而预作安排。如果墓地的面积很小，至少会摆上一个座椅，或是一张长凳。面积比较宽敞的墓地还会有遮风避雨的地方，凉亭或避暑屋。还有用来举办周年纪念宴会的餐厅、私人火葬场也经常被提及。墓地通常会被布置成花园或公园，其间遍植树木和鲜花，饰以水井、蓄水池或喷泉，甚至还会建造房屋和其他建筑，供负责看管墓地的奴隶或被释放的奴隶使用。这种花园的平面图可以参考图204。

　　花园中央的地块用专业术语来说是"ārea"，专指坟墓和墓地上的几座建筑，其中一座建筑是仓库或粮仓。坟墓四周是纪念日期间种植的玫瑰和紫罗兰花坛，花坛周围的棚架上种植着葡萄。墓地的前方是一座露天平台，后面是两个水池。水池通过一条小水渠与墓地相连，水池后面是灌木丛。粮仓的用途尚不清楚，因为墓地上似乎不会种植谷物，不过它有可能在这片土地被用来供奉逝者之前就存在。四周被大片土地包围的坟墓被称为"花园墓地"（cēpotaphium）。

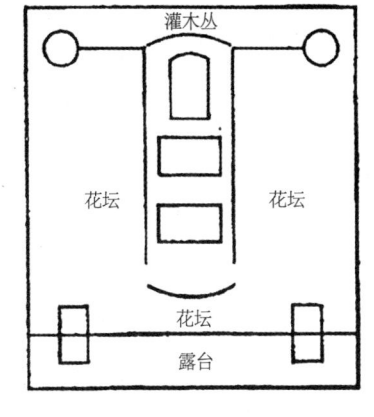

图204　花园墓地平面图

坟墓外观

图198—201展示的是一些比较精致的坟墓的外观。坟墓的形式多种多样，最常见的是祭坛和庙宇，可能还有纪念拱门和壁龛。庞贝古城的好几处坟墓还保留着供亲友扫墓休息之用的半圆形长凳，有的有顶，有的无顶。并非所有的坟墓都有墓室，遗体有时会被埋葬在纪念碑下的泥土里。在这种情况下，会有一根管道或铅管从棺材通到表面，供人们倾倒葡萄酒和牛奶。图198展示的圆形坟墓属于凯撒在高卢的元帅之一——凯耶塔的卢修斯·穆纳提乌斯·普兰库斯（Lucius Manatius Plancus），上面的铭文说明了他的职位和职务[①]。图199展

---

① 普兰库斯坟墓上的铭文内容为："卢修斯·穆纳提乌斯·普兰库斯，儿子（等）、执政官、监察官，曾两次获得凯旋将军的荣誉称号，罗马七人委员会成员，负责节日献祭。他曾成功征服雷蒂亚，并利用战利品为农业神萨杜恩建造了一座神庙。他还曾在意大利分配过贝内文托姆的土地，并在西班牙的卢格杜努姆和劳利卡建设过殖民地。"

示的是盖乌斯·塞斯提乌斯的继承人在罗马为他建造的纪念金字塔（他的继承人之一是马库斯·阿格里帕）。根据碑文，这座纪念碑用了330天建成。最引人注目的要数位于罗马的哈德良墓（图211），今天的圣天使城堡。图201展示的是庞贝古城里一座不那么精致、拥有"大理石门"的坟墓的外观。

骨灰龛

骨灰龛是由家族坟墓发展而来的巨型结构建筑，用于存放大量的骨灰瓮。骨灰龛从奥古斯都时代开始修建，适用范围似乎一直局限于罗马，因为当地高昂的地价使得穷人买不起私人墓地。图205展示了

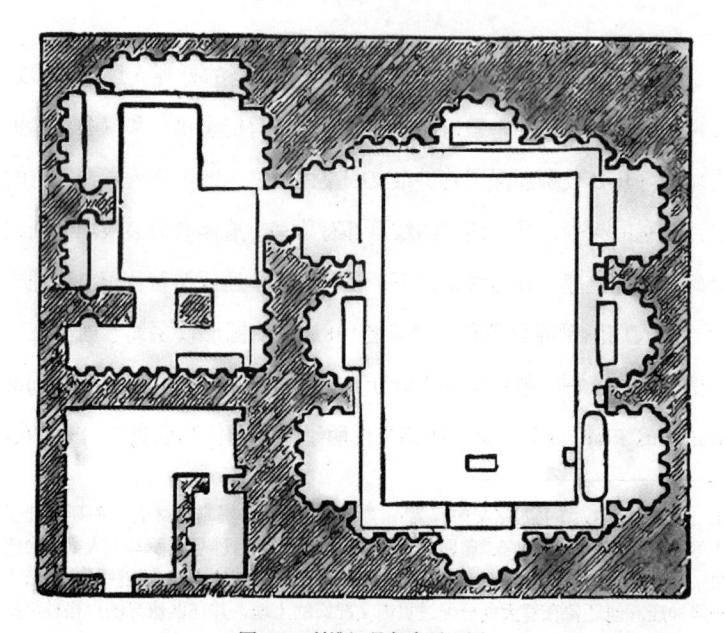

图205　利维娅骨灰龛平面图

亚平古道上的一座骨灰龛遗址平面图。

这座骨灰龛属于奥古斯都之妻利维娅手下被释放的奴隶，其构造类似鸽舍。这种骨灰龛通常一部分位于地下，呈长方形，拥有数量众多的成排壁龛，它们沿水平和竖直方向规律排列，规模较大的骨灰龛可以容纳多达上千只骨灰瓮。墙根四周筑有基座，上面摆放的石棺里存放着未火化的遗体，这些遗体有时也会被存放在地下洞穴中。为了不浪费任何空间，平台上开凿了壁龛。

如果条件允许、高度足够，人们还会沿着四壁修建木制走廊。通往房间的楼梯本身也可以被用作壁龛。采光来自靠近天花板的小窗，墙壁和地面都装饰得十分精美。

壁龛有时呈长方形，但更多的呈半圆形，如图206和207所示。有些骨灰龛底部的壁龛是长方形的，上面是半圆形的。每个壁龛通常可

图206　利维娅骨灰龛遗址

以并排容纳两只骨灰瓮，从正面一眼就能看到。有的时候，壁龛的深度足以放置两套骨灰瓮，那么后面的骨灰瓮就会略高于前面的。每个壁龛的上方或下方都会钉上一块大理石，上面刻着主人的名字。如果一个人家里需要一组4个或6个壁龛，习惯上会利用墙壁装饰把它们与其他壁龛区分开来，表明它们是一个整体，常见的方法之一是在两侧竖立柱子，形成类似神殿大门的外观（图207）。这种成群成组的壁龛被称为一个"小神殿"（aediculae）。

图207　骨灰龛里的小神殿

壁龛的价格取决于它们所在的位置，位置较高的壁龛比靠近地面的便宜，位于楼梯下方的壁龛是最不理想的。骨灰瓮本身也由各种各样的材料制成，通常会被放置在壁龛的底部。瓮盖是可以打开的，但里面撒上骨灰之后，盖子就会密封起来，只留下一个小口，供祭祀者倾倒牛奶和酒。

人们会在骨灰瓮或其顶部写上死者的名字，有时还会写上死亡的日期和月份，但几乎不会标注年份。在这样一座骨灰瓮外面的大门上方，会刻上所有者的名字、建造日期和一些其他信息。

丧葬互济会

罗马帝国时代早期，丧葬互济会的成立是为了支付成员的葬礼费用——无论遗体是土葬还是火化——或建造骨灰龛，或者两者兼而有之。这些丧葬互济会最初是由同一个同业公会的成员或从事同一职业的人成立的。它们给自己起过很多名称，比如"cultōrēs""collegia salūtāria""collegia iuvenum"等，但其目的和方式其实是一样的。丧葬互济会的成员如果想在自己死后得到一块墓地，生前就必须每周缴纳一笔固定金额的共同基金，以便将来支付必要的葬礼费用。基金的金额并不高，最贫穷的成员也很容易就能担负。当一名成员去世时，互济会就会从金库中取出一笔数额，作为他的葬礼费用，并安排一个委员会来确保葬礼仪式举办得体面大方。

在适当的季节里，互济会还会为死者举行集体祭祀活动。如果该互济会的目的是建造一座骨灰龛，那么首先要确定成本，再将总额分摊下去——我们可以称之为股份。每个成员都要尽可能认购一部分股份，向金库缴纳自己的一部分费用。有的时候，如果互济会遇到一位愿意出资建设的乐施好善之人，就会把他列为互济会的荣誉会员，并授予其"庇护者"称号。

骨灰龛的建设会被委托给一群监督员。这些人通过投票选出，自然是互济会中最大的股东和最具影响力的人。他们会将合同承包出去，并监督施工，然后提交报告说明所有的支出。担任监督者一职被认为是一种荣誉，特别是他们的名字会出现在建筑外部的铭文上。他们还经常自费为骨灰龛进行内部装修，全额或部分出资打造铭牌、骨灰瓮（图208）等，或是在墓地上修建凉篷、可供成员使用的餐厅等设施。

图208　带铭牌的骨灰瓮

骨灰瓮完工后，监督者会将壁龛一一分配给每位成员。这些壁龛要么是连续编号的，要么由他们所属的等级或层级编号来确定位置。正如前面所解释的那样，由于这些壁龛的位置并非都令人满意，所以监督者会尽可能公平地将它们分成几个部分，然后通过抽签的方式分配给股东。如果一个人持有好几份股份，就会收到相应数量的壁龛，但这些壁龛的位置可能大相径庭。互济会成员可以通过交换、出售或赠予的方式随意处置自己的股份，许多大股东可能就是为了通过这种方式获利才加入互济会的。划分完成后，所有者会在铭牌（图209）上刻下自己的名字，也有可能竖立柱子来标记自家的小神殿，如果愿意的话，还可以树立雕像等。

L · ABVCIVS · HERMES · IN · HOC
ORDINE · AB · IMO · AD · SVMMVM
COLVMBARIA · IX · OLLAE · XVIII
SIBI · POSTERISQVE · SVIS

图209　骨灰瓮中的铭牌[①]

[①] 铭文意为：卢修斯·阿布西乌斯·赫尔墨斯为自己和后代（购买了）这一排从上到下的9个壁龛、18个骨灰瓮。

有些铭牌除了所有者的名字之外，还会刻上他拥有的部分或骨灰瓮的位置。有的时候，铭牌上会记录骨灰瓮的购买情况，表明购买的数量和之前主人的名字。有的时候，骨灰瓮上的名字和壁龛上的不一致，说明所有者出售了自己持有的部分股权，或是购买者不想费心更改铭牌。骨灰龛的维护费用可能也是从会员每周缴纳的费用里支出，丧葬费亦是如此。

葬礼仪式

流传下来关于葬礼仪式的详细记载，几乎只与身居高位的人有关。通过其他渠道零星收集到的信息，很有可能会混淆不同时代的仪式做法。不过，可以肯定的是，无论是在什么年代，早夭幼童的葬礼都是简单而安静的。

奴隶下葬时，主人是不会举行任何仪式的（至于上文提到的丧葬互济会会采取什么形式的葬礼，我们一无所知），最低阶层的公民下葬时也不会举行任何的公开游行。

我们还了解到，除了罗马共和国的最后一个世纪和罗马帝国的前两个世纪，葬礼都是在夜间进行的。因此我们可以很自然地推测，即使是身居高位之人的葬礼，往往也不会像古罗马作家描述的那样，举行什么盛大的仪式和游行。这一点可以从婚礼庆典的问题中得到证实。葬礼仪式按顺序包含家庭仪式、送葬仪式和墓地仪式。

家庭仪式

如果一个古罗马人在亲人的围绕下在家中离世,那么他的长子有责任俯身呼唤他的名字,仿佛是希望他能起死回生。这番形式上的表演过后,他紧接着便会宣布"结束了"(conclāmātum est)。随后,人们合上死者的眼睛,用温水洗净尸体并涂上油,再拉直死者四肢。如果死者曾担任公职,那么还要用蜂蜡为他的五官压制一个模子。此后,人们会为死者的遗体穿上托加,戴上死者生前荣获的所有徽章,将其抬至中庭、脚朝着门放在葬礼长榻上。死者将以这个姿势躺到葬礼举行的时候。长榻周围还要摆满鲜花并焚香。死者的住宅门前必须摆上松枝或柏枝,以示房子已被死亡玷污。

上文描述的简单工作在日常生活中是由亲戚和仆人完成的,在其他情况下是由专业的殡葬承办人完成的。他们还会对遗体进行防腐处理,并监督剩下的所有仪式。人们偶尔还曾提到,要在垂死之人咽下最后一口气时亲吻他,就好像这最后一口气能被活人的嘴接住。早期和晚期无疑都曾出现过一项习俗,那就是在死者的齿尖放上一枚小小的硬币,让他在乘冥府渡神的船只穿过冥河时当买路钱。以上两种行为到了古典时期似乎都不曾普遍存在。

送葬仪式

普通公民的送葬队伍十分简单。邻居和朋友在收到通知之后会纷纷赶来,与死者的家属聚集在一起。死者的儿子或其他近亲要将遗体扛在肩上。队伍前方可能会由乐队引领,将遗体抬至坟墓下葬。另一方面，大人物的送葬队伍几近奢华。死者去世之后不久，送葬的队伍就会出发，因为必要的准备工作已经完成，期间没有固定的间隔时间。哭丧者会用古语向公众传播死者的死讯：

> Ollus Quiris lētō datus. Exsequia, quibus est commodun, īre iam tempus est. Ollus ex aedibus effertur.①

送葬队伍的顺序和优先级是由殡葬承办人来确定的。走在最前面的是一群乐师，后面偶尔会跟着唱挽歌者和一群小丑、弄臣——他们会和旁观者一起作乐，甚至模仿死者本人。

接下来是表演最令人印象深刻的部分：人们会从耳房取来死者祖先的蜡制面具，让演员们穿上与自己所扮演人物所属时代、地位相符的服饰，一切看上去就像是远古的亡灵又回到了人间，引导后代在他们中间找到自己的位置。塞尔维乌斯告诉我们，在奥古斯都的侄子，年轻的马塞勒斯的葬礼上，一共出现了600个祖先的形象。

葬礼上还有对死者伟大事迹的追悼。如果他是一位将军，送葬的队伍就装扮得像凯旋的军队。然后是死者本人。他的遗体会被放置在高高抬起的长榻上，脸没有被遮住。紧随其后的是其家人，包括被释放的奴隶（尤其是根据这名主人的遗嘱获得自由的人）、奴隶和他的朋友。

所有人都穿着丧服，自由地表达着我们在这种场合试图压抑的情绪。即便送葬的时间是在白天，队伍里也会有火炬手出现，以纪念在夜间下葬的古老习俗。

---

① 意为：这位公民已经离开人世。方便出席葬礼的人，是时候过来了。他已经被送出了家门。

葬礼致辞

送葬的队伍会从住宅直接前往墓地,若死者是个重要人物,政府更是会在公共集会场所为其发表葬礼致辞,以示敬意。在这种情况下,死者的长榻会被安置在讲台前面,戴面具的人则坐在讲台周围的贵人凳上,普通民众在后面围成半圆形,聆听死者其中一个儿子或其他近亲发表致辞。致辞会讲述死者的美德和成就,讲述他所在家族的历史。和近代的这类演说一样,致辞肯定会包含许多的虚假内容,更多的是夸大其词。

到了王政时期的晚期,这种被致悼词的殊荣更加容易获得尤其对王室来说,包括女性成员。到了罗马共和国时期,这一习俗不再常见,却受到更高的重视。据我们所知,只有伊乌利亚家族的女性享受过这一殊荣。我们还记得,正是凯撒在他的姑母,马略遗孀的葬礼上发表的那番演讲,让他被苏拉的反对者视为未来领袖的竞争者。如果不被允许在公共集会地点发表致辞,人们有时也会在墓地或家中私下致辞。

墓地仪式

送葬队伍到达下葬地点之后举行的仪式因时代而异。不过,按照规定,有三项仪式是必须的:在安葬地点献祭、在遗体上洒土、净化被死亡玷污的一切。在古代,遗体下葬时要么是安放在运输的长榻上,要么是被放入烧过的黏土或石头棺材中。如果遗体要火化,那就需要挖一座浅坟,填上干柴,将长榻和遗体放在上面,然后点燃柴堆，待木头和尸体烧尽后，用泥土在骨灰上堆一个土堆。这种埋葬尸体的坟墓被称为堆坟，在下文提到的仪式中也会被当作正规的坟墓来供奉。到后来，遗体如果不火化，则是放置在石棺中（图210），葬在已经准备好的坟墓里；如果要火化，就会被送往火葬场，放在柴堆上。

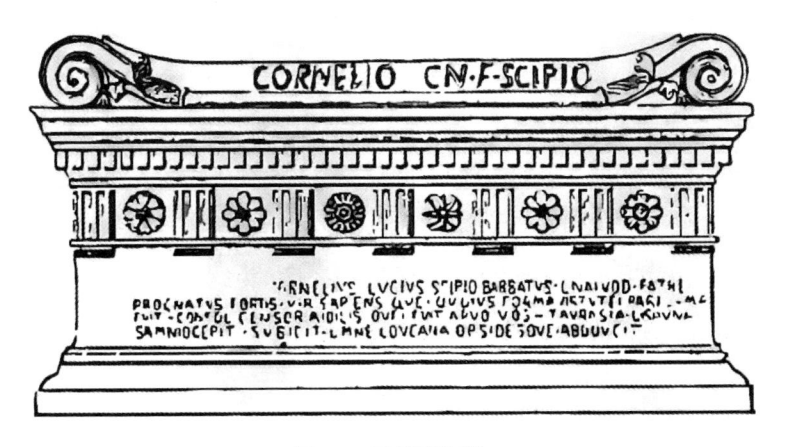

图210 西庇阿的石棺

人们认为火葬场不属于坟墓的一部分。柴堆上会被扔上香料和香精，还有在场的人丢出的礼物与信物。接下来，一名亲属会用火把点燃柴堆。在此过程中，点火人要把脸别开。火堆燃尽后，在场的人会用水浇灭余烬，并向死者作最后的告别。在场的人要往自己身上洒上三次净化之水，洒完水之后，直系亲属之外的所有人都要离开现场。骨灰会被收集在一块布里晾干，为了葬礼而提前从遗体上取下来的一截骨头会被埋葬。

此后，人们会端上献祭用的猪，让墓地成为圣地，并与前来哀悼的人一同进餐。这一切做完，再向家庭守护神拉瑞斯献祭之后，他们便可以回到净化后的家。葬礼正式结束。

葬礼之后

从遗体下葬或火化的那一天起,死者的直系亲属就要开始为期9天的庄严服丧。在这段时间里,待骨灰彻底干燥,家庭成员会私下前往火葬柴堆,将骨灰从布上取下,放入由陶器、玻璃、雪花石膏、青铜或其他材料制成的骨灰瓮(图208),然后光着脚、松开腰带,把骨灰瓮送入坟墓。在第9天结束时,他们还要向死者献上"九日祭品",并在家中举办"九日宴"。这一天也是继承人正式继承遗产和葬礼角斗祭祀仪式开始的日子。不过丧期并没有在第9天结束。为丈夫或妻子、长辈和成年后代服丧时,丧服要穿10个月,也就是古代的一年。为其他成年亲属服丧,丧服要穿8个月。为3岁至10岁的孩子服丧,丧服穿戴的月份要和他们的岁数一样。

纪念节日

为了持续纪念死者,人们会经常定期举行公共和私人形式的祭祀活动。前者被称为"祖先日",从2月13日持续到21日,最后一天尤为特殊,人称"死神节(fērālia)";后者是纪念死者的年度祭日。还有紫罗兰日和玫瑰日(分别在3月底和5月)。在这些日子里,亲人之间会分发紫罗兰和玫瑰,把它们放置在墓上或骨灰瓮前。

在所有这些场合,人们都要前往神殿供奉神明,并在墓地供奉死神,同时点亮明灯,在墓地里宴请亲属,为死者贡献祭品。

图211 哈德良墓

欢迎关注尔文官方账号

豆瓣　小红书

官方小红书：尔文 Books

官方豆瓣：尔文 Books（豆瓣号：264526756）

官方微博：@ 尔文 Books

图书在版编目（CIP）数据

古罗马人生活图典 /（美）哈罗德·惠特斯通·约翰斯顿著；黄瑶译. —— 成都：四川人民出版社，2025.1
ISBN 978-7-220-13508-8

Ⅰ.①古… Ⅱ.①哈… ②黄… Ⅲ.①社会生活—历史—古罗马—普及读物 Ⅳ.①K126-49

中国国家版本馆CIP数据核字（2023）第204518号

GULUOMAREN SHENGHUO TUDIAN

古罗马人生活图典

（美）哈罗德·惠特斯通·约翰斯顿 著　黄瑶 译

出　版　人	黄立新
策划组稿	赵　静
责任编辑	谭云红　徐　波
营销编辑	荆　菁
版式设计	李秋烨
封面设计	张　科
责任印制	周　奇
出版发行	四川人民出版社（成都市三色路238号）
网　　址	http://www.scpph.com
E-mail	scrmcbs@sina.com
新浪微博	@四川人民出版社
微信公众号	四川人民出版社
发行部业务电话	（028）86361653　86361656
防盗版举报电话	（028）86361661
照　　排	四川胜翔数码印务设计有限公司
印　　刷	成都东江印务有限公司
成品尺寸	145mm×210mm
印　　张	12
字　　数	290千
版　　次	2025年1月第1版
印　　次	2025年1月第1次印刷
书　　号	ISBN 978-7-220-13508-8
定　　价	88.00元

■版权所有·侵权必究

本书若出现印装质量问题，请与我社发行部联系调换

电话：（028）86361656